96

新知
文库

XINZHI

Newton and the
Counterfeiter:
The Unknown Detective
Career of the World's
Greatest Scientist

Newton and the Counterfeiter:

The Unknown Detective Career of the World's Greatest Scientist

Copyright © 2009 by Thomas Levenson

Published by arrangement with Park Literary & Media,

through The Grayhawk Agency Ltd.

牛顿与伪币制造者

科学巨匠鲜为人知的侦探生涯

［美］托马斯·利文森 著　周子平 译

生活·讀書·新知 三联书店

Simplified Chinese Copyright © 2018 by SDX Joint Publishing Company.
All Rights Reserved.
本作品简体中文版权由生活·读书·新知三联书店所有。
未经许可，不得翻印。

图书在版编目（CIP）数据

牛顿与伪币制造者：科学巨匠鲜为人知的侦探生涯／（美）托马斯·利文森著；周子平译．—北京：生活·读书·新知三联书店，2018.6（2019.3重印）
（新知文库）
ISBN 978-7-108-06159-1

Ⅰ.①牛⋯　Ⅱ.①托⋯ ②周⋯　Ⅲ.①牛顿（Newton, Issac 1642—1727）–生平事迹　Ⅳ.① K835.616.11

中国版本图书馆 CIP 数据核字（2018）第 018048 号

特邀编辑　王天仪
责任编辑　徐国强
装帧设计　陆智昌　康　健
责任印制　徐　方
出版发行　生活·讀書·新知三联书店
　　　　　（北京市东城区美术馆东街 22 号 100010）
网　　址　www.sdxjpc.com
图　　字　01-2018-4523
经　　销　新华书店
印　　刷　河北鹏润印刷有限公司
版　　次　2018 年 6 月北京第 1 版
　　　　　2019 年 3 月北京第 2 次印刷
开　　本　635 毫米 × 965 毫米　1/16　印张 17.5
字　　数　210 千字　图 27 幅
印　　数　10,001-15,000 册
定　　价　42.00 元
（印装查询：01064002715；邮购查询：01084010542）

新知文库

出版说明

在今天三联书店的前身——生活书店、读书出版社和新知书店的出版史上，介绍新知识和新观念的图书曾占有很大比重。熟悉三联的读者也都会记得，20世纪80年代后期，我们曾以"新知文库"的名义，出版过一批译介西方现代人文社会科学知识的图书。今年是生活·读书·新知三联书店恢复独立建制20周年，我们再次推出"新知文库"，正是为了接续这一传统。

近半个世纪以来，无论在自然科学方面，还是在人文社会科学方面，知识都在以前所未有的速度更新。涉及自然环境、社会文化等领域的新发现、新探索和新成果层出不穷，并以同样前所未有的深度和广度影响人类的社会和生活。了解这种知识成果的内容，思考其与我们生活的关系，固然是明了社会变迁趋势的必需，但更为重要的，乃是通过知识演进的背景和过程，领悟和体会隐藏其中的理性精神和科学规律。

"新知文库"拟选编一些介绍人文社会科学和自然科学新知识及其如何被发现和传播的图书，陆续出版。希望读者能在愉悦的阅读中获取新知，开阔视野，启迪思维，激发好奇心和想象力。

生活·讀書·新知三联书店
2006年3月

献给我的孩子亨利（Henry），
他使我有更多岁月去写作和享受生活
（就像你的祖父在类似情景下所说的一样）

并且继续献给爱妻卡塔（Katha）

目 录

序曲 "让牛顿出世吧！"

第一章 学会思考
1 "不包括上帝"   6
2 "正值年富力强"   19
3 "这个我计算过"   27
4 "无与伦比的牛顿先生"   38

第二章 一个无赖汉的成长
5 "厚颜之尤"   52
6 "顺风顺水"   65

第三章 激 情
7 "各种金属……同出一源"   80
8 "这样你可以让它无穷增殖"   89

9　"我常常在火边就睡着了"　　　　　　　　　　97

第四章　新督办
　　10　"整个国家的崩溃"　　　　　　　　　　　　111
　　11　"我们敬爱的艾萨克·牛顿"　　　　　　　　119
　　12　"消除那些对他不利的证据"　　　　　　　　124
　　13　"他的惯用伎俩"　　　　　　　　　　　　　132
　　14　"一件不可能的事情"　　　　　　　　　　　137

第五章　冲　突
　　15　"造币厂督办是一个恶棍"　　　　　　　　　148
　　16　"几箱子他亲笔写的材料"　　　　　　　　　159
　　17　"要不是因为他，我早就出去了"　　　　　　168
　　18　"一种危险的造币新方法"　　　　　　　　　176

第六章　牛顿与伪币制造者
　　19　"指控和诽谤皇家造币厂"　　　　　　　　　186
　　20　"照这个速度，整个国家都会被骗了"　　　　191
　　21　"他完成了他的差事"　　　　　　　　　　　201
　　22　"如果阁下愿意……"　　　　　　　　　　　207
　　23　"如果我死了，那就是谋杀"　　　　　　　　216
　　24　"简单而老实的辩护"　　　　　　　　　　　221
　　25　"哦，我希望上帝能够感动你的心"　　　　　232

终曲 "他计算不出人们疯狂的程度"   237

参考文献   247
致　谢   259
附录　英国硬币概况和本书日期说明   265

序曲
"让牛顿出世吧!"

1699年2月初的一天,一位中层政府官员在一个叫道格的小酒馆里找了一个安静的角落。他的衣着恰如其分,将近三年的工作经验使他知道,要想在霍尔本(Holborn)或威斯敏斯特(Westminster)不惹人注目,就不能穿得像去伦敦皇家学会那样。

他希望,小酒馆是一个能够进行小心谈话的地方。因为即使是像伦敦这样的大城市,仍然会像小城镇那样,某一门道的人——不管是合法的还是非法的——常常会彼此相识。

他所等的人走了进来,而与之同来的几个人却并不近前,只是从远处监视着。刚来的人知道规矩,他不会不知道,因为他目前的住址是新门(Newgate)监狱。

那位狱中的常客坐了下来并开始了谈话。

他说狱中有一个和他交往密切的人很爱与人攀谈,但那个人仍是小心谨慎的,对交谈的对象并不完全信任,这也很自然,因为那些同伴和他一样都是一些有待审判的人。然而随着狱中生活一个月一个月地过去,日日看着那些相同的脸,那个人开始感到生活的单调,而除了与人交谈之外无事可做。

那位官员听着,越来越感到不耐烦,这位线人都谈了些什么?他真的有什么值得听的东西吗?

"不,没有……也许就是这样。有一件工具,一个雕刻的印刷版,你知道吗?"

这件事那位官员知道。

"它是隐藏着的。"线人说。这还用说?他被安插在牢房里为的就是此事:那东西是隐藏的,问题是藏在哪儿。

用不着提醒那位狱中人,他是死是活只取决于那位官员的选择。

线人说,那东西就藏在威廉·查洛纳(William Chaloner)最后熔铸伪币的房子里,在墙里或某个洞里。

"哪所房子?"

他不知道,但查洛纳曾夸口说:"从来没有人到这样空旷的房子中去搜查那东西。"①

官员压抑着自己的恼火没有作声,他已经知道查洛纳不是一个傻瓜,而他现在想知道的是,是否有什么可以下手的东西。

远处的那些监狱看守看出了暗示,知道是把犯人带回新门监狱的时候了,顺便要告诉他下次可要打探得出色点儿。

那些人离开了酒馆之后,官员独自走了出去。他回到城市的中心,从伦敦塔西大门走了进去。

他向左拐,走进了皇家造币厂的院子,在那里又开始了他通常做的事情,审问另一个证人,阅读法庭证词,查看等待签字的供述。

所有这些是同一项工作的组成部分:编结一个证据的链条,结

---

① "John Whitfield's Lettr to the Isaac Newton Esqr Warden of His Maj^{tys} Mint Febry 9th 98/9", Mint 17, document 134.

实到足以把查洛纳或任何被皇家造币厂督办牛顿发现从事伪币制造的人送上绞刑架。①

牛顿？就是那个被他同时代人——以及后人——公认为世界上有史以来最伟大的自然科学家的那个人吗？这个给宇宙带来秩序的人和罪与罚、伦敦下等酒馆与出租屋的虚伪世界、伪币与狡诈之间有些什么联系吗？

牛顿的第一份，也是为大多数人所记得的职业延续了三十五年。在那个时期，他仿佛是剑桥大学三一学院的一个永久附属物——先是做学生，然后当研究员，最后任卢卡斯（Lucasian）数学讲席教授。但是1696年，牛顿到伦敦担任了皇家造币厂督办的职务，依据法律和传统，这一职务要求他保护国王的货币，也就是说，他要去制止或抓捕那些胆敢切削或伪造货币的人。事实上，这使他成了一名警察，更准确地说，是一个集刑事侦探、审问者、公诉人于一身的人。

人们很难想象出，还有谁比牛顿担当这一职务更让人感觉惊奇了。在公众的记忆以及同时代的圣徒言行录的记载中，牛顿从未染指那些肮脏的事情。他活在世上与其说是生存不如说是思考，而他所思考的领域远非一般普通人的头脑所能企及。教皇亚历山大在他的一副著名对子（doublet）中概括了当时人的看法：

自然及其法则在茫茫黑夜中隐藏，
上帝说，让牛顿出世吧！于是一切显扬。

---

① 对于货币犯罪，只有男人被处以绞刑，女犯人则面临着更糟糕的惩罚：将被活活烧死。但这种惩罚方式在17世纪晚期很少施行。参见 V. A. C. Gatrell, *The Hanging Tree*, p. 317。

牛顿生活在，或者人们想象他生活在，一个远离日常生活的情感和嘈杂的环境中，他的后继者很快就将他奉为一位正在形成中的"理性的宗教"的圣徒。一件肯定不是偶然巧合的事是，1766年，当本杰明·富兰克林（Benjamin Franklin）访问伦敦时，他让别人画了张像，像中的他坐在一张书桌边看书，而旁边一尊牛顿的半身像在俯视着他。①

尽管牛顿对人事管理缺乏训练、经验或显然的兴趣，然而他的皇家造币厂督办一职干得很出色。在四年任期里，他跟踪、抓捕并起诉了数十名伪币制造者，他知道——或更准确地说，他很快地学会了——如何通过搜集证据、闲聊、告密等手段使其对手陷入一张精密编织的网中。伦敦的黑社会从来没有遇到过一个像他这样的人，他们中的大部分人对与整个欧洲最训练有素的头脑斗法完全没有准备。

他们中大部分人确实如此，但并非全部。威廉·查洛纳就是一位可对牛顿令人敬畏的智力构成挑战的人。查洛纳不是一名小罪犯，他所称的自己制造的3万英镑伪币也不是一个小数目，它的币值相当于今天的400万英镑②。他拥有向议会提交有关金融和硬币制

---

① Mordechai Feingold 的作品 The Newtonian Moment (p. 180) 引起了我对此画的注意。该书分别从高雅文化和通俗文化两个角度提供了关于牛顿的详尽考察，其中第7章"神化"为牛顿死后人们的造神运动提供了有价值的论述。
② 在三个世纪后评估当时的货币价值是困难且不准确的。尽管并不尽完美，但对货币购买力的估计表明，如果查洛纳说的是真话，则他的伪币制造获得了巨大的成功。下议院图书馆2002年出版的研究报告提供了1750—2002年英镑价值的索引。据此计算，1750年左右的1英镑相当于2002年的140英镑以上 (Library of the House of Commons, "Inflation: The Value of the Pound, 1750–2002", Research Paper 02/82, 11 November 2003)。据此计算，查洛纳在八年间制造了近420万英镑伪币，或略低于此数。由于今天与当时的消费模式存在着巨大差异，所有估值都会产生偏差。（转下页）

造手艺的宣传小册子的足够知识，也拥有在至少长达六年的野心勃勃的犯罪生涯中躲避审判命运的狡猾。他的恶行有两次都足以被判处死刑，而他却两次全身而退，并获利不少。查洛纳最大的特点就是胆大，他指责新督办不称职，甚至放话说后者在对造币厂的管理中有欺骗行为。两人就这样交上了手，斗法持续了两年多时间，在这一过程中，牛顿使这场追剿成为一项实证研究的杰作，其间牛顿显示了他鲜为人知但更可理解的人格，它比作为圣徒的牛顿更具亲切感——既推动了被称为科学革命的观念的转变，又日复一日与同时代人同呼吸，共思考，一切感同身受。

这一转变既是牛顿自身内在的，也是外部环境使然。要使自己能够战胜邪恶的查洛纳，牛顿就要使自己获得完成这一任务所需的思维习性。而这一造就了可能是有史以来最让人难以置信的侦探的过程，可以从一位年轻人跨出林肯郡一座小镇的大门去寻求学业深造说起。

（接上页）E. H. Phelps-Brown 和 Sheila V. Hopkins 计算了 13 世纪建筑工人的工资，他们的分析显示 17 世纪 90 年代末期的货币价值高于 1750 年的货币价值。（"Seven Centuries of the Prices of Consumables Compared with Builders' Wage-Rates", *Economica* 23, no. 92, new series, November 1956, pp. 296-314.）我们可以说，查洛纳制造的伪币总值约为今天的 300 万—400 万英镑。换句话说，这是一笔巨大的数额。

第一章
学会思考

1 "不包括上帝"

1661年6月4日,剑桥。

当一位年轻人跨过城镇边界时,大圣玛丽教堂(Great St. Mary's)已笼罩在落日的余晖中。他赶了大约60英里路,用了三天时间从林肯郡乡村赶到大学,几乎可以断定是步行(他一贯详细的记事中并没有记录过支付租马车的费用)。学院围墙的阴影投射在特兰平顿大街和国王路的街面上,但是在这么晚的时候,三一学院已谢绝访问者入内了。

那天晚上这位年轻人投宿在一个小客栈中,次日清晨他花了8便士乘马车来到学院。① 几分钟后他穿过了三一学院大门的哥特式拱顶,向学院主持例行考试的官员报到。后者的审查没有用多长时间,三一学院1661年6月5日的注册簿上显示,一个叫艾萨

---

① Isaac Newton, Trinity Notebook, Cambridge Ms. R. 4. 48c., f. 3.

克·牛顿的青年人已被录取为本校新生。①

表面上看来,牛顿在三一学院的入学是再寻常不过的事情,他不过是人们常见的那种类型的又一个例子:一个聪明的农村年轻人上了大学,一心要提升自己在这个世界上的命运。这些都是事实,年已19岁的牛顿的确是在农村环境中长大的,但是到他迈入三一学院巨庭②的时候,人们可以明显看出乡村生活是多么不适合他,而他也将显示自己与这所学院以往所接纳的任何一位学生有多么不同。

但是在他初来这个世上的时候,并没有任何迹象显示这样的前景。1642年的圣诞节,汉娜·牛顿(Hannah Newton)产下了一个儿子。这是一个早产儿,出生时只有3磅重,他的保姆后来回忆说,出生时他小得可以放进一个1夸脱(约合1.14升)的罐子里。一个星期后家里才给他施洗礼,并取了与他三个月前去世的父亲相同的名字。

幼儿时期的牛顿家境还算殷实,父亲留下了一份过得去的地产,有一个农庄,其所有者,也就是牛顿的父亲,还拥有冠冕堂皇的"伍尔斯索普庄园领主"头衔。但眼下庄园由小艾萨克的母亲所继承,她不久又结了婚,第二任丈夫是地方上的一位牧师,名叫巴纳巴斯·史密斯(Barnabas Smith)。他以传教为生,有一处可观的房产以及对于一个63岁的男人来说相当充沛的精力,在以后的八年中,他又与新婚妻子一同生了三个孩子。这样一个活力充溢的婚姻,看起来很难容纳一个蹒跚学步的不便者,牛顿两岁多一点儿便被送给了祖母代养。

出于需要,幼年的牛顿就学会了在生活中用自己的头脑来思

---

① Richard Westfall, *Never at Rest,* pp. 1, 66.
② Great Court,三一学院的主要庭院,号称欧洲最大的封闭式庭院,该庭在托马斯·内维尔(Thomas Nevile)院长任下于17世纪初建成。——译者注

考。相隔几个世纪之遥进行心理分析是愚人的游戏，但有据可依的是，除了一次可能存在的例外，牛顿从不允许自己在情感上显示对他人的依赖。① 正因如此，他的头脑没有由于养育环境而变得迟钝。他12岁时离开家乡到一个叫格兰瑟姆（Grantham）的商业小镇去上初中，在那里他很快就显示出自己在智力上的超凡绝伦。主课拉丁文和神学对他来说轻而易举。同辈人在回忆时说，"偶尔会有一些迟钝的男孩子表现得比他稍好"，但那只是促使他略微振作一下，"他有这样的能力，只要他愿意，他就能很快把他们甩在后面"。②

如果不是碰上这种事情，牛顿总是设法自娱自乐。他喜欢凭想象画画，在他租住的房子里贴满了"鸟兽、人物、航船"的图画，以及查理一世国王和约翰·多恩③的临摹肖像。④ 他醉心于机械发明，对工具的运用十分纯熟。他以制作水磨坊模型为乐，还为房东的女儿做木偶家具。他对时间很着迷，设计和制作了水钟，而他所做的日晷如此精确，家人和邻居甚至依靠"艾萨克的日晷"来计时。⑤

对一个渴求知识又有实践能力的天才的这些片断的了解，得自于牛顿去世后不久所收集的一些有关他的逸闻，那时这些事情已

---

① 此处对牛顿的出生及幼年生活的总结基于 Richard Westfall, *Never at Rest,* pp. 44-53。Westfall 的大部分分析源于 C. W. Foster, "Sir Isaac Newton's Family", *Reports and Papers of the Architectural Societies of the County of Lincoln, County of York, Archdeaconries of Northampton and Oakham and County of Leicester* 39, part 1, 1928。
② William Stukeley, *Stukeley's memoir of Newton in four installments*, Keynes Ms. 136.03, sheet 4.
③ John Donne, 1572—1631, 17世纪英国玄学派诗人。——译者注
④ John Conduitt, Keynes Ms. 130.3, 12v and 13r.
⑤ William Stukeley, *Memoirs of Sir Isaac Newton's Life,* Royal Society Ms. 142. Online at http://www.newtonproject.sussex.ac.uk/texts/viewtext.php?id=othe00001&mode=normalized.

经过去差不多七十年了。从他所保存的一些笔记本中我们能得到更详细的了解，现存最早的一本笔记本的写作时间是1659年。牛顿用蝇头小字（纸在那时是很珍贵的）记录他的一些思想、问题和创意。在最早的这个笔记本中，他记下了制作墨水和配置颜料的方法，其中包括一种"类似尸体的颜色"。他记述了"使鸟喝水"和保存鲜肉（"用白酒浸泡，存于一个密封良好的容器中"，又补充道，"其酒味或可用清水漂洗除去"）的方法。他提出了一种永动机的设想以及一副不大可靠的治疗鼠疫的配方："服用大量常春藤果实粉末，再饮用上述马粪汁。"他成了一个知识的"收集鼠"①，一页一页地记下了大量知识，其目录足有两千多个名词："剧痛、中风……褥套、锥子、厕所……政治家、引诱者……斯多葛派、怀疑派。"

这本笔记本中还有其他内容，如一张元音发音图、一张恒星位置图等。根据种种事实、自己的观察、从其他书中摘录的片段，他的注意力从"疟疾治疗法"（它以一个耶稣在十字架前发抖的图画呈现）延伸到天文观测。这一页页笔记所揭示的是一个探求万物的头脑，牛顿要从那些看似混乱无序的事物中找出规律来。②

但是直到16岁时，牛顿仍然不知道如何使自己的才能与人生定位相协调，一个他上学时期的练习本使我们得以窥见他那时的苦恼。这是一份难得的资料，也是牛顿记述下来的唯一的纯粹抒发自己沮丧之情的笔记。他为"一个小家伙；我很无助"而伤感，他问

---

① "收集鼠"（pack rat），指什么东西都舍不得扔的人。——译者注
② Isaac Newton, Personal Notebook, Pierpont Morgan Library, sheets 5v, 7v, 13r, 15r, 18r, 20v, 28v, 32r-52v. 在此笔记中，牛顿摘录了约翰·贝特（John Bate）1654年于伦敦出版的畅销作品 *The Mysteries of Nature and Art* 中的很多材料。牛顿对此书的引用见 E. N. da C. Andrade, "Newton's Early Notebook", *Nature* 135 (1935), p. 360. 牛顿与贝特的关系见 Richard Westfall, *Never at Rest,* p. 61。

道:"他适合干点什么呢?他有什么用呢?"但他没有给出答案。"没有人理解我",他叹息道。他终于控制不住自己的情绪:"我将来到底会怎样?我想做个了断,但我只能啜泣,我不知道该怎么办。"①

牛顿哭了,但他的母亲坚持要他去做该做的事情。如果学校教师能教的东西都学完了,那就回家来做命中要做的事情——去放羊,去种庄稼。

据有关资料记载,牛顿是一个极不情愿的庄稼人,他根本不想干那种活。如果被打发到集市上去,他就会和仆人把马存在位于格兰瑟姆镇的撒拉逊人客栈的马房中,然后自己径直溜到以前的房东家里去看那里的藏书。或者"可能在从家到格兰瑟姆镇的中途停下来,躺在一个篱笆下看书,让仆人去集市处理生意上的事"。在自家地里干活时,他也是心不在焉,"脑子里想的是水轮装置和水坝"以及"其他流体静力学实验,他对那些东西如此着迷,以至常常忘记吃晚饭"。②如果他母亲命令他去放羊或去干其他什么农活,牛顿多半也会不当一回事,"他最爱做的事是坐在树下手捧着一本书阅读",而这时他放的羊却走散了,或看管的猪拱了邻居家的谷物。③

汉娜试图把儿子束缚于农村生活的努力持续了九个月,牛顿得以解脱是由于两个男人的帮助:一个是他的舅舅,一位剑桥大学毕业的牧师;另一个是他以前的校长威廉·斯托克斯(William Stokes)。他们劝说牛顿的母亲把儿子送去上大学,汉娜最后动心

---

① Latin Exercise Book of Isaac Newton, private collection, quoted in Frank Manuel, *A Portrait of Isaac Newton,* pp. 57-58.
② John Conduitt, Keynes Ms. 130.3, 21r.
③ William Stukeley, Stukeley's *memoir,* Keynes Ms. 136.03, sheet 6. 牛顿的牲畜逃跑的故事来自庄园的记录,它记载了牛顿由于过失而被课以罚金。此文件由 Richard Westfall 发现,被转引于 *Never at Rest,* p. 63.

了,但这只是当斯托克斯答应为这位距离剑桥大学一英里以外的学生代缴40先令费用的时候。①

牛顿迫不及待地离开了家乡,虽然学校9月才开学,他1661年6月2日就动身了,临行几乎什么也没带,到学校后他给自己买了一个脸盆架、一把夜壶、一个1夸脱容量的瓶子和"装灌瓶子的墨水"。② 有了这些必备用品之后,他就在三一学院定居下来,一住就是35年。

很不幸,牛顿在剑桥的生活是很贫困的,或者说这是汉娜有意为之的,为了显示她对学习书本知识的不屑,她每年只给牛顿10英镑在校生活费,这连食宿费和学费都不够,因此牛顿是作为"半佣半读生"(subsizar)进入三一学院的——这是剑桥给那些替富人子弟做一些他们不愿意做的杂事以补交学费的学生所取的名称。牛顿刚刚离开一个有着自己仆人的富裕农庄,现在却要在餐桌旁边侍奉他的同学,吃他们的剩饭,替他们搬运生火的木头,还要替他们倒夜壶。

牛顿在"半佣半读生"中还不算是最贫困的,他的10英镑生活费还能顶些用处,此外他有一个亲戚是学院的董事,他至少还可以买一些改善生活的东西。他的支出中显示有樱桃和果酱以及牛奶、奶酪、黄油、啤酒③等生活必需品。但是在入校的头几年,牛顿在三一学院的阶层中是处于最底层的,当别人坐着时他却要站

---

① William Stukeley, *Stukeley's memoir*, Keynes Ms. 136.03, sheet 7.
② Isaac Newton, Trinity Notebook, Cambridge Ms. R. 4. 48, f. 1.
③ Trinity Notebook, sheets ii-iv. 实际上,牛顿将啤酒列于"消闲而无益的消费"(*Otiose & frustra expensa*),即让他产生罪恶感的奢侈品。但正如 Richard Westfall 所指出的,与牛顿同时代的许多人将啤酒作为生活必需品,或者用牛顿的话来说算是"私人消费"(*Expensa propria*)。

第一章 学会思考

着，在社交中地位低下。① 他在本科学习生活中几乎没有给人留下什么印象。他的全部通信现存的只有一封给同期在校同学的信，那是他完成学士学位五年后的 1669 年所写的。② 如牛顿的主要传记作者理查德·韦斯特福尔（Richard Westfall）所证实的，甚至当牛顿成为剑桥同时代人中最出名的人之后，同年级学生中没有一个人③ 说自己曾经遇见过他。

没有直接的证据显示牛顿对这种孤独的感受，但他也的确留下了一个很强烈的暗示。在一个记载花费和几何笔记的本子上，他在 1662 年用好几页记录了自己大大小小的过错，一条一条的，读起来像是忏悔录，清点着对一位不肯饶恕的上天债主所欠的债务。

他承认对同学所做的错事："偷了爱德华·斯托勒（Eduard

---

① 牛顿究竟有多贫穷、地位有多低下，以及由此导致的与同伴间的疏离程度究竟如何，在牛顿研究中多有争议。Richard Westfall 及其他一些作者认为牛顿的穷困及地位低下是真实的。加州理工学院科学史教授、纽约公共图书馆"牛顿时刻"（The Newtonian Moment）展览的策展人及展览手册作者 Mordechai Feingold 教授对此提出了质疑。他认为，牛顿并不像他在某些地方被描述的那样是一个默默无名的孤僻者，牛顿作为半佣半读生的地位是很正常的：他的生活费足以购买上述樱桃等奢侈品，而且牛顿与三一学院董事的亲戚关系可使他在学院中避免处于糟糕的仆人地位。
我的观点基于仅存的三份关于牛顿本科生活逸事的资料，它们都写于牛顿读完本科几十年后。除此之外，有一本笔记本包含了牛顿的部分账目记录，另一本笔记本记录了牛顿对于 1662 年及此前过失的惊人的忏悔。三一学院的记录为关于牛顿的私人回忆录提供了背景资料，以上就是所有的研究资料。如此稀少的文献资料为后人的解释提供了丰富的空间，以至最终，对此问题的解释取决于解释者对人性及牛顿性格的个人判断。如上所述，我最终倾向于采纳 Westfall 的解释：我认为其解释更好地描绘了牛顿作为一个孤独的青年人，在受同学怨恨和嫉妒，同时缺少与同学的情感及社交联系时的处境。但 Feingold 和其他研究牛顿的当代学者无疑正确地指出了牛顿并非完全没有朋友，并非完全缺失正常的社交生活，牛顿也并不反对所有享乐，包括美食及偶尔的啤酒在内的公然的感官享乐。
② 牛顿于 1669 年 5 月 15 日写给弗朗西斯·阿斯顿（Francis Aston）的信，参见 Correspondence 1, document 4, p. 9。
③ Westfall, Never at Rest, p. 75. 这封信的收信人弗朗西斯·阿斯顿是牛顿在三一学院的同学，之后成为皇家学会会员并与罗伯特·胡克一同担任皇家学会的秘书。

Storer）的樱桃奶油糖还拒不承认""抢了妈妈的一盒草莓和糖果""称德洛茜·罗丝（Derothy Rose）是下流女孩"。他还透露自身的一种强烈暴力倾向："用拳头打妹妹""打了很多人""诅咒一些人，让他们去死"，对母亲的再婚充满敌意，"恐吓我的继父史密斯和母亲，威胁要放火烧死他们和烧毁他们的房屋"。

他两次承认暴饮暴食，有一次"想用铜币冒充半克朗银币"——从他后来成为伪币制造者的克星这一点来看，他当初的这种认错是很有意思的。他承认越来越升级的对上帝的不敬，先是小的过错："白天把水喷在您的身上""礼拜日晚上做饼"。以后是严重错误："没有遵照我的信仰向您靠得更近""对您自身缺少敬爱""对人胜过了对您的敬畏"。

最恶劣的是，他所记载的58条过错的第20条罪状是："耽迷于为金钱学习之乐胜过了对您的景仰"①，因为诱惑、金钱、感官之乐是撒旦对虔诚信徒的引诱。但是对牛顿来说，真正的危险在于那个曾经诱骗了夏娃的陷阱——对知识的膜拜。三一学院向牛顿敞开了以前在乡村时对他关闭的思想世界，他忘情纵意地投身其中，投入得如此之深，以至于上帝似乎已从他的头脑和心目中被驱除了。

但即使在剑桥，牛顿也必须自己去探索，他很快就意识到，接受以亚里士多德为终极权威的传统大学教育是在浪费时间。笔记显示，他从来没有亦步亦趋地去读学校所指定的亚里士多德的典籍，相反，他努力探索的是透过古代权威的防守而渗透到剑桥的那些新知识。大多数时候，他是独自一人这样做的——他也只能如此，因为除了一两个人外，他对知识的理解不久就超过了所有那些向他授

---

① Fitzwilliam Notebook, sheets 3r-4v.

课的教员。

起先他浏览了一下欧几里得几何学，但初读之下他发现其中的定理"如此简单，他不明白人们为什么以证明定理为乐"[1]。接着他又探索了更深奥的数学，随后他发现了机械论哲学，即这样一种观念：整个物质世界可以被理解为物质运动的模式。这是一个有争议的观念，因为至少在一部分人看来，它削弱了上帝在日常生活中的意义。但即使如此，笛卡儿和伽利略及其他许多人都证明了这种新观念的威力，以至于机械论的世界观即便在剑桥大学这样一个欧洲知识界的滞水中也为一些愿意接纳新事物的头脑所接受。

在最初这个获取整个欧洲所知道的物质世界运作规律的过程中，牛顿已经显示出他广为流传的探索能力。睡觉对他来说只是一种选择，比牛顿晚到剑桥 18 个月的约翰·威肯斯（John Wickens）记得，当牛顿沉浸于工作中时，他就舍弃了睡眠。食物是一种燃料，而且吃饭常常只是一种使牛顿分心的事情。牛顿后来曾对其外甥女说，他的猫由于常吃他忘记吃的食物而长胖了不少。[2]

经过两年的努力探索，1664 年牛顿在一篇他谦虚地称为《某些哲学问题》（*Certain Philosophical Questions*）的记述中对自己的学习做了一个总结。一开篇，他问道：什么是第一或最基本的物质形式呢？经过详细的分析，他论证说，那一定是那些被称为原子的

---

[1] Abraham de Moivre, "Memorandum relating to Sr Isaac Newton given me by Mr Demoivre", Cambridge Add. Ms. 4007, pp. 706r-707r, cited in D. T. Whiteside, "Sources and Strengths of Newton's Early Mathematic Thought", in Robert Palter, ed., *The Annus Mirabilis of Sir Isaac Newton, 1666-1696*, p. 72.

[2] 在 1728 年 1 月 16 日给 Robert Smith 的信中，Nicholas Wickens 叙述了他父亲回忆其室友牛顿对睡眠和食物的漠不关心。Keynes Ms. 137, sheet 2. 约翰·康迪克在其对牛顿的回忆中讲述了牛顿的猫长胖的故事。Keynes Ms. 130.6, cited in Richard Westfall, *Never at Rest,* pp. 103-104.

简单而不可分的实体。他提出有关天体的位置（在空间中的定位）、时间和运动轨迹的问题。他对他的新的、临时性的老师笛卡儿进行了探索，对他的光学理论、物理学和潮汐理论提出了质疑。他试图了解意识是如何运作的。1663 年他在斯特布里奇集市（Sturbridge Fair）买了一个棱镜，开始论述他的第一个光学试验，这是他进行光谱和颜色分析的开端。他对物体的运动感到好奇，它们为什么会往下掉呢，那时他对重力的性质还不太清楚。他想知道生活在一个彻底机械化的宇宙，即自然万物（除了思维和精神）构成的一个巨大而复杂的机械中会怎样，这一思想使他为上帝在这样一个宇宙中的宿命而颤抖。他写道："说第一物质要取决于其他事物是一种自相矛盾的说法。"他又加了一句："不包括上帝"，但随后又把这几个字划去了。[①]

他没有给出确切的答案，这是一个努力学习如何掌握工具的学徒的作品，但是一切已经孕育于萌芽了，它是一个规划，一个引导牛顿去做出自己的发现的规划，一个引导他去发明新方法的规划，而别人用了那些方法将能做出更多发现。虽然牛顿理论体系的完成还是几十年以后的事情，但《问题》的手稿揭示了一个在学术界边缘探索的无名学生的非凡雄心，他宣称自身的权威将独立于亚里士多德，独立于笛卡儿，独立于任何人。

在对他想知道的任何东西进行探索时，牛顿是无所畏惧的。为了弄清眼睛是否能被迷惑而看到实际并不存在的东西，他用一只眼睛直视太阳，直到他实在无法忍受那种疼痛为止，然后记下要用多长时间才能从视觉中除去影像的"强烈幻影"。一年多以后，当他

[①] Isaac Newton, *Quæstiones quædam Philosophicæ,* Cambridge Add. Ms. 3996, f. 1/88. 此处引用的资料来源于《问题》抄本第 338 页，参见 J. E. McGuire and Martin Tamny, *Certain Philosophical Questions*, pp. 330-489。

想知道光学系统的形状对颜色感觉的影响时，他将一根大眼粗针插入"我的眼睛和眼后骨之间，尽可能接近我眼睛的后部"，然后"用针的末端挤压我的眼睛（以便在眼中……形成曲率）"，于是他看见了几个"黑白和彩色的光环"，当他用针尖揉磨眼睛时，那些光环就变得更为清晰。①上述描述还附有一张实验说明图，显示针的揉动如何使眼球变形。以这种方式看幻象不可避免地会使人因疼痛而退缩，但牛顿没有提及疼痛的感觉或危险。他有一个问题，他要找到答案，下一步要做什么就很明显了。

他继续着自己的研究，他探索空气的性质，想知道火是否能在真空中燃烧，描绘彗星的轨迹，探究记忆的秘密，摸索灵魂和大脑的矛盾关系。但是在这种对新思想、新观念全身心的探知过程中，他也不得不去应付大学生活中的世俗事务。1664年春季，他参加了剑桥大学对本科生所要求的考试，考试的结果将决定他是否能成为三一学院的一名学者。如果通过了，他就不用再做半佣半读生了，学校将为他提供伙食费和硕士四年的定期津贴。如果通不过，他就要打道回府，重新到农村去。

牛顿通过了这项考验，1664年4月28日他获得了奖学金。但是几个月之后，他在学校的学习生活被迫中断了。1665年年初，泰晤士河沿岸的码头上出现了老鼠，它们肯定是从荷兰来的，可能来自运送荷兰战犯的船只，或来自从那里走私的棉花捆包。老鼠携带着它们自己的货物——跳蚤——穿过了北海，而跳蚤则把鼠疫杆菌带到了英国。跳蚤从老鼠的身上跳走，四处咬噬，致命的细菌进入人体血液，这使得淋巴腺鼠疫开始流行，黑死病重新回到了英国。

---

① Isaac Newton, Cambridge Add. Ms. 3975, 被转引于 Richard Westfall, *Never at Rest,* p. 95。

一开始疾病传播得较慢，只给日常生活造成一些小麻烦。第一个记录在案的丧命者死于1665年4月12日，当天就被匆匆葬在考文特花园（Covent Garden），塞缪尔·佩皮斯①在他4月30日的日记中写到"可怕的瘟疫"②，但是海军在洛斯托夫特（Lowestoft）对荷兰战争的胜利转移他和其他一些人的注意力。后来，6月初的一天，当他"十分不情愿地"在德鲁里巷（Drury Lane）③溜达时，看到两三所房子的门上打着红叉，上面写着"主怜悯一下我们吧"。

那天佩皮斯买了一卷烟叶咀嚼，"这驱走了忧虑"④，但瘟疫驻留下来，无论多少尼古丁也不能抵御恐慌。在伦敦仅一个星期就有一千多人死去，接着是两千人，而到9月时每天都有上千人死去。

如此多的死亡使举行葬礼成为不可能的事情，人们能做的就是把尸体简单处理后埋掉。丹尼尔·笛福⑤如此描写道，一辆载着死者的马车进了公墓，在一个大坑旁停了下来。一个男人步行跟在家人的尸骸后面，接着，"马车一转身，尸体就被男女混杂地倒进坑里，把那男士吓了一跳，因为他以为尸体至少会被小心地放入坑里"，相反，"16或17具尸体，一些裹在布单里，一些用破布裹着，另外一些则几乎赤裸着，敷衍的掩盖物在尸体倒进坑里时就从死者身上掉下来，身子就光着了。但这已经不重要了，这种不体面

---

① Samuel Pepys, 1633—1703, 17世纪英国作家和政治家，英国海军的缔造者，著名的《佩皮斯日记》对大瘟疫（1665）和伦敦大火（1666）等有详细描述，是17世纪较为丰富的生活文献之一。——译者注
② Samuel Pepys, *The Shorter Pepys,* p. 486.
③ Drury Lane, 伦敦著名街道，17世纪时以皇家大剧院闻名，近代则以红灯区著称。——译者注
④ Samuel Pepys, *The Shorter Pepys,* p. 494.
⑤ Daniel Defoe, 1660—1731, 英国启蒙时期现实主义小说的奠基人，代表作有《鲁滨孙漂流记》《辛格顿船长》《伦敦大疫记》等。——译者注

也顾不上了,他们已经死了,死尸在合葬墓里相互蜷缩在一起"。在这最后的安息地里有了平等,"因为这里没有了区别,穷人和富人一起进来了,没有别的安葬方法,如此多的人在这样一场灾难中死去,想要用棺材是不可能的了"。①

那些能跑的就拼命逃窜,但是疾病追赶着他们,对瘟疫的恐慌蔓延到乡村和内地。剑桥的居民很早就开始疏散了,到了 1665 年仲夏时节,剑桥几乎成了一座空城。斯特布里奇集市——那是英格兰最大的市场——被迫关闭了,剑桥大学取消了在大圣玛丽教堂举行的布道仪式,三一学院 8 月 7 日的公告确认了这一昭然若揭的事实,它宣布向那些"因瘟疫而到乡村里去躲避的董事和学者们"发放薪俸。②

牛顿很早就离开了,在 8 月发放薪水日之前就逃走了。他回到伍尔斯索普躲避,在这个与世隔绝的天地里不会有遇见瘟疫老鼠或受疾病传染的病人的危险。他似乎没有注意到,时过境迁,现在再没有人敢让这个花起钱来大手大脚的人去扶犁耕地了。在牛顿离开剑桥前的最后几个月里,他的思想几乎完全转向了数学。在安静的居室里,牛顿继续着他的研究工作,他在构建一个理论,而它将最终使人们对数学的理解发生革命性的改变。在接下来的瘟疫流行期内,他在他的重力理论,因而在对整个宇宙运动规律的理解方面,迈出了第一步。

那年的整个夏季和秋季瘟疫一直在流行,导致成千上万的人死亡。但牛顿并没有过多地去注意,他在忙自己的事情。

---

① Daniel Defoe, *A Journal of the Plague Year,* pp. 62-63.
② Cited in Richard Westfall, *Never at Rest,* p. 142.

2 "正值年富力强"

瘟疫一直延续到 1665 年的秋季，12 月的英格兰南部出现严寒，佩皮斯写道，严寒"使人们希望瘟疫就此得以完全灭绝"。① 但疾病仍很猖獗，在伦敦每星期仍有 1300 多人死亡，谨慎的人都尽可能地避开人群。

牛顿则是小心有加，那年圣诞，他在家乡庆祝了自己 23 岁的生日，安全地远离着传染疾病的都市。他在那里待到新的一年，照他自己的说法，他以从未有过的紧张程度工作着。五十年后他回忆说："那时正值年富力强，后来我再也没有像那时那样潜心发明和探索数学与哲学问题。"②

首先是数学，他继续着被迫离开剑桥之前开始的研究，从"无限"（包括无限大和无限小两种形式）③这个新奇的概念引出了重要思想，牛顿后来把他在第一段瘟疫时期的主要发现叫作"流数法"。我们把它的更成熟形式叫作"积分"，它现在仍然是研究随时间发生的变化的重要工具。

牛顿并非是完全独立地进行这项工作的。在他思索无限小的那段时间里，英格兰东部的瘟疫似乎有所减轻，到 1666 年 3 月时，剑桥城里已经连续六周没有人死于鼠疫了。大学又开学了，牛顿也回到了三一学院。④ 但是到了 6 月，疾病又流行起来，死人的消息使得牛顿又一次逃回家乡。回到农庄后，他的注意力从数学问题转到了重力问题。

---

① Samuel Pepys, *The Shorter Pepys*, p. 557.
② Cambridge Add. Ms. 3968.41, f. 85, 被转引于 Richard Westfall, *Never at Rest*, p. 143。
③ D. T. Whiteside, ed., *The Mathematical Papers of Isaac Newton*, vol. 1, p. 280.
④ Richard Westfall, *Never at Rest*, p. 142.

重力（gravity）这个词已经具有了多重含义。它可指精神或物质的沉重状态——国家的事务很重要（gravity），"庄重"（gravitas）也是对国家领导人的赞誉之词。它也有着物理上的含义，但无人晓得指的是什么——或者指一个有重量的物体的性质，或者指可作用于物体的脱离实体的力量。在《问题》的笔记中，有一篇文章的标题是《论重力和轻力》（Of Gravity and Levity）。这时他所费力思索的是两个让他感到模糊和不确定的概念。他写道"物质造成引力"，他认为这种力一定进入和穿出"地球的内部"。他思考了落体的问题，谈到"落体一直受到重力的作用"，它是物体所具有的垂直向下的内在之力。他想知道"重力的力线能不能由反射或折射中止"。① 那时，牛顿所知道的物质与运动的关系仍然只限于那些已经存在的知识。

现在，在这种被迫的与世隔绝中，牛顿又开始了思考。根据传说，牛顿的这种重要思想是在一种顿悟中产生的。1666年夏季的某一天，他正在伍尔斯索普的一个花园里坐在树下"沉思"，几十年以后他回忆说，他记得（或可能是想象）自己是在一种怀旧的情绪中，头脑中出现了幼时所见的挂满苹果的果树。② 这时一个苹果掉下来引起了他的注意，为什么苹果总是垂直落到地面上呢，他问自己，它为什么不斜着或者向上飞走，却总是落向地心呢？

的确，这是为什么呢？他对从那时起直到现在的不解之谜忽然有了顿悟：就在此刻他的理性产生了一个飞跃，这导致了最终的奖赏——他发现了引力理论。物质相互吸引，其引力与各物体所包含的质量成正比，引力方向朝着给定的较重物体的中心。"我们现在

---

① Isaac Newton, Quæstiones quædam Philosophicæ, Cambridge Add. Ms. 3996, f. 19.
② 约翰·康迪克在1726年与晚年的牛顿谈话时提及这些内容。棣莫弗（Abraham de Moivre）在1727年的笔记中也提到了苹果树。

称这种力为引力，引力遍及整个宇宙。"①

由此产生了某个作者称之为那个自夏娃以来最重要的苹果的故事。这个故事具有一定的真实性，那棵树本身是存在的。牛顿去世后，邻里们仍然把原来位于伍尔斯索普的那棵树称为牛顿树，尽一切努力去保护它，把它下垂的枝干用东西撑起来，直到它后来在1819年的一场暴风雨中被摧垮。该树的一根枝条现存于英国皇家天文学会，但其分枝已被嫁接到年轻的果树上，那棵果树又结了自己的果实。②1943年在英国皇家学会举行的一个午餐会上，一名会员从兜里掏出两个名为"肯特郡之花"（Flower of Kent）的大苹果，那是17世纪人们常用于烹调的苹果。主人解释说，它们是伍尔斯索普原来那棵树嫁接的果树的果实。③牛顿的苹果本身不是神话，它发芽、成熟，在将近三百年之后人们已经掌握了从那个传说的坠落苹果所衍生的全部知识时仍然能够品尝到它。

若说牛顿在那个瘟疫盛行的夏季有些什么顿悟的话，那肯定不是引力理论的最终形态。那个落地的苹果最多只是促使牛顿在一场漫长、艰辛而最终取得辉煌成果的思想长征上迈出了第一步，这场长征把牛顿从一些混沌的概念引向一个完美的、动态的宇宙学，一个普适于整个宇宙的理论。

当然，第一步要基于当时知识的现状，也就是牛顿以及欧洲

---

① William Stukeley, *Memoirs of Sir Isaac Newton's Life,* pp. 19-21.
② D. McKie and G. R. de Beer, "Newton's Apple: An Addendum", *Notes and Records of the Royal Society of London* 9, no. 2 (May 1952), pp. 334-335.
③ D. McKie and G. R. de Beer, "Newton's Apple", *Notes and Records of the Royal Society of London* 9, no. 1 (October 1951), pp. 53-54. 由牛顿苹果树的枝条嫁接的果树现在种植在好几处地方，位于怀特岛的迪肯苗圃（Deacon's Nursery）也对外有售。其中一根枝条给了我家乡的麻省理工学院，种植于紧邻2号楼的小花园内，并于2006年9月第一次结果。在伍尔斯索普，出产"肯特郡之花"的古老果树仍在花园中结果。这棵树从一截折断的树干中发芽长成，这截折断的树干很可能是原来被摧垮的牛顿苹果树的残余。

自然哲学家们所具有的知识水平。在那场瘟疫初起的时期，牛顿曾思索这样一个问题：为什么一个沿圆形轨道运行的物体会有一种向外推的力，试图从圆的中心脱离，那些用一个拴着的石子甩圈的男孩子都很熟悉这种情形。经过一段曲折探索，牛顿找到了计算那种离心力的公式，离心力这一名称是比牛顿年长的同时代人克里斯蒂安·惠更斯[①]所提出的。这是一个彼此独立的发明的事例，虽然惠更斯比牛顿更早，但他的结果直到1673年才发表。[②] 也就是说，22岁的牛顿已在那个时代的知识前沿进行探索，努力开拓新的知识。

牛顿新理论的发现，是在他用"地球不是在一个旋转的宇宙的中心静止不动的"这一革命性论断来检测他有关圆周运动的新理论时得出的。当时对哥白尼的日心说最有力的反驳是：如果地球真是围绕太阳旋转而且每天都在自转，那么这种旋转所产生的巨大离心力，会把在这个疯狂旋转的星球表面的人类和万物都抛向太空。但是根据他的新的洞见，牛顿意识到，他的新公式使他可以计算出在旋转的地球表面这种离心力到底有多大。

首先，他采用了对地球体积的近似估计——欧洲人在过去两个世纪的航海探索过程中不断修正这一数字，据此他能够计算出人们在旋转的地球表面上所感受到的向外的加速度。其次，他着手计算在球表面向下拉的、他所称的重力的大小，这一重力的含义与我们今天的理解类似。伽利略已经注意到下落物体的加速度，但牛顿只

---

① Christiaan Huygens，1629—1695，荷兰物理学家、天文学家、数学家，介于伽利略与牛顿之间的一位重要物理学先驱。——译者注

② 牛顿推导离心力公式的详细过程见 D. T. Whiteside, "The Prehistory of the *Principia*", *Notes and Records of the Royal Society of London* 45, no. 1 (January 1991), p. 13。Richard Westfall 提供了较为简洁的版本，参见 *Never at Rest*, pp. 148-150, 其参考文献见 J. W. Herivel, "Newton's Discovery of the Law of Centrifugal Force", *Isis* 51 (1960), pp. 546-553 和 J. W. Herivel, *The Background to Newton's* Principia。

相信自己的计算是最精确的,因此他通过对一个钟摆的研究来对落体进行研究。通过这两个重要数字,他发现把我们固定在地球上的重力比促使我们飞离地球的离心力大 300 倍。①

这是一个大胆的证明,如果他当时把它告知了什么人的话,就会使自己跻身欧洲自然哲学先锋者的行列。更精妙的是,他发现可以把这一证明运用于更大问题,即太阳系本身的运动。例如,是什么力使得月球有规律地绕地球运动呢?牛顿了解一个事实:任何这样的力都将抵消那种摆脱和飞离地球掌控的离心倾向。他意识到,在某一个距离上,各种冲量会达成平衡,使得月球沿着地球为中心的圆形(近似)的轨道上运动时能持续向下变道,其中那种仍然神秘的冲量,其来源后来被称为引力。②

引力虽然神秘却可以计算,要做到这一点就需要完成最后的重要一步,建立一个数学表达式,来描述把地球和月球这两个相距遥远的天体联系起来的那种未知力的强度。牛顿在开普勒的行星运动

---

① Isaac Newton, *Correspondence 3,* pp. 46-54. 关于牛顿对钟摆运动的研究,参见 D. T. Whiteside, "The Prehistory of the *Principia", Notes and Records of the Royal Society of London* 45, no. 1 (January 1991), pp. 14-15。

② 这并不十分准确。物体在引力作用下围绕整个系统的质量中心运动,并不是如牛顿所理解的仅围绕质量更大的物体。此时,牛顿并没有清晰地理解惯性,也没有洞察他的第一运动定律,即任何物体都保持静止或匀速直线运动状态,除非对其施加外力。如果没有 1679 年罗伯特·胡克在信中向牛顿阐述的这个基本概念,牛顿的引力概念是不精确的。胡克与牛顿之间接下来的相互启发和冲突见 Richard Westfall, *Never at Rest*, pp. 382-288 和钱德拉塞卡(S. Chandrasekhar)在其书第一章中对牛顿思想发展过程的总结:*Newton's* Principia *for the Common Reader*, pp. 1-14。(然而,20 世纪最伟大的牛顿学者之一,《自然哲学的数学原理》最佳英文版译者 I. Bernard Cohen 认为钱德拉塞卡不具备较高的历史研究水平,确实,如同 Cohen 所言,钱德拉塞卡的"普通读者"需了解很多数学知识才能读懂他的书。尽管如此,钱德拉塞卡作为诺贝尔物理学奖获得者,的确在其书的第一部分提供了对基础概念的初步总结,这很值得一读。)另一种对这个时期内牛顿引力思想发展的解释来自 A. Rupert Hall 所著的通俗易懂的传记 *Isaac Newton: Adventurer in Thought*, pp. 58-63。

第三定律中找到了灵感，那是关于一个行星在轨道上运行一圈所需时间与其同太阳距离关系的定律。通过对那一定律的分析，牛顿得出一个结论（如他后来所表述的）："使行星保持在其轨道上运行的力必与它们距所围绕旋转的中心的距离的平方成反比"，即任何两物体之间的引力的衰减与它们之间的距离的平方成比例。

由此只需填上数字就可计算出月球的轨道，但牛顿在这里遇到了困难。在关于钟摆的试验中，他对一个关键量，即地球表面的重力强度作了精确测量，但他还需要知道月球和地球之间的距离。可这一数字牛顿自己确定不了，他于是采用海员们通常的猜测：地球周长的一度等于"60 标准海里"，但这是错误的，它与略多于 69 英里这一准确数字相距甚大。[①] 这一误差在他的计算过程中不断扩大，因此不论他怎样做也计算不出月球的轨道。他对所出现的问题做了些猜测，但那只是些不严谨的思考，他尚不知道如何将其归结为数学问题。

这一难题促使他进一步钻研。新思想不断在他脑海里涌现。随后他研究的是光学，17 世纪 70 年代初对光的性质的一系列探索使他小有名声，由于移心旁顾，他暂时放下了对月球问题的研究。

---

① William Whiston, *Memoirs of the Life of Mr. William Whiston by himself,* cited in J. W. Herivel, *The Background to Newton's* Principia, p. 65. 威廉·惠斯顿（William Whiston）是牛顿的徒弟和牛顿之后剑桥大学卢卡斯数学讲席教授的继承人。地球的赤道周长是 24902 英里或 40076 千米。一度圆心角对应的周长（或总周长的 1/360）是 69.172 英里或 111.322 千米。D. T. Whiteside 指出惠斯顿的书并不是可靠的材料，尽管他是牛顿卢卡斯数学讲席教授的继承人，在牛顿死后，他依然泰然自若地记录着牛顿的生活。幸存最早的分析月球运动受力状况的牛顿手稿发现于 1669 年，即瘟疫流行三年之后，这种力的衰减与月球同地球距离的平方成比例。显然，牛顿对于此问题的研究在他躲避瘟疫时就开始了。参见 D. T. Whiteside, "The Prehistory of the *Principia*", pp. 18-20。感谢 Simon Schaffer 建议我仔细检查那些创造奇迹的年月中复杂的历史事实。当然，所有此处存留的历史错误属于我的责任，与他无关。

如果说在那些创造奇迹的年月里（人们后来这样称牛顿的这一段时期）他并没有建立成形的理论体系，在他被迫隐居乡间的生活行将结束的时候牛顿认识到，任何物理体系只有当把"运动归结为数字时"[①]才有望获得成功。他探索地球和月球之间的引力作用时得出了这样一个模型：对于一种关系、对于现象之间的任何联系的论断，都要用严格的数学描述来检验。

构成牛顿物理学核心内容的许多重要概念也已经有了，虽然把这些初步形态变为成形的理论体系还需要做大量的工作。牛顿需要对他与他同时代人认为已经了解的有关物质和运动的最基本概念加以重新定义，才能得出一套可加利用的定义。例如他仍在探索一种表达有关"力"的关键概念的方法，使得可用各种数学的方法对之加以处理。1666 年他已得出这样的结论："由自然的启示我们知道……同样的力对同样的物体产生同样的变化……因为一个物体在释放或……获得同一运动量时，其状态发生等量的变化。"[②]

这里的核心思想是：物体运动的变化与在物体上所施加的力成正比，但是要把这一观念转化为如牛顿第二运动定律那个具体而丰富的形式，还需要长时间的深刻思考。同样，在经过二十年的艰辛努力之后，牛顿才把这些思想汇聚成他的巨著《自然哲学之数学原理》（*Philosophiæ naturaalis principia methmatica*），简称《原理》。尽管有了这些原始的思想，牛顿最终成就的取得还有赖于他的执着天赋。他在大学的亲密朋友约翰·威肯斯对他在 1664 年心无旁骛地潜心观测彗星深表叹服。二十年后牛顿的助手兼书记员汉

---

① 此处的"把运动归结为数字"源于 Alexander Koyré 的论文 "The Significance of the Newtonian Synthesis"，此文被多次出版，见 I. Bernard Cohen and Richard Westfall, eds., *Newton*, p. 62. 很遗憾，Koyré 认为它是伽利略提出的，但事实上它来自牛顿。

② J. W. Herivel, *The Background to Newton's* Principia, pp. 157-158.

弗莱·牛顿（Humphrey Newton）也看到同样的情况："有时在外面散步时，他会突然停下来，转身跑回楼上，就像阿基米得有了突然发现一样，站在书桌边就写起来，甚至顾不得拉过一把椅子坐下来写。"① 当他感到某个问题很重要时，他就会专心一意地探索。

对他最终的成功同样重要的是，他从来不是一个纯粹抽象的思想者。他对力的概念的重要领悟来自"由自然启示"而得的证据，他用自己的苦心实验以及别人不完全的观测所得的数据来检验他有关月球引力和运动的思想。在分析有关潮汐的物理规律时，身被陆地包围的他就去查阅世界各地旅行者的资料，很少离开与三一学院比邻的居所书桌的牛顿，收集了来自普利茅斯、切普斯托、麦哲伦海峡以及南中国海的资料。② 他用针刺自己的眼睛，自建小熔炉，自造光学仪器（其中最著名的是第一台反射望远镜）。他自己动手称量、测度、嗅闻和劳作，努力寻求那些激发他好奇心的事物的答案。

整个一个夏天牛顿都在工作。就在那年夏天发生了伦敦大火，烈火连续烧了五天，终于在9月7日自行熄灭了，城内的所有东西及城外的一部分都被烧毁了，过火面积达436英亩。1300多幢房屋、87座教堂，连同老圣保罗大教堂都被烧毁了。教堂屋顶上熔化的铅重达60吨，金属的熔流汇入了泰晤士河。虽然确知的死亡人数只有六人，但实际数字肯定比这多得多。

不过，当大火摧毁了那些拥挤的滋生传染病的贫民窟时，瘟疫

---

① Humphrey Newton, Keynes Ms. 135, quoted in Richard Westfall, *Never at Rest,* p. 406. 我纠正了原文中对阿基米得姓名的拼写错误，并将原文中的"尤里卡"（意为我找到了）由希腊语译为英文。

② Simon Schaffer 曾在其多篇论文中指出牛顿运用了世界各地的资料。参见 Schaffer 的论文 "Golden Means: Assay Instruments and the Geography of Precision in the Guinea Trade" 及其2006年4月4日在哈佛大学所授的课程"Newton on the Beach"（未出版）。

也与之俱焚了。那年冬天所报道的患病人数逐渐减少，终至消失，到春天时人们已经知道，那场瘟疫终于过去了。

1667年4月，牛顿回到他在三一学院的住所，两年前，他在学士学位证书上的墨迹未干时离开了这里，而在这段时间里他成为世界上最伟大的数学家，可以比肩当时在世的任何一位自然哲学家。但是对此无人知晓，因为他没有发表过任何东西，也没有把他的研究结果告诉任何人，这种局面直到二十年之后才被打破。

3 "这个我计算过"

牛顿凭借着自己的能力在学术的金字塔上快速攀爬。1669年牛顿26岁时，他以前的老师艾萨克·巴罗（Isaac Barrow）辞去了卢卡斯数学讲席教授职位，以便给他腾出位置，由此他的命运便固定了，那一职位他想干多久就可以干多久。这一职位给他提供了食宿和一年100英镑左右的薪俸——这对一个几乎没有什么生活开销的独身男人来说足够了，而他的工作是每三个学期讲一门课程，即便这一差事也占不了他多少时间，据汉弗莱·牛顿说，如果真有什么人来听课的话他会讲上半个小时，但"多数情况是，他只能对着墙讲，因为没有人听"。①

除了这点应付年轻人的讲课外，牛顿可以随意而为。他不喜欢让他分心的事情，不善于闲聊，不惯于陪客，他把所有清醒的时间

---

① 汉弗莱·牛顿写给约翰·康迪克（牛顿的侄子，接任了牛顿的造币厂厂长一职）的信，1727/1728年1月17日，Keynes Ms. 135, f. 2，该资料可在牛顿的电子档案中找到：http://www.newtonproject.sussex.ac.uk。事实上，即使这个职位对牛顿的要求如此低，牛顿也不完全满意。他通常讲授代数，但始终未能向学校图书馆提供课程讲稿，直到1684年，他才提交了包含从教十一年课程内容的讲稿。这就是后来出版的《广义算数》（*Arithmetica universalis*）。

几乎都用在了研究上,汉弗莱·牛顿说道:"我从不知道他有什么娱乐和消遣,无论是骑马出去兜风、散步、打保龄球还是其他任何活动,除了探索研究,他认为其他都是浪费时间。"对他来说,身体的需要看来也是种冒犯,汉弗莱说牛顿"很吝惜吃饭和睡觉占去的那些短暂时间",女管家常常发现"午餐和晚餐几乎没有动过","他很少坐在室内的炉火前,除了漫长寒冷的冬日,那时他很不情愿地蜷缩在那里"。他的一个消遣之处就是他的花园,那是位于三一学院校园里的一小块地。"花园总是保持得整齐有序,他有时在那里短暂地走上一两趟,但那种时候很难得,他不能容忍那里有一株野草。"① 就是这样——一种完全投身于研究的生活,除了偶尔和个别熟人聊聊,牛顿会拿出难得的几分钟来拔拔草。

但是,工作的目的是什么呢?年复一年,他几乎没有发表过任何东西,对于同时代人他几乎没有任何可察觉的影响。理查德·韦斯特福尔如是说:"如果他在 1684 年死去而他写的论文留下来,我们会知道曾有一位天才生活过,但是我们最多只能叹息他未能功成名就,而不会把他看作一个重构了现代思想意识的伟人。"②

就在此时,1684 年 8 月的一天,埃德蒙·哈雷(Edmond Halley)前来拜访,他是少数总可以获准进入牛顿在三一学院居室的人之一。二人两年前结识,当时哈雷刚从法国回来,他在那里认真观测了那个后来以他的名字命名的彗星。牛顿自己也绘制了彗星图,他把这位同好纳入了自己照例回信、乐于交谈的朋友圈。

这天哈雷没有带来什么要紧的科学新闻,他因为家庭事务从伦敦来到剑桥附近的乡村,他到牛顿这里来拜访原本也只是礼貌性的。但

---

① 汉弗莱·牛顿于 1727/1728 年 1 月 17 日写给约翰·康迪克的信,Keynes Ms. 135, ff. 1-3。
② Richard Westfall, *Never at Rest*, p. 407.

是在交谈过程中，哈雷提起他原打算与其朋友探讨的一个技术问题。

哈雷的请求看来是小事一桩，他问牛顿是否愿意帮助解决一桩赌约。前一年2月，哈雷、罗伯特·胡克[①]和建筑师克里斯托弗·雷恩（Christopher Wren）爵士在英国皇家学会的一次会议后留下继续来交谈，雷恩想知道行星运动是否服从引力平方反比定律——在瘟疫流行的那个时期牛顿也研究过同样的平方反比定律。哈雷很坦率地承认他解决不了这一问题，而胡克却夸口说他已证明平方反比是正确的，还说"所有的天体运动定律都将依这一原理而得到证明"。当被追问时，胡克却拒绝公布他的结果，因此雷恩对他的说法公开表示怀疑，他知道这一问题多么难解。几年前牛顿到雷恩在伦敦的住所拜访了他，彼时二人讨论了发现"天体运动哲学原理"[②]问题的复杂性，因此雷恩并不宣称这一问题已确定无疑地得到解决，相反他提出悬赏，向能在两个月内解决这一问题的人赠送一册价值40先令的图书。[③]胡克不屑地宣称，他暂不公布自己的结果，以便"那些尝试解决而碰壁的人会懂得它的价值"。但是两个星期过去了，又七个星期过去了，胡克拿不出任何东西。哈雷在记述中没有说胡克输了，而是用外交辞令说："在这一点上，我还没有发现他能够兑现他的诺言。"[④]

问题就这样搁下了，直到哈雷向牛顿提出雷恩的问题："如果

[①] Robert Hooke, 1635—1703，英国物理学家、发明家，发现了名为胡克定律的弹性定律。——译者注
[②] 牛顿于1686年5月27日写给哈雷的信，参见 Correspondence 2, p. 433。
[③] 事实上，这本书的价值是可观的，约为剑桥大学讲席教授一周的工资。书在当时仍是稀少和珍贵的，由于哈雷监管《原理》的出版所付出的心血和花销，皇家学会试图酬谢他50册皇家学会出版的《鱼的历史》（The History of Fishes）。（皇家学会也试图用相同的方式支付罗伯特·胡克的工资，但被胡克拒绝了，他宁愿等待现金支付。）
[④] 哈雷于1686年6月29日写给牛顿的信，参见 Correspondence 2, pp. 441-443。

行星受太阳的吸引力同它同太阳的距离的平方成反比，行星的运动曲线是什么？"牛顿当即回答说是椭圆，哈雷"又惊又喜"地问他你怎么会如此确信，牛顿回答说："怎么？……这个我计算过。"

哈雷立即要求看一看他的计算，但据他后来讲，牛顿在他的纸堆中摸索了一阵儿后却没有找到。他不再找了，但向哈雷保证说他将"重新计算一下然后寄给你"①。

当哈雷在伦敦等候的当儿，牛顿试图重复他曾做过的工作——但没有成功。在他前一次的计算中有一处出了错误，而这一错误使它漂亮的几何计算失效。他继续努力着，到11月时终于计算了出来。

在新的计算中，牛顿运用了有关圆锥截面的几何知识分析了行星的运动。圆锥截面是用一个平面切割圆锥体时所得的曲线。依切割角度和位置的不同可得出一个圆（平面与一个圆锥轴心的交角为直角时）、椭圆（平面与一个圆锥轴心的交角非直角时）、抛物线（平面沿圆锥的一侧切割而不通过圆锥的轴心时），以及被称为"双曲线"的一对对称曲线（平面切割顶对顶的两个相等圆锥时）。

在两个受平方反比吸引力束缚的系统中②，一个物体的封闭运行

---

① 此处对牛顿的记述来自棣莫弗，一个同时认识牛顿和哈雷的数学家，也是一个来到伦敦的胡格诺派教徒流亡者。原始资料来自芝加哥大学图书馆的约瑟夫·哈勒·沙夫纳藏品（Joseph Halle Schaffner Collection），Ms. 1075-1077。本文引自 Alan Cook, *Edmond Halley,* p. 149。牛顿声称先前的论证手稿丢失了是可疑的，历史学家在牛顿的手稿中找到一份文件，并认为它是"丢失的"原始手稿或其修订版本，这意味着牛顿在与哈雷谈话时仍保留着他先前的计算手稿。这或许是因为牛顿意识到他先前的论证中存在着错误，需要在给哈雷看之前纠正。当然也需要在他允许危险的胡克看到之前得到纠正。胡克曾发现牛顿另一个论证中的错误，牛顿不希望再忍受这种耻辱。参见 Richard Westfall, *Never at Rest,* p. 403。

② 关于牛顿对于平方反比引力产生开普勒轨道的证明，David L. Goodstein 和 Judith R. Goodstein 给出了极佳的且可读性很强的解释，参见二人的著作 *Feynman's Lost Lecture*。在此书中，作者叙述了对轨道形状问题的研究历史，并描述了理查德·费曼（Richard Feynman）如何复原牛顿的论证（《原理》中最终版本的论证）。

轨迹只能是椭圆①，以质量较大的那个物体为焦点。依距离、速度和两个物体的质量比，该椭圆可十分接近于正圆——如地球，其轨道与正圆只差两度。随着两物体间距离的扩大和彼此作用力的减小，椭圆逐渐拉长，而开放的轨迹（抛物线或双曲线）就成为一个描述受平方反比吸引力影响的物体运动轨迹方程的有效解。对于手头的实际例子，牛顿证明了如果只有两个物体，其中一个绕着另一个旋转，平方反比关系的吸引力将产生一个沿锥体截面运行的轨迹，这就是一个椭圆形封闭轨迹，正如我们太阳系的行星。

牛顿把他的结果写在一份 9 页的手稿上，题为《论物体的轨道运动》(*De motu corporum in gyrum*)。他告诉哈雷工作已经完成，然后多半又埋头于他的日常工作了。

只要有哈雷参与其中，这种平静就不会持续很久。他立即意识到《运动》一文的重要意义，它绝不是一个对茶余饭后问题的俗套解答，而是一块奠定整个运动学科学革命的基石。11 月里他又赶回剑桥，亲笔抄下了牛顿的论文，12 月时他在皇家学会上宣布他已获得牛顿的许可，论文一经牛顿修改后他便可在皇家学会的登记册中发表。

但是随后……了无声息。

哈雷所预计的不过是对一篇他已见过的简短论文的快速修改，他猜想《运动》的修改稿在他与牛顿第二次见面后不久就会公布，当它没有按计划传来时，哈雷小心地在皇家学会登记了他的初稿，以确定优先发表权，然后继续等候时刻可能从剑桥传来的新东西。但是在 1684 年剩下的日子里什么也没有传来，1685 年上半年也没有。

---

① 理论上，一个正圆形的轨迹是可能的，正圆是椭圆离心率为零时的一种极限情况。但在现实的物理学场景中，这种情况几乎不可能出现。感谢加利福尼亚理工学院的 Sean Carroll 向我指出这一点。

虽然牛顿会不时地在公开场合销声匿迹，但他从未间断过写作。在漫长的人生中，他共抄写了几百万字的论文稿件，同一篇论文他有时会誊抄三四遍几乎一样的手稿。此外他还是一个认真的信件写作者，他保留下来的信件装了满满的七个对开卷宗。虽然这在当时欧洲（及美国）学者的相互通信中数量并不算特别大，但也是一个相当可观的书信往来。然而从1684年到1686年的夏天，也就是他答应向哈雷提供论文的头两部分（后来大大扩充了）定稿的那段时间，据信他总共只写了七封信，其中两封只是短笺，另外五封则是写给皇家天文学会会员约翰·弗拉姆斯蒂德（John Flamsteed）的，请他把他对行星、木星的卫星及彗星的观察资料寄给他，这些都是为了给他的一系列计算提供帮助，但他没有透露所计算的东西是什么。①

过了很长时间，牛顿才告诉别人发生了什么。他写道："当我开始研究月球运动的二均差②以及对引力及其他力的规律和大小进行探索时，我感到要把发表的时间向后推迟，使我能对这些事物进行详细研究，并将结果一并发表。"③牛顿当时在试图创立一门他称之为"理性力学"（rational mechanics）的新学科。这一新学科将是涵盖广泛的，能适用于整个自然界，他写道，它"将是这样一门科学，它是关于任何一种力所产生的运动及任何一种运动所需要的力的精确命题和证明"。④

这里牛顿谈到一种靠精确的定律和分析的方法推进的学科，当

---

① 参见 *Correspondence 2,* documents 272, 274, 276, 278, 280, 281, 284。
② 二均差是指月球运动里因太阳和地球引力的联合作用而产生的周期为半个朔望月的摄动项。——译者注
③ Isaac Newton, *Principia*, p. 383.
④ Ibid., p. 382.

它完整地建立起来时，它将能绝对地、精确地解释因果关系，适用于质量和力之间的所有关系。这是他后来写《原理》一书的目的，同时也是这一学科的蓝图和宣言。他一开始就提出了三个简单的命题，澄清了以前在试图解释自然界的运动时所存在的混乱和困惑。首先是对后来被他称为"惯性"的概念的基本理解："一切物体将保持静止或匀速直线运动状态，除非作用在它上面的力迫使它改变这种运动状态。"①

第二个命题指出了力和运动的精确关系："运动的改变与所施加的力成正比，并沿施加力的直线方向发生。"② 最后他阐述了力与物体相互作用时出现的问题："对任何一个力总会产生一个相等而相反的反作用力；换句话说，两个物体的相互作用力总是大小相等，方向相反。"③

这就是著名的牛顿运动学三定律，其表述不是作为有待证明的命题，而是作为事实的支柱。牛顿意识到这是一个非同寻常的时刻，相应地，他撰写了正文，以他了如指掌的文献相应和。他以一个启示、一个对基本真理的大胆陈述开端，随之是500页的详细诠释，证明从这一看似十分简单的命题出发可以得出的东西。④

卷一和卷二——题目都是《物体之运动》——论述从这三个定律出发可以解释的现象。在讲解了一些预备知识之后，牛顿重新推演了他向哈雷展示的从引力的平方反比定律可得出的那些不同轨道的性质。他用数学的方法分析了受三个定律支配的物体的碰撞和反

---

① Isaac Newton, *Principia*, p. 416.
② Ibid.
③ Ibid., p. 417.
④ 首版《原理》有510页，包含第一卷210页、第二卷165页、第三卷110页及引言和其他部分。

弹,他计算了物体在不同媒介——例如从空气转换到水——中运行时可能发生的现象。他思考了密度和压缩的问题,建立了描述液体在压力下发生改变的数学方程。他分析了钟摆的运动,在有关锥体的章节中插入了一些以前的数学计算,这看来仅仅是因为这些材料就在他手边。他尝试对波的动力学和声音的传播进行分析。总之,他探索了种种他认为可被看作物质运动的现象。

1685年的秋季和冬季他都在不停地写啊写,提出命题和定理,给出证明,从已得的概念得出推论,一页接着一页,一个证明接着一个证明,直到篇幅的掌控成了最大的挑战。那一时期牛顿一向工作狂的特点发挥到了极致。汉弗莱说:"他很少在时钟显示两三点以前上床,有时一直工作到五六点,然后躺上四五个小时。"起来后"他又开始紧张和不知疲倦地工作,以致他几乎不知道何时是祈祷的时间"。①

牛顿用近两年的时间完成了第二卷,其中最后一个定理完成了对笛卡儿涡流说的颠覆,笛卡儿认为涡流存在于一些奇特的媒介中,行星和恒星的运动便受其推动。牛顿毫不怜惜,不屑地评论说,他的前辈的工作"不是廓清而是模糊了天体运动"②。

这些旧的事务完成之后,牛顿转向了他的最终目标。他在《原理》一书的序言中写道:"哲学的全部困难看来是从运动现象中发现大自然的力,然后利用这些力来证明其他现象。"③第一卷和第二卷只论述了这句话的前半部分,陈述了"运动的定律和条件"。但是如牛顿所写的,那些定律"不是哲学的,而是精确的数学"。他宣称,现在是让这些抽象的东西接受经验检验的时候了。他写道:

---

① 汉弗莱·牛顿于1727/1728年写给约翰·康迪克的信,Keynes Ms. 135, ff. 2-3。
② Isaac Newton, *Principia,* p. 790.
③ Ibid., p. 382.

"我们尚需从这些原理出发来展示世界的体系。"①

第三卷所冠的标题是《世界之体系》，但乍一读有盛名难副之感。区区42个命题是不可能涵盖所有经验的，但如牛顿通常所做的那样，他解释了自己的用意。他并不打算在这仅仅120多页的数学推理中囊括宇宙中的运动物体，而是提供一个做到这一点的基本体系。事实上牛顿的后继者们利用这一体系，通过我们称之为"科学"的努力，探索了全部物质实体。

随着第三卷的展开，引力终于成为全部论述的主题。牛顿再一次申明了其研究的基本主张。最重要的是，他表述了可被视为科学的基本公理的东西：在地球上可观察到的物体的性质，应与宇宙中任何地方的物体的性质一致。②这里他论述道：引力在把炮弹拉回地面和牵引天空中最遥远的星体时，其行为是一样的。他证明木星的卫星服从引力的平方反比定律，他又把同样的推理运用于几大行星和月球。

接下来他证明了，行星系统的中心必是太阳，他又探索了土星和木星间的相互引力如何使这些行星的轨道偏离几何学家所梦想的完美椭圆。在这里牛顿确认，数学对于物理世界的分析是重要的，但自然本身比数学对它的抽象化更为复杂。

牛顿马不停蹄——有如此多的现象，而对它们进行探索的时间和精力如此之少。在离地球这一家园较近的地方，他探索了月球的轨道，以及地球并非完美球体这一事实的意味。（他证明球体的引力并不是处处相同，因此人的重量会依其在地球表面所处的位置而略有不同。）仿佛是在完成了一个从最远的行星到地球表面的研究

---

① Isaac Newton, *Principia*., p. 793.
② 用牛顿的话说，"自然哲学研究的规则"就是"所有可用之于实验的物体所共有的、保持不变的性质，应该被视为一切物体普遍拥有的性质"。Ibid., p. 795.

之旅的末尾，牛顿考察了月球和太阳对地球表面潮汐的影响。在把引力看作一个纯粹的局部现象二十年之后，他将引力视为万物体系的驱动动力——一种把泰晤士河或者北部湾的潮涨潮落与在太阳系中可观察到的所有现象联系在一起的东西，即万有引力。

但是牛顿并没有选择就此中止第三卷的写作，他的这一决定显示，其全部工作的目的在于让人信服他的理论而不仅仅是给出证明。不错，没有人会认为牛顿是一个小说家，《原理》是一本供跳跃式阅读的读物，但是他的第三卷及整个著作可看作一部关于引力的史诗，为了使这故事有一个壮丽的结尾，牛顿又把他的描述引向了彗星领域。

论述的开始是缓慢的，详细、烦琐地记叙了对1680年那颗大彗星的路径的一系列观测，它们来自于牛顿试图将好资料与坏资料区别开来的不懈努力。① 以这些无懈可击的证据为基础，牛顿描绘了这颗彗星的轨道。他接着通过仅仅三个不同的观察位置计算出了同一条轨迹。这两条轨迹（一个观察到和一个计算出的）几乎完全重合，勾画了一条被称为抛物线的曲线。把一个彗星轨道置于抛物线而不是椭圆上并不需要很大的改变，但这一区别是至关重要的。在椭圆轨道上的彗星，如人们在1682年观察到的、现在以哈雷命名的彗星是会一再返回的，而沿抛物线轨迹运行的彗星只接近太阳一次，当它从太阳掠过之后就一直远行，所遵循的轨迹理论上将把它带到太空的最边缘。②

到这里，《原理》一书才达到了真正的高潮。当然，牛顿的科

---

① Simon Schaffer, "Newton on the Beach", pp. 14-17. 此课程未出版，由Simon Schaffer于2006年4月4日讲授于哈佛大学。此课程提供了对牛顿的测量方式的有用分析，以及牛顿科学的世界范围的观测体系与知识的意义。

② Isaac Newton, *Principia*, pp. 901-916.

学并不依赖他的这种叙述方式,按其他次序表述其证明同样有效,但是带领读者进行一场由行星轨迹开始的远征,由之扩展而把整个宇宙纳入视野,则可展现牛顿思想更为广阔的含义。在有关1680年彗星的讨论结尾之处他写道:"一个与在太空最大范围的形态各异的运动精确符合的理论、一个遵循行星理论同一规律的理论、一个与天文观测密切一致的理论,**是不可能错误的**。"(粗体为牛顿所加)①

这是无所不在、无所不能的真理:《原理》揭示运动和引力定律所描述的不仅限于炮弹的飞行和苹果的坠落;也不单是把地球固定在围绕太阳旋转的轨道上,使土星的卫星在拥有星环的土星周围舞蹈。相反,如牛顿所许诺的,他给他所在的世界提供了一种理念,它囊括了所有物质和一切运动,直达可想象的宇宙的最深处,那是由彗星的轨迹所描绘的宇宙,它的旅行所勾勒的优美曲线终止于无限远的地方。

这时牛顿才得以歇息。1687年4月4日,哈雷收到了《原理》第三卷,他随即开始与出版商打了三个月的交道。他把印刷工作分在两个印坊完成,自己负责协调和监督。那些复杂的、充满了数学公式和木刻图示的印张弄得他精疲力竭,他向一位朋友袒露心扉:"牛顿先生的书……使我忘记了我在学会所负的通信员之责""校对稿件花费了我大量时间和心血"。但他从未向牛顿本人抱怨过,而总是写道:"您的卓越论文……""您的杰出工作……"

哈雷要求出版商一次印了250到400本,1687年7月5日印好的书送来了。哈雷给牛顿邮寄了20本,其余的大部分拿去出售,

---

① Isaac Newton, *Principia*, p. 916.

普通装订本7先令一本，皮面装订本加2先令，书几乎立刻就被卖光了。牛顿的人生即将改变。

4 "无与伦比的牛顿先生"

1691年对约翰·洛克（John Locke）而言是繁忙的一年，那年他离开伦敦到一位在埃塞克斯乡间的朋友家里不设期限地住了一段时期，他又完成了一本书，那是他继《宽容书简》(*A Letter Concerning Toleration*)那本论意识与信仰自由的名作之后的新作，写的是完全不同但同样有争议的论题：论英国由劣币流行造成的不断增长的金融危机。12月初他给一些朋友寄送了新书的手稿抄本后感觉没有什么要紧的事务了，在这终于闲下来的当儿，他重新拾起了年轻时的爱好。

12月13日是一个周日，早晨将近九点的时候，他离开于楼上的房间，俯瞰了一下花园，匆忙地走出去记录他每天的天气观测。他的温度计质量很好，那是著名的钟表匠托马斯·汤皮恩①所制的。他记下了温度，表上所使用的特殊刻度的读数为3.4，比"温和"气温的读数4明显要低，但没有前一天那样冷，当时他记录的是霜冻。这天他发现气压在夜间下降了，有轻微的东风。最后他记录了天空的情况：云层厚而均匀。② 也就是说，那是英国东部12月里的典型天气：寒冷、潮湿、阴沉。

就在同一天，在距那里以北大约30英里的地方，牛顿在一种

---

① Thomas Tompion，1639—1713，钟表和机械制造师，英国钟表制造之父，制有世界最具历史意义的重要钟表，至今仍有极高拍卖价值。——译者注

② John Locke, *Philosophical Transactions of the Royal Society* 24, no. 298, pp. 1917-1920. 感谢Jan Golinski引导我查阅洛克的天气日志。

不悦的情绪下开始写信，他抽出一张纸，用鹅毛笔蘸上墨水开始写了起来。写完一页后他读了一下，停顿下来。牛顿很容易发火，而胡克已经遗憾地发现，牛顿的敌人若对他稍有不恭，不论是真的还是想象的，就要准备遭受猛烈攻击。不过他今天的信是写给那位业余天文学者洛克的，牛顿对他很敬重，他也很敬重牛顿。为此，牛顿感到很难找到一个合适的责备语调。

洛克有什么罪状呢？洛克曾提出给他的朋友牛顿谋一个查特豪斯（Charterhouse）男童学校校长的职务，牛顿对此很不屑。"你似乎还在想着查特豪斯，"他写道，"但我感到你和我在这事的看法上有很大差别。"这个提议有什么错呢？样样都错了。牛顿抱怨说，"竞争是危险的，而我讨厌去唱一首新曲子"以讨得权势者们施予些许恩惠。更令人难堪的是，报酬菲薄，不符合他的身份。"除了一辆马车（其实我并不需要）和膳食外，还有200英镑"，这不够他希望的那种生活方式的开销，也与他的名声不符。

当然，还有伦敦的问题。牛顿已在剑桥住了三十个年头，那些年的思索和劳作把一个乡下青年变成了一个富有影响的欧洲思想家，而这都是在俯瞰三一学院巨庭和教堂的那些屋子里及周围发生的。现在洛克竟建议他放弃剑桥到伦敦去，到那个肮脏和浮华的地方去。他应当如何表达这一建议多方面的不合适呢？就这样写吧："困居于伦敦那样的空气和那样一本正经的生活方式下是我所不愿意的。"①

他就这样一行又一行地抒发着自己的屈辱感——但随后又停了下来，他的怒气缓和了，他并没有在信中署上自己的名字。

事实是，牛顿当时正迫切地希望摆脱他的象牙塔，并且希望在这方面得到交际广泛的洛克的帮助。发生了什么事呢？

---

① 牛顿写给洛克的信（草稿），参见 *Correspondence 3*, p. 184。

《原理》一书的面世使牛顿一夜间进入了伟人的圈子。

从《原理》出版的那一刻——事实上在那之前——哈雷就极力想确保它获得好评，他的书的前几页上就开始了这种努力，在牛顿的正文前他加了这样的赞词："错误和怀疑不再是迷茫的羁绊/……我们现在有幸来到神赐的宴席；我们现在有了/开启神秘地球王国之锁的秘密钥匙。"为了避免有人错误地估价找到通向王国钥匙者的价值，哈雷最后说道："让我们一起来颂扬牛顿吧，是他揭示了这一切/没有人比他更接近神灵。"① 在正式访谈中他更为冷静地论述了牛顿的独特意义："这个最后被说服出现在公众视野的无与伦比的作者，在他的论文中展示了人类头脑所能达到的最大极限。"这位牛顿是新的摩西②，一位向人们揭示了新的律法的先哲，"他揭示了自然哲学的原理，又展示了他迄今看来可由之可推导出的东西……他的继承者们几乎无须再做什么。"③

牛顿当然可依靠哈雷的捧场，但真正重要的是来自欧洲学界的反应。1687年的夏天和秋天，那些反应陆续传来。欧洲的主要科学杂志《教师学报》（*Acta Eruditorum*）称该书"不愧为一位伟大数学家的研究"。虔诚的笛卡儿在为《学者杂志》（*Le Journal des Sçavans*）撰写的有关《原理》一书的评论中说，希望看到有关引力的论述，它将揭示一个物体吸引另一个物体的机制，即正统的机械论哲学家所希望看到的那种直接联系。值得注意的是，《原理》对引力的纯数学描述并没有提供这种解释，它所描述的是一种看似

---

① Isaac Newton, *Principia,* p. 380.
② Moses,《圣经》故事中犹太人的古代领袖，传说《圣经》首五卷为摩西所制律法。——译者注
③ Edmond Halley, "Accounts of Books", *Philosophical Transactions of the Royal Society* 16, pp. 283-397.

神秘的跨越空间的作用力——但法国的评论者们依然认为,"不可能有比(牛顿)所提供的更精密的论证了。"① 当时尚不知名的苏格兰数学家戴维·格里高利②在写给牛顿的信里,对"向世人教授我从未期待任何人能懂的东西的辛苦努力表示最衷心的感谢",虽然"您的书如此精细和有用,超越了常人的理解能力",他仍代表"那些不得不对您表示无限谢忱的少数人"表达了敬畏之心。③戈特弗里德·莱布尼茨(Gottfried Leibniz)是那少数真正能懂得牛顿著作的人之一,而他的颂扬方式最能显示问题的真相:1688—1689年他赶印了三篇文章,表明他此前已经得出或批驳了牛顿的某些结论,这种试图剽窃的做法等于承认了明显的事实:《原理》一书从它出版面世的那一刻起就成为衡量一切卓越科学的尺度。

至此,牛顿的名声要达到下一个高度就用不着很长时间了。在对《原理》的部分章节进行了一番讨论之后,法国哲学家洛必达侯爵④不禁喊道:"啊,上帝,一本有着多么丰厚知识积淀的书!"他于是迫不及待地向他的同伴、牛顿的一位熟人打听"艾萨克爵士的一切细节,以至他头发的颜色",甚至"他吃饭、睡觉、喝咖啡吗",接着他又提出了那个后来一直紧随牛顿的标志性问题:"他与别的人一样吗?"

牛顿已经进入了名人的行列,这使他从原来狭窄的自然哲学家的圈子一跃而进入了一个更广阔的世界,其中一个进入他圈子的人就是旅居荷兰的英国侨民——那个上流社会的革命家约翰·洛克。1687年年末洛克听说有一本引起轰动的新书出版,他从他的朋友

---

① Allen Gabbey, "The *Principia*, a Treatise on 'Mechanics'?" in P. M. Harman and Alan E. Shapiro, eds., *The Investigation of Difficult Things*, p. 306.
② David Gregory, 1659—1708,苏格兰数学家和天文学家。——译者注
③ 戴维·格里高利于1687年9月2日写给牛顿的信,参见 *Correspondence 2*, p. 484。
④ Guillaume de l'Hôpital, 1661—1704,法国世袭军官,后因视力严重衰退,改做数学家。他在数学上的成就主要在微积分方面。——译者注

克里斯蒂安·惠更斯那里借了一本。但是在阅读的过程中他被牛顿的那些计算弄得有点儿晕头转向，他于是问惠更斯——当时紧随牛顿之后的一位最重要的科学思想家——他能否仅凭信念就接受《原理》中那些学术论证，认为它们是可靠的。惠更斯确认牛顿已经证明了他的论断，洛克于是接着往下读①，假定那些数学证明都是正确的。

他被那本书吸引住了，1688年他在《万通文库》(*Bibliothèque universelle*)上发表了较早的有影响的评论之一，为了确保他的英国读者明白他的用意，他在1689年出版的他的《人类理解论》(*Essays on Human Understanding*)的前言中写道："在我们的时代，知识的大厦并非没有伟大的建筑师，他们推动科学发展的伟大设计，并将留下永世的丰碑。"他们中的一位最主要的人物就是"无与伦比的牛顿"。洛克写道，牛顿对科学进展的主要贡献在于"我们将能期待，对这个庞大机器（自然界）的某些部分我们将能获得比迄今为止所能期望的更为真实和确定的知识"。②

洛克迫切地想与这位能够设计出通向这种确切真理途径的人会面，只是有一个问题：1687年时他是一个政治流亡犯③，是英国政府通缉的敌人，由于他与英王查理二世的敌人辉格党人的长期关系，"麦酒店密谋案"败露之后，他受到王室密探的例行监视。麦

---

① 此处的论述几乎可以确定来自洛克和牛顿的谈话。它在很多地方都有记载，包括在约翰·康迪克回忆牛顿的笔记中也有记载。参见 Keynes Ms. 130.5, sheet 1v，载于以下网址：http://www.newtonproject.imperial.ac.uk/texts/viewtext.php?id=THEM00168&mode=normalized。其他资料参见 Richard Westfall, *Never at Rest*, pp. 470-471 及脚注。
② John Locke, "On Education", *Works of John Locke*, vol. 3, p. 89.
③ 英国政府于1685年下达了对洛克的批捕令，这使英国政府寻求从荷兰将洛克引渡回国。这种危险迫使洛克在阿姆斯特丹至少部分地过着半地下的生活。参见 Maurice Cranston, *John Locke*, pp. 252-254.

酒店的密谋者曾试图谋杀国王和他的弟弟詹姆斯,阴谋破产后,一般的嫌疑人受到广泛的搜捕,一些辉格党重要人物受到审判并被送上断头台。洛克本人因为与某个主要阴谋策划者的关系而面临逮捕和可能的处死。他谨慎地开始在英国各地转移,后来彻底逃离了英国,于1683年9月来到荷兰。只要斯图亚特王朝当政,他就不得不待在那里。

牛顿自己与国王之间也有麻烦。1687年詹姆斯在他哥哥去世之后继承了王位,他开始愚昧地企图使新教的英国重新归天主教。1687年他看中了剑桥大学,要求该校授予本笃会修道士奥尔本·弗朗西斯(Alban Francis)文学硕士学位——这一名誉将使他可在该校管理层中获得正式职位。但校领导拒绝了这一要求,其做法得到牛顿的赞许。他打断了《原理》一书最后几个星期的收尾工作,对此论辩说:"在同一所大学中混杂有教皇信奉者和新教徒,那既不会愉快也不会长久。"[1] 当国王的神职委员会法庭要求学校派代表去解释对王权不服从的原因时,牛顿被选为代表中的一员。

法庭施以威胁和恫吓,牛顿则带领他的同事们进行反驳。结果政府首先退缩了,1687年5月委员会主法官做出这样的裁决:剑桥代表团的做法"仅此一次,今后不得再行有忤宗教原则之事"。[2] 就关键的东西来说牛顿和他的同事们得胜了,剑桥一直没有授予国王所要求的学位。

这次胜利使牛顿成了一个引人注目的人,至少对詹姆斯国王来说是这样。他小心地回到剑桥,大多数时间孤身独处。《原理》

---

[1] 载于牛顿听说剑桥声明拒绝詹姆斯的要求后,为提交给神职委员会的文件而写的手稿。完整段落被转引于 Richard Westfall, *Never at Rest*, pp. 478-479。

[2] Ibid., p. 479;完整的事件载于 pp. 473-479。

一书给他带来了愉悦，但过多地去品味名声带来的酬赏则是危险的。

詹姆斯二世国王在治国理政的大多数方面是一个失败者，但他在惹怒自己的敌人和疏离自己的朋友方面是一把好手。登基仅三年他就使他的臣民中一些重要的群体与他疏远，到1688年中期时，传统上拥护王权的托利党人和他们的反对派辉格党人都秘密策划使他的侄子和女婿威廉（奥兰伦治王子）取代他，威廉的妻子是詹姆斯国王的长女玛丽。11月，威廉率领一支18000—20000人的军队（其中包括200多名从美洲殖民地庄园征募或俘获的黑人）在英国南海岸登陆，詹姆斯以同样数量的军队进行抵抗，把他的军队集结在索尔兹伯里（Salisbury），试图阻挡威廉通往伦敦的路线，但由于他的将军们及女儿安妮先后叛逃到威廉一方，皇家部队的军力大损。经过一些小的战斗后，詹姆斯退却了。12月9日他逃离伦敦，一星期后向一支荷兰军队投降，两星期后威廉视若无睹地看着他的岳父逃往法国。

为了给他的篡权披上必要的合法外衣，威廉召集了临时议会[①]以解决皇位继承问题。剑桥大学有两名代表出席了议会会议，其中一位是新近宣称反对天主教的人士牛顿。

不能说牛顿相当于一位议员，我们没有发现他在会议上发言的记载，所记录下来的他这一年在下议院所讲的唯一的话是他让仆人把窗户关上防止风进来。[②] 这些都关系不大，总之牛顿做了他的选民们期待他做的事情，1689年2月5日他与大多数议员一道投票，宣布英国王位因詹姆斯弃位而空缺，并把王权交给威廉和玛丽共管。

[①] Convention Parliament, 指英国1669年、1689年在王权中止、没有国王召集的情况下召开的议会会议。——译者注

[②] Ibid., p. 483, 和 A. Rupert Hall, *Isaac Newton*, p. 231.

这个时候牛顿发现自己可以自由地享受他人生中某种真正新的体验：受社会名流的追捧。他接受了来自皇家学会会员的致敬，克里斯蒂安·惠更斯安排了与他的会面，并把他引荐到汉普顿皇宫的上流社会圈子里，惠更斯的弟弟在那里是威廉的随从。洛克的朋友彭布罗克伯爵（Earl of Pembroke）把他请到家里。牛顿与人们同餐共饮，而那些人称赞他为最聪明的人，也视他为"光荣革命"（Glorious Revolution）的胜利方的一员。

1689年年底牛顿第一次遇到洛克时，后者也是他的崇拜者之一，但二人很快就结下了深厚的感情，这种感情一直保持到1704年洛克去世为止，只有中间一段较长时期的交往中断。两人各方面的差异可以说再大不过了。遁世的牛顿很少结交朋友，在性问题上是一个过于拘谨的人，他曾与一位讲黄色段子的熟人绝交。① 相反，洛克则善于玩弄最高级的权术②，住在富人的宅邸里，喜爱交谈，乐于与女人往来。他是名媛贵妇欣赏的调情者，他曾称他钟爱的达玛丽斯·马沙姆夫人③为他的"女统治者"。

但两人确实也有一些沟通的纽带，最值得一提的就是先驱化学家、伦敦哲学界非正式的领导者罗伯特·波义耳④。牛顿将波义耳作为专业同事，他也是牛顿少数真正敬重的人之一。洛克与他的关系则要亲密得多，17世纪60年代当洛克还只是一个刚获得医生资格

---

① John Conduitt, Keynes Ms. 130.6, Book 2, 被转引于 Richard Westfall, *Never at Rest,* p. 192。
② Maurice Cranston, *John Locke,* p. 219.
③ Lady Damaris Masham, 1658—1708, 英国较早的女哲学家之一，与洛克和莱布尼茨有交往。——译者注
④ Robert Boyle, 1627—1691, 英国物理学家、化学家和自然哲学家、皇家学会创始人之一，波义耳定律的发现者，其著作《怀疑派化学家》（*The Sceptical Chemist*）被视为近代化学的开端。——译者注

的20多岁的年轻人时，波义耳就是他思想上的导师和引领者。

联系的纽带从那里展开。多年来波义耳曾雇用另外一位年轻人，贫困但十分聪明的罗伯特·胡克做自己的助手。在波义耳的帮助下，胡克逐渐进入了欧洲科学的中心。创建于1660年的皇家学会原来只是一个专业交谈的场所，十分需要（至少一些会员认为）一些从事某种实际研究的人。1662年在波义耳的支持下，胡克成为学会的第一任实验监察员（curator of experiments），每星期提供三到四次演示。第二年学会给胡克增加了职责，要求他负责伦敦的每日天气记录。对于这一工作，胡克表现出十分惊人的热情，他对基本的气象仪器——温度计、气压计、雨量和风速计以及其他专门设备——进行了一连串的创新、发明和改进。[①] 有了这些仪器可用，他开始进行自己的天气记录。不久他产生了这样一个想法：如果英国的先生们起床后能在全国各地进行类似的观察，不是描绘一个局部的情况而是展现整个地域的气候状况，那将是多么美妙啊！

胡克在皇家学会的杂志上发表了对气象监测进行改革的号召，强调操作要更为严格：每天要在同一时刻收集资料，使用功能已知的仪器，记录时要慎重。波义耳认为这是一个很好的倡议，并让他的年轻朋友洛克加入胡克的改革运动。

洛克参加了进来，他十分勤勉认真地检测风速，测量温度，估

[①] Jan Golinski 将我引导至胡克和洛克对气象观测的兴趣。Golinski 教授的新书 *British Weather and the Climate of Enlightenment* 在启蒙运动的大背景下对此气象观测的追求提供了非常好的解释。胡克气象工作的简要总结参见 "A History of the Ecological Sciences, Part 16: Robert Hooke and the Royal Society of London", *Bulletin of the Ecological Society of America,* April 2005, p. 397. 至于与牛顿间的矛盾，胡克会以科学史上极为杰出的人物之一被人们铭记。胡克的研究领域的广度和成就使人们将其称为"伦敦的达·芬奇"，这个绰号有其真实根据。

算云层等。他这样做实际是在一种他和他的同时代人都知道的对科学的全新做法中充当一名先头兵。我们现在把这一改革称为科学革命，它常常被想象为通过一系列与无知进行的英勇战斗和辉煌胜利所取得的，其领军的是那些名字听起来像凯旋将军一样的人物——哥白尼、开普勒、伽利略、笛卡儿，还有他们之中最伟大的人——牛顿。

但实际上这些人所倡导的观念改变是通过成百上千人的日常行动所推动的，他们出于喜好、利益或者二者兼而有之的原因，试图用理性或实验来规范周围的事物。实用理性主义者杰思罗·塔尔[①]及其弟子尝试把新的自然哲学方法用于农业。业余自然史学者们日积月累地认真观察动物的习性并将其记录下来，其中最著名的人物是伊拉斯谟·达尔文（Erasmus Darwin）。他在牛顿去世四年后出生，他秉承牛顿的信念：凡物质性事件必有可察知的物质性原因，由此刻苦探索物种起源的问题，而这一问题一个世纪后由他的孙子查尔斯·达尔文[②]所解决。

英国海员们测量潮汐，越洋跨海宣扬王权的商人们学习数学知识，提高工具精度去测量恒星和行星的运动。仪器制造者开始建立关于标准的重要观念，它使得不论居于何地的观测者可以互信彼此的观测结果。洛克使用的温度计的制造者托马斯·汤皮恩是已知最早使用序列编号区分所制仪器的工匠——它使科学工具成为使物质世界系统化的螺母和螺钉。

---

① Jethro Tull，1671—1741，英国现代农业的开拓者，所发明的耧犁被视为欧洲农业革命的标志之一。——译者注
② Charles Darwin，1809—1882，英国生物学家。提出生物进化论学说，从而摧毁了各种神造论以及物种不变论。除了生物学外，其理论对人类学、心理学、哲学的发展都有巨大影响。——译者注

这是一场面对阻碍的革命：支持者们发起了一场迅猛的运动，他们把日常生活中的经验加以组织、抽象和普遍化，使提炼出的精髓可为那些探索者所利用。洛克——那个每天详细记录自己用精密仪器测量的结果，检测雨量和气压并记下每次测量的时间的人，就是这个革命大军中的一员，他正在为科学知识宝库的积累尽自己的绵薄之力。

　　17世纪60年代洛克在持续了几个月后不得不中止早期的天气日记，政治活动和他自己的思想探索占去了他所有的时间，但积习难改，三十多年后当他在马沙姆的乡村隐居时，又重拾年轻时的爱好。他用了几个月的时间把那些仪器重新拆包安装，建立起自己的气象观测站。1691年12月9日他进行了第一次观测，四天以后，早晨花几分钟时间进行天气观测开始成为他每日必践的事情。洛克和以新方式探索自然运动的领导者牛顿相识已有两年了，他对新朋友的敬仰是显而易见的，他记气象日记习惯的恢复，其实是一种不那么明显的对牛顿所倡导的新思维方式的赞同。

　　而牛顿对洛克的颂扬作答的理由或许更为简单：人们对于来自智者的慷慨赞扬总会抱有好感——而洛克又是著名的易博得好感的人。当二人最后相见时，洛克的热情产生了它通常会有的效果，而牛顿的回信则显示了洛克魅力的影响。"接到您的来信真是无比高兴。"牛顿在一封信中写道。在另一封信中，他对洛克的判断力给予很高评价，以至询问他对牛顿自己所称的"神秘的幻想"（mystical fancies）的意见；一次他更坦白地表示："我想在我的住处见到您，你将受到我热忱的欢迎。"①

　　这里面的部分原因是，牛顿为有机会指教一位如此有人脉的先

---

① 于1690年10月28日写给约翰·洛克的信，参见 Correspondence 3, p. 79，及1692年5月3日写给约翰·洛克的信，参见 Correspondence 3, p. 214。

生而感觉愉快。他送给洛克一本自己评注过的《原理》，还向他提供了一个简化了的引力使行星沿椭圆轨道运行的证明。① 然而牛顿与洛克的亲密关系远不止于学识上的恩赐。从一开始，牛顿就乐于在信里谈一些秘密的事情，而二人恰好都有一些隐秘的兴趣——例如炼丹术，那是古人对自然变化过程的研究，还有对《圣经》的解释文字和信仰的质疑，这使他们差不多到了被正统的英国国教斥为异端邪说的边缘。

洛克的回应同样热切和坦诚，他总是强调他在有关自然哲学的问题上，对那个写了令他"无限崇拜的书"②的人的景仰。而其余的通信成了他与一位思想的伴侣、一位寻求了解三位一体的本质的伙伴之间的漫长对话，他们谈到了《圣经》的历史，谈到了物质的转化。除了赞誉之词和密切的私下交流之外，洛克还有一样东西可以提供，那就是他对国王的巨大影响力。

在"光荣革命"③之后洛克成了人人都想结识的有用人物，国王威廉很赏识他，通过党派关系或朋友关系，数十个新统治阶层的精英与他结识往来。他谢绝大多数想当他庇护人的提议，但是对于他所敬重的人，他也极好地处理了关系。

1690年1月27日，牛顿结束了在临时议会的差事。他返回三一学院，又开始了他一度十分满意的日常生活的循环往复。他对《原理》一书进行校订以准备出可能的第二版。他继续探索运动定律的意义，重新对已经荒疏了十多年的光学和光线进行研究。看

---

① 牛顿于1689/1690年3月写给约翰·洛克的信，参见 Correspondence 3, pp. 71-77。
② John Locke, Essay on Human Understanding, Book 4, chapter 7, paragraph 11 (3).
③ 1688年英国资产阶级和新贵族发动的推翻詹姆斯二世统治、防止天主教复辟的政变。因这场革命未有流血，历史学家称之为"光荣革命"。君主立宪制政体即起源于这次光荣革命。——译者注

起来他仍保持着以前的自然习惯,在屋子里和花园中漫步,当一个思想闪过时猛然停住,"像又一个阿基米得一样冲上楼梯"。从外表看,这仍是三一学院送到伦敦去的那个人,那个"致力于探索某种超出人类艺术和工业疆域之外事物"的人。①

但是 1690 年回到剑桥的牛顿已不再是一年前出发前往下议院的那个人了。他并没有厌烦,这从他接下来几年所取得的丰硕成果就可以看出来,但是他很躁动,坐卧不宁。剑桥对他来说已变得太狭小了,周围人的很无趣,不能理解混迹于他们中间的这个人。一个很出名的故事是,一个不知名的学生在街上与他擦肩而过后说:"这就是那个写了一本他自己和别人都不懂的书的人。"② 面对这样一种冷漠(甚至连轻蔑都没有!),伦敦现在的吸引力在于那里有一群赏识他的价值的人,他们对他的估价与他现在认为自己所具有的价值差不多。回到剑桥几个月后,他便暗示朋友们他要开溜了。他只有一个问题:在剑桥他没有物质需求,而在伦敦他需要谋生,需要过一种像样的生活。怎么办呢?

洛克知道怎么办。自 1690 年起,他就开始动员他最有权势的熟人帮助他的朋友发展自己的事业。牛顿知道洛克的意图,1690 年他写信给洛克感谢他的努力,11 月时他流露了一种紧迫感甚至焦急:"请代我向蒙茅斯(Monmoth)先生及夫人表达诚挚的谢意,感谢他们的殷切惦念,他们的盛情我无以为报。"③ 但这次,这种谦恭有礼并没有起多大作用——洛克与蒙茅斯所讨论的那些东西都没有兑现。

---

① 汉弗莱·牛顿写给约翰·康迪克的信,1727/1728 年 1 月 17 日和 1727/1728 年 2 月 14 日,Keynes Ms. 135, sheets 3, 5。
② 约翰·康迪克讲述了这个故事,被转引自 Robert Westfall, *Never at Rest*, p. 486。
③ 牛顿于 1690 年 11 月 14 日写给约翰·洛克的信,参见 *Correspondence 3*, p. 82。Charles Mordaunt,蒙茅斯伯爵,威廉强有力的支持者之一。

然而游说活动已经开始,带着牛顿的祈祷和日益迫切的希望。

就这样,在那个1691年12月的阴冷日子里,烛光下的牛顿把原来带有怒气的信稿推到一边,又拿出一张信纸重新写起来:"谢谢你提请查特豪斯学校考虑我。"他拒绝了这个提议,不过这次语气变得缓和了,"但我觉得没有必要麻烦了",他努力显出对一个可给他提供帮助的人的尊敬,他请求洛克"接受我最诚挚的谢意……为了你向你的朋友在可能情况下提供的任何帮助"。[1]

几天后,洛克在做完气象观测记录后匆忙回到屋子里,他的肺不好,身体虚弱,担心在这样湿冷的12月早晨在外边待的时间过长。他接到的不是牛顿充满怒气的信,而是对所受到的和未来可能被给予的帮助的竭诚感谢。对于初次努力的被拒,洛克没有感到屈辱,后来二人之间的来往信件使他确信,虽然此后牛顿又在剑桥待了五年,但他的想象早已把他带到了去往伦敦的途中。余下的就是要他的朋友们做一些后勤方面的安排,以便使无与伦比的牛顿在这个大都市中占据他所应有的位置。

---

[1] 牛顿于1691年12月13日写给约翰·洛克的信,参见 Correspondence 3, pp. 185-186。

第二章
一个无赖汉的成长

5 "厚颜之尤"

威廉·查洛纳去伦敦的过程比牛顿简单得多,当他决定去时,他抬腿便走了。

但是在个人成长方面,查洛纳与牛顿有着某种相似之处,其头脑的超群品质很早就显露了,而其机敏狡猾更有早熟的味道。如同任何一个非凡的天才一样,查洛纳要达到他后来的那种高超的邪恶本领,则需要经过多年的思索、冒险和实践,也就是教育,而他所受教育的方式与牛顿大为不同,差不多完全是自学。

只是由于与牛顿的冲突才使得查洛纳在历史上留了名,而他早期生活的细节,甚至他的出生日期都湮没无闻。但是一个聪明得足以挑战牛顿的人,足以激起人们为他写一本传记的欲望,于是他在被处死后不久便有了这样一本传记。就像任何时候的有关真实犯罪的故事一样,人们必须小心地阅读,因为它的行文总是在令人赞叹的恐怖和令人钦佩的谴责之间交替。但至少那位匿名作者收集了查洛纳小时候的一些单纯的事实。

他比牛顿至少小十岁,甚至相差一代人,结婚时间很可能是在1684年,这使我们可以倒推他的生日最早在17世纪50年代,最晚可能在17世纪60年代。和牛顿一样,他是在地方长大的,父亲很贫困,是英格兰中部沃里克郡(Warwickshire)的一个织布工,他至少有一个弟弟和一个妹妹,他后来把他们都带入了已成为家庭产业的造币行当。①

他几乎没有受过什么正规教育,但他的传记作者写道:"从幼年起他就显示出他后来变得纯熟老到的那一行业所需的特点。"不幸的是,"当他刚刚能够干点什么的时候,所会的就是这种或那种盗贼的把戏"。② 有时,他的父亲,也许还包括他未被提及的母亲,曾感到"管不了他"。他们把他送到伯明翰去当一名制作钉子的工匠。当时那里还只是一个市场小镇,但已经因一些五金作坊和对法律的无视而出名了。

鉴于儿子性格的明显趋向,他们的行业选择可以说非常不幸。那时的钉子制作正处于传统工艺向新工艺的改革过程中,那种改革在一个世纪后因为亚当·斯密(Adam Smith)对大头钉制作的描述而变得十分有名。在查洛纳的年代,钉子还是由手工制造的,一次做一个。制钉匠先把一根小金属棍的一端在熔铁炉中烧热,之后把变软的那端敲成带有四个棱的尖头,然后再次把铁棍烧软,截下钉子那么长的一段,最后把钉子夹在铁砧或一个被称为钉帽夹的工具

---

① 查洛纳与牛顿产生冲突前,关于他的传记资料几乎完全来自一位不知名的作者写的小册子:*Guzman Redivivus: A Short View of the Life of Will. Chaloner*, 1699. 其他资料源于Paul Hopkins 和 Stuart Handley 编写的《牛津国家人物传记词典》(*Oxford Dictionary of National Biography*)中的"威廉·查洛纳"词条。

② *Guzman Redivivus*, p. 1.

上，把钝的一头敲成钉帽。

所有这些以前是统称为铁匠活儿的一部分，但是到查洛纳进入这一行当的时候，钉子制造已经沦为一种低技能、低收入的工作。现在长铁棍是用辊轧机制成的，这种机器1565年发明于比利时的列日，17世纪初传入英国。两组辊子由水力带动，第一组的一对光滑辊子把热铁棒轧成厚铁板，第二组一对带槽的辊子把铁板切成铁棍。那些有钱购买辊轧机的铺子向一时买不起的厂家提供钉子棍，后者将其依金属的重量截成一定数量的钉子。① 很自然地，那些位于这一生产线最底端的人——那些拥有火炉、工具和基本的金属加工技能的人——总想寻找其他的挣钱机会。

价值4便士的格罗特银币一直是稀少的硬币，皇家造币厂只是零星地铸造，1561年有少量出品，后来威尔士银矿生产规模扩大，1639年又推出一批这种小银币，这批银币上印有威尔士亲王的鸵鸟羽饰。此后不时地有新币推出，但这些被称为格罗特的银币大多并非皇家造币厂所造，乃是私人制品——其中相当一部分各种面值的伪币就是出自那些厌倦了用每12磅铁生产出1200个钉子的人之手。这种伪币被称为伯明翰格罗特，足见该城的金属匠人对这种手艺的热衷。

查洛纳的新师傅看起来在这方面有一手，而年轻的威廉向人们证明自己是一个学习的快手，他很快就掌握了"硬币铸造的基本技术"，但他的老师并没有从中获得多少好处，这个父亲管不了的年轻人的野心已经大得不能再服侍他人了。17世纪80年代初，查洛

---

① 参见 H. R. Schubert, *History of the British Iron and Steel Industry from c. 450 B.C. to A.D. 1775*, pp. 304-312. 第309页有水力辊轧机的示意图。

纳与他的师傅分道扬镳，走上了"圣弗朗西斯的骡子"①之路，也就是徒步上路，"要去伦敦看看"②。首都对他来说是一个目标而不是一个具体的目的地，他没有计划，一旦到了那里也不知该做什么。

但是逃往伦敦的决定开启了查洛纳教育里程中的一个新阶段。此后十年里的大部分时间他都用来掌握这个城市可以教给他的东西——那些课程最终把一个道德意识上可塑性很强的农村男孩变成了一个可以和牛顿较量的可怕敌手。

可是即使像查洛纳这样见多识广的无赖汉青年，刚一到伦敦时也有茫然无措之感。这是一个超出想象的庞大城市，比英国男男女女所居住的任何一个城市都大得多，这个拥有将近六十万人（占全国人口十分之一以上）的城市，其居民总数比其余接下来排名靠前的六十个所谓城镇的人口加起来还要多，第二大城市诺里奇的人口为两三万人，而查洛纳的故乡伯明翰最多只有一万人。

17世纪时的伦敦是外来人口的聚居地，那里每年死亡的人数比出生人数要多出好几千人③，但它仍在膨胀，吸收着农村的人口——每天都有300多名青年男女从农村和城镇来到这个全国真正

---

① *Guzman Redivivus*, p. 1. "圣弗朗西斯的骡子"是一部戏剧的名字，它讲述了如下的故事。弗朗西斯的追随者看见弗朗西斯变得越来越衰弱之后为他"借"（也就是偷）了骡子。骡子的主人看见弗朗西斯骑着骡子便指责了他，告诉弗朗西斯他应如人们所相信的那样具备美德。弗朗西斯从骡子上下来，跪在骡子的主人面前，对他给出的建议表示感谢，接着继续步行。

② *Guzman Redivivus*, p. 1.

③ 参见1700年伦敦的人口死亡统计周报，被引用于 Maureen Waller, *1700: Scenes from London Life,* p. 97. 这一年，伦敦教区执事会报告有14639人受洗，19443人死亡。伦敦17世纪的人口史数据参见 R. A. Houston, "The Population History of Britain and Ireland, 1500-1750", in Michael Anderson, ed., *British Population History,* pp. 118-124 和 David Coleman and John Salt, *The British Population,* pp. 27-32. 更多有关伦敦人口迁移与社会结构的资料及伦敦与其他城市的对比参见 Roy Porter, *London: A Social History,* pp. 131-133 和 Stephen Inwood, *A History of London,* pp. 269-275.

的大都市试探自己的命运。

就连这些乡下人中最狡诈、最有野心的人初次看到这一幕也感到震惊,那通常被描写为地狱般的,一个"肮脏、恶臭、喧闹之地"①。当查洛纳走过一堆堆每天用马运到城外、倾倒在路边的人和动物的粪便②时,他应当知道他距离目的地不远了。过路的人用手捂着脸憋着气,尽快地走过这个地方,抑制不住内心的恶心。

城里的恐怖又是另一番景象。谨慎的伦敦人都不喝自来水,特别是泰晤士河里的水,读一下斯威夫特③1710年写的一首有关下雨的诗就明白其中的原因了:"从屠夫的案子上冲刷下来,粪便、内脏和污血,/溺毙的狗崽子、飘散着臭气的鲱鱼,都混在泥水中/死猫和萝卜头/在水流中翻滚。"④

人们可以靠喝啤酒和杜松子酒过活,但人不能不呼吸。近60万人拥塞在一起,脚踩着一堆堆马粪,以烧煤和木头取暖,用火炉、窑炉和烤炉生产城市所需的日用品——啤酒、面包、肥皂、玻璃、石灰、染料、陶器和铁器。首都的空气是有毒的,由此带来的"污浊的迷雾"⑤,即使不像维多利亚时期的伦敦雾霾那样令人窒息,也足以使得威廉国王在1698年搬到了郊外的肯辛顿宫

---

① Arthur Young,被转引于 Roy Porter, *London: A Social History*, p. 133。
② 当时,伦敦有一些露天污水沟,但没有封闭的污水管道。中产阶级及上层阶级的房屋拥有置放粪便的地下室,由清理粪便的人打扫,尽管这一系统很不完善。直到1750年,伦敦才进行了下水道建设。在此之后,伦敦的出生率开始超过死亡率,这可能不是巧合。参见 Frank McLynn, *Crime and Punishment in Eighteenth-Century England*, p. 2。
③ Jonathan Swift, 1667—1745,英国作家、讽刺文学大师,主要作品包括《格列佛游记》等。——译者注
④ Jonathan Swift, "A Description of a City Shower", *The Tatler*, October 1710, 被转引于 Stephen Inwood, *A History of London*, p. 282。
⑤ 此叙述来自 Jonathan Evelyn,参见1661年出版的 *Fumifugium*,被转引于 Roy Porter, *London: A Social History*, p. 97。也可参见 Maureen Waller, *1700: Scenes from London Life*, pp. 95-96。

(Kensington Palace)。

当然,伦敦也有它的回报:人们可以如希望的那样获得财富,或者至少不只是维持生存,在那个大转型时期,这座城市无疑成了全国的经济中心,那是难得的谋财获利的机会。17 世纪末期,英国促成了一个以伦敦为中心横跨整个世界的商业网,以城市为基础的同业联盟和股份公司在波罗的海和地中海东部大肆逐利。与北美的贸易不断增长,东印度公司开始为英国王室取得整个印度。非洲、西印度群岛、美洲殖民地连同英国本土构成了一张大网,使英国从大西洋沿岸获取奴隶、黄金、蔗糖、朗姆酒和棉布。与中国的贸易消耗着英国的白银——那是中国人所喜爱的贵金属——用来换取丝绸和优质瓷器。其中大多数,占英国国际贸易的四分之三的货物,都是通过伦敦的码头、货栈、银行和交易所转运交割的。

伦敦也支配着国内的经济。即使在农业丰收的年头,首都人的收入也比农村劳动力多出一半。① 按人口和财富计算,伦敦成了全国食物、燃油、棉布、工业品等最大的市场。伦敦人吃着来自格洛斯特郡(Gloucestershire)的羊肉、从北海打捞的鲱鱼,喝着用东部乡村的大麦酿造的啤酒,用着产自纽卡斯尔(Newcastle)的煤炭。货运马车、出租马匹、驿站马车运载着各式各样的货物,伦敦的街道成了人与动物、人群与畜群混杂喧嚣的场所,这令那些初来乍到的人既兴奋又惶惑不安。②

欧洲大都市的生活,那种只有伦敦(或许还有巴黎)才具有的规模,形成了一个不只是货物和人,还包括信息的网络。从名人光顾的咖啡馆③(如辉格党人聚会的迪克咖啡馆、托利党人往来的魔鬼

---

① Roy Porter, *London: A Social History*, p. 132.
② Ibid., p. 134.
③ 来自与 Jan Golinksi 的私人交流。

酒馆)、为海员商店供货的波罗的海市场、最时髦的妓院①（斯特兰德大街的韦斯伯奈鸨母妓院是行家最喜爱的地方），直到那些因世界围绕着伦敦而塑造因此变得愈发重要的各种资料，就像商船的海员带回来的世界各地港口的水深数据，它们使得牛顿可在《原理》一书中就月球对潮汐的影响做出分析。因此尽管这里的生活充满恶臭和疾病，尽管贫困在这里比在英国任何一个地方更糟糕，人们还是源源不断地涌来，城市的那些出租房屋中塞满了乡下出生的外来户。伦敦有着不可抵御、日益增长的吸引力，对于那些要想干点什么的人来说，这里正是其理想场所。

查洛纳在这个大城市头几个星期和几个月的情形是新来者常见的。他的传记作者写到，刚来到时他发现自己"举目无亲，不知道从何下手以维持生计"②。摆在他面前的是一个严酷的事实：伦敦的生存和交易靠的是一张错综复杂而又难以打入的网络。显然，依靠王室或政府赞助——就像牛顿当初那样——对于一个失去了师傅的学徒工是不能奢望的，靠经商或高额投资就更不可能。手艺人的圈子也进不去。虽然17世纪末流行的行会制度已渐趋衰落，但严密的手艺人的圈子使即使有本事的外来户也被拒之门外，更不用说中途走人的半吊子。直到1742年时，还出现过伦敦的制帽商人将一名未通过学徒制度而自行制帽的人打死的事件。③伦敦和主要生产地区柴郡（Cheshire）之间的奶酪生意是被大约25个人掌控的，几

---

① Frank McLynn, *Crime and Punishment in Eighteenth-Century England*, p. 99.
② *Guzman Redivivus*, p. 1.
③ Stephen Inwood, *A History of London*, p. 334. Inwood 的这则逸闻来自 J. Rule, *The Experience of Labor*, p. 111.

百个较小的奶酪商在定价上只能听从这伙垄断者的摆布。① 科学革命和新兴的工业革命带动了一批新的行业，比如说精密仪器制造。查洛纳对鼓捣金属很有灵性，也知道一些工具的使用，但他拜师无门，没有熟人说项让哪个有点名气的店铺接收他。他就这样游荡着，就像许多初来乍到的无名者一样。不错，有些人找到了收入不菲的工作，但是大批的移民无事可干，为了生计，为了一点可怜的小利你争我夺。

进入下流社会的控制也很严密，就像他们所侵扰的上流社会一样，这些犯罪分子也有等级森严的组织。抢劫大盗迪克·特平（Dick Turpin）被视为近代的罗宾汉，这一类人算是贵族，他们的出身比那些同伙的层次要高，往往都有骑术方面的训练。因拦路抢劫而被施以绞刑的人中有牧师的儿子、贫困的学者、大户人家或绅士的败家子——破落的、厌世的，或二者兼而有之。②

如果说上流社会的犯罪是查洛纳做不到的，那么当个熟练工人如何？17世纪八九十年代的伦敦不乏诱人的目标，在富人和不断更新的穷苦大众群体摩肩接踵的挤撞之间，总有很多小收入再分配的空间。虽然当时的伦敦下流社会没有像后一个世纪初时那样有组织，但仍然有一定的规矩，不是陌生人可以随意进入的。在街上横行的歹徒练就控制了伦敦街头的各种绝技，有一伙劫道者的头领有着堂皇的名字，叫奥巴代亚·莱蒙（Obadiah Lemon）③，他们的招数是用钓鱼线和鱼钩钓取行进车辆中人的帽子和围巾。还有人专门

---

① Stephen Inwood, *A History of London*, p. 325.
② 有关 Thomas Butler 的职业生涯、有钱的败家子、詹姆斯二世党人的间谍、受人尊敬的拦路抢劫者及其在社会与虚构故事中的地位参见 Frank McLynn, *Crime and Punishment in Eighteenth-Century England*, pp. 55-60。
③ Obadiah 有"上帝之仆"意，《圣经》中译作俄巴底亚。——译者注

抢劫在桥头或其他障碍面前放慢速度的马车。① 不少小偷是从小就操此业的,他们在精于此道的年长的亲戚或朋友的监视下用人体模特练习,希望有朝一日也成为"行家里手……在人前察言观色,花言巧语,暗中警觉机敏"。② 他们分成小组行动,有严密的组织分工,由一个或几个人充当"诱饵",把"目标"引到"钳手"所在的地点然后下手。"钳手"技艺高超,能够把"目标"的注意力引开,然后娴熟地把手伸进他的口袋里。低层次的小偷只是简单地划破口袋后盗取。不管用什么方法,偷到的钱包最后都交到"弹簧手"手里,他们通常潜伏在"钳手"的身后或旁边,收了钱包后便消失在人流里。

商店盗窃团伙也有类似的分工。"障眼者"把店主的注意力吸引开,"钳手"下手偷走货物,把它交到"收货人"手里,后者从不进入商店,因此理论上与盗窃无牵连。设计骗局、骰子灌铅、打牌作弊等都需要类似的同谋团伙。入室盗窃者从同谋者那里学会如何撬锁。在犯罪商业的中心,"黑市"则是提供培训、工作介绍、避难和不在场证明的处所。③

在这个犯罪黑社会中,一个孤单的男女,没有技能,没有朋友,不认识圈内的大佬,想当一名自由职业者独来独往是非常危险的,像查洛纳这样精明的人是不会这样做的,因此他一直游荡在城市生活饥饿的边缘,直到能够找到肥差。

这只用了几个月的时间,他的传记作者用一种充满讽刺的赞扬口气写道,"其天才的最初显露是制作一种锡制的怀表,里面有勃

---

① Frank McLynn, *Crime and Punishment in Eighteenth-Century England*, pp. 5-6.
② Robert Greene, "A Disputation Between a He Cony Catcher and a She Cony Catcher", pp. 211-212,被转引于 John L. McMullan, *The Canting Crew*, p. 101。
③ Ibid., pp. 105-107.

起时的阴茎",查洛纳"在街上兜售这种东西,挣些零星的钱,结交一些闲散的人"。①

也就是说查洛纳使自己能够超越维持生存阶段的最初尝试是贩卖性玩具。17 世纪 90 年代的伦敦就像 20 世纪 20 年代的柏林一样,以其在性娱乐方面的大胆发明而声名远扬,或者说臭名昭著。卖淫活动无处不在,它既是富有者也是贫困者生活的一部分,后者提供了这一行业的从业人员。有名的妓院相互攀比,竞相提供不同名目的服务——这些服务的数量如此多,以至于约翰·阿巴思诺特(John Arbuthnot),一个 18 世纪早期的花花公子,听了其中一个上层妓院的妓女介绍的许多服务后说:"求你了,咱们能老老实实地做爱吗,不要耍那么多花样!"②

浪词淫画,色情歌舞,凡是老到的好色之徒想要的东西他都可以得到,或许史上最淫荡的剧目就出自这个时期,其名为《索多玛,或放荡的精髓》(Sodom, or the Quintessence of Debauchery),它是第二代罗切斯特伯爵、浪荡子约翰·威尔莫特③所创作的。该剧写于 1672 年前后,可能是对查理二世的暗讽(他与威尔莫特至少共有一个情妇),其中对一位君主要在他的王国推行鸡奸的描写,被人解释为对 1672 年公布的《宽容宣言》的谴责,该宣言宣布正式容忍天主教。如果这真的是作者的原意,那么其意图被外表淫荡无比的情节巧妙地隐藏了。

有些人在普通的卖淫中得不到满足,性工具市场由此产生。据

---

① *Guzman Redivivus*, p. 1.
② 约翰·阿巴思诺特的嘲讽被记载于 Horace Walpole 的书信中,vol. 18, p. 70,其编者为 W. S. Lewis,被转引于 Frank McLynn, *Crime and Punishment in Eighteenth-Century England*, p. 99。
③ John Wilmot, 1647—1680,英格兰传奇人物,放荡主义诗人,英王查理二世的宠臣,所创作的诗歌以讽刺和下流著名。——译者注

传早在 1660 年，也就是奥利弗·克伦威尔①去世两年之后（他的死导致了清教的衰落），圣詹姆斯大街上就已有意大利进口的假阴茎出售。本地的制造商也想从中牟利，查洛纳贩卖的到底是什么一直是个谜，他的小发明是"其天才的最初显露"，说明它们不仅仅是阴茎的仿制品，但很可能也不是真正的怀表。17 世纪 70 年代中期，制表技术有了长足的发展，罗伯特·胡克发明的螺旋游丝可以储存足够的机械能，使得小型的手握表的走时可以精确到分钟而不是小时，这是计时器的一个重要发展。学徒工通常要学习七年才能掌握钟表制作的复杂技术。18 世纪初时一些钟表上附带的木偶玩具也靠游丝驱动，因此可以想象，这可能是用其进行色情展示的早期尝试，但是一个前制钉学徒工能否很快掌握技术而自己设计制造自动机械是令人生疑的。

查洛纳自己发明和出售的很可能是一种玩具表。表是地位的标志，尤为那些买不起真表的人所羡慕。为了满足这种需求，伦敦的手艺人开始制作模仿品，现存的一些物件——它们大多是在泰晤士河退潮时拾得的——都有着基本相同的构造：两块锡镴，每块铸成半个怀表的大致模样，一半印上粗糙的表盘，另一半模仿绅士表的表壳，两半焊接在一起作为一种廉价的时髦佩件出售。②查洛纳的金属制作技术做这类东西是绰绰有余的——在其中加上假阴茎的发明也无问题。这一设计看起来并没有给他挣很多钱，但他的传记作者提示，其重要之处不在于他所挣的钱，而在于他所结识的闲杂人——他们由此而发现了他。其中一些朋友在查洛纳此后更成功的

---

① Oliver Cromwell, 1599—1658, 英格兰军政领袖，护国公。——译者注
② 感谢钟表专家 Will Andrewes（前哈佛大学历史科学仪器博物馆馆长）、大英博物馆的 David Thompson 和伦敦博物馆的 Hazel Forsyth，他们帮我缩小了查洛纳可能发明的物品的范围。

"创业"中帮助了他,这又源自 17 世纪城市生活的另外一个重要因素:传染病的持续压力。

那场瘟疫在 1667 年结束之后没有卷土重来,但由于伦敦众多的人口、令人窒息的空气、简陋的卫生条件,致命的疾病始终存在。天花对富人和穷人都是难逃的灾难。导致伦敦人死亡的还有伤寒——在监狱里的人很容易得上这种病,因而伤寒也被称为牢瘟。①冬天有肺病和流感;夏天里蚊子传播疟疾,成群的苍蝇散布痢疾、幼儿腹泻等。婴儿抵抗力最差,每 100 个伦敦儿童中有 35—40 个在不足两岁时就夭折了。富人也好不了多少,教友派是一个较富有的群体,很少受充斥市场的廉价杜松子酒的侵扰,但他们的孩子有三分之二在 5 岁以前就夭折了,几乎所有父母都至少要埋葬一个幼儿。②

看到这一点,查洛纳认为自己找到金矿了。真正的医疗处理花费大,供应不足,而且常常见效慢,于是对疾病的恐慌为城市催生了一大批民间医生、江湖骗子、药贩子和轻信的男女。据查洛纳传记的作者说,为了"满足难熬的欲望,他就得越轨"。他找到了"一个境况比他好不了多少的伙伴,那个人同意两人一起搭戏,来装扮'尿壶先知'(piss-pot prophet,即通过验尿来看病和预测未来),也就是江湖郎中(quack-doctor)"。

江湖郎中成功的关键是要使那些求医心切的人信服,在这方面,这位从伯明翰来的年轻人显示了能够成就他后来事业的那种天赋。他的传记作者谈到了道德问题,但他也承认"查洛纳有无人能

---

① Maureen Waller, *1700: Scenes from London Life,* pp. 101-102.
② 教友派的死亡数据参见 J. Landers, "Mortality and Metropolis: The Case of London, 1675-1875", *Population Studies* 41, no. 1 (March 1987), p. 74。对伦敦城中瘟疫和死亡的大背景的总结参见 Stephen Inwood, *A History of London*, 也可参见 J. Landers, "Burial Seasonality and Causes of Death in London, 1670-1819", *Population Studies* 42, no. 1 (March 1988), pp. 59-83。

比的厚颜,最能说会道(这是组合中最不可或缺的东西),因此决定由他扮作医师,那位同伴扮作他的仆人"。①

查洛纳扮演着他的角色,他引诱、哄骗听他忽悠的人相信他有非凡的技能和智慧。他的"仆人"也必定有从那些轻信者手中骗取钱财的能耐,因为查洛纳很快就用这些收入租了一栋房子,他结了婚,还有了几个孩子(但不知道有多少或有没有活下来的)。过了几年,他的业务范围扩大了,从江湖郎中变成了算命大师,"扮作先知者,给那些村姑指点择夫之道,协助失主找回被盗物品,等等"。②

事实证明,后一项是导致他破产的主要原因,帮人找回失窃财物的伎俩是这样的:你得先把它偷到手,但是要用此手段屡试不爽地去骗人,需要本事和细心。数年后,伦敦的黑社会为乔纳森·怀尔德③所控制,他把全城犯罪活动的黑白两道都组织起来,他不直接参与所策划的盗窃,其获利的手段是帮助找回被盗物品,并充当"擒贼人"——出卖那些不按规矩盗窃的竞争对手,或仅仅是对他的自由行动构成威胁的人。

怀尔德的平衡戏法使他成功地控制了伦敦的黑白两道长达十五年。④查洛纳没有那样的心计,结果败露了,1690年他的名字出现在一起盗窃案的嫌犯名单中,他于是逃走,藏身于哈顿花园(Hatton Garden)的贫民窟中,不敢公开身份,身无分文,"只好躲

---

① *Guzman Redivivus*, p. 2.
② Ibid.
③ Jonathan Wild,1683—1725,伦敦乃至全英国有名的罪犯,其所发明的手段使他控制了黑社会团伙,其两面做法曾蒙蔽了很多人,后来东窗事发,真相败露,其名成为贪赃和伪善的代名词。——译者注
④ 对于怀尔德生涯的总结参见 Frank McLynn, *Crime and Punishment in Eighteenth-Century England*, pp. 22-30. 对于怀尔德人生经历的虚构小说参见 David Liss 经过深入研究写成的小说 *A Conspiracy of Paper*。

在一个破旧的阁楼上"。①

6 "顺风顺水"

身陷绝境的查洛纳不得不开始他最后一次学艺。在他的哈顿花园住处，他碰到一位漆工（japanner），这个词最初指那些上清漆和做表面抛光活的人，其做法是模仿此前一个世纪大批输入欧洲的日本漆器。这个词后来发展为各类表面的再修饰，包括涂硬漆和不透明涂料。查洛纳的邻居所干的活是给衣服上黑色的涂料以增强其美观程度，如果不细看的话几乎分不出来。把旧衣服卖给潦倒者是穷人的买卖，但查洛纳还是向那人交了钱，跟他学手艺。如牛顿本人后来在他的卷宗第一页中所写的，查洛纳成了一个商人，"整旧作新，给旧衣服上色"。②

牛顿后来带有讽刺意味地说，如果查洛纳当初满足于他这个小行当，他就不会惹上后来的麻烦了。但查洛纳不是一个满足于温饱的人，他学习新手艺有自己的特殊目的。这种在表面涂敷均匀薄层的工艺将不仅适用于皮革和布料。事实上这种带有欺骗性的商业源远流长，差不多一个世纪之前，莎士比亚剧作《冬天的故事》（*The Winter's Tale*）的主角，充满幻觉和猜忌的国王里昂提斯（Leontes）表达了他对儿子是个杂种的猜疑，虽然他的儿子长得很像他，他如此说道："女人们都这么说 / 她们什么都会说，但她们错了 / 那就像染上的黑色虚饰。"③

染布是一个费力而不讨好的工作，但是装点金属怎样呢？那

---

① *Guzman Redivivus,* p. 2.
② Isaac Newton, "Chaloner's Case", Mint 19, I, f. 501.
③ Shakespeare, *The Winter's Tale,* act 1, scene 2.

就可以赚钱了。虽然没有有关查洛纳策划从事伪币制造的记载，但他的活动过程表明，他很可能在被偷窃野心卷入麻烦之前很早就有了制造伪币的构想。是的，他很快就开始了新的活动，把他新掌握的技术运用到银币上。他想用它们"可以造假几尼①、假皮斯托尔②等，如果镀金和边缘做到位，就可以在全国流通"。

查洛纳行动的时机选择也更使人感觉他是有计划而不只是临时决定的。"格雷欣法则"认为劣币会驱逐良币③，而查洛纳正是在英国像格雷欣法则所说的那样缺少良币的时候看到了机会。那场危机是由英国造币的特点造成的：在近三十年里英国有两类货币流通，一种是1662年以前手工打造的硬币，另一种是自那年皇家造币厂安装了机器后用机器制造的硬币。老货币是工人用锤子打造的，不规则且易磨损，也就是说任何一个有一把剪子和锉刀的人都可以在硬币边缘剪切然后再将其磨锉光滑。这里剪一点，那里切一点，很快就会积累一堆可观的银子，所造成的是货币的受损。

17世纪90年代，剪切货币十分盛行，以致在那一危机的高峰期时，如维多利亚时期的历史学家麦考利（T. B. Macaulay）勋爵所说，"一先令实际值10便士、6便士或4便士都有可能"。他在一份货币状况报告中写道："邀请三个金匠，每人带来100英镑银币用天平测试"，那些货币"本应重1200盎司，但实际称量只有624盎司"。整个英国都是这种情况：本应重400盎司的货币实际在布里斯

---

① guinea，1663年英国发行的一种金币，名称源于盛产黄金的几内亚，1几尼等于21先令，1813年停止流通。——译者注
② pistole，法国金币，名称沿用西班牙金币名，约值17英国先令。——译者注
③ "格雷欣法则"（Gresham's Law）指在实行金银复本位制条件下，金银有一定的兑换比率，当金银的市场比价与法定比价不一致时，市场比价比法定比价高的金属货币（良币）将逐渐减少，而市场比价比法定比价低的金属货币（劣币）将逐渐增加，形成良币退藏、劣币充斥的现象。——译者注

托尔重240盎司，在剑桥重203盎司，在牛津仅重103盎司。①

剪切硬币不是什么新鲜事，自伊丽莎白时期以来就是一种重罪。自那以后，经常有人被抓住，审判，处以死刑，被绞死或烧死，但收效甚微，特别是在货币剪切猖獗的1690—1696年。麦考利写道，一个被判死刑的货币剪切犯只需付6000英镑就可以被饶恕，这一消息"使得想用死刑起震慑作用的效果大打折扣"。②

拥有先进工具的人还有更快的致富途径。到1695年时伪币已经占到全部流通硬币价值的十分之一，其成功的秘密在于伪币制造者能够击败第二批更复杂的两类法定货币。

1662年皇家造币厂安装了新的货币铸造机器，这是伦敦从未见到过的。时任英国皇家海军部大臣的塞缪尔·佩皮斯无处不去，1663年5月19日他忙里偷闲到此一游。在紧挨着伦敦塔外墙的造币厂车间里，他看到一片繁忙的景象，在热气、噪声和烟雾之中，工人们忙得不可开交，以应付那些庞大机器的速度。

在他造访的第一个车间里，造币工人在紧张地往大铁锅底下加木炭，每口锅每次可熔化三分之一吨银锭。另一些工人把金属液浇灌到砂模中，铸成较小的长方形金属块。待这些金属块冷却之后，机械操作便开始了。工人们把银块敲碎，将其输送到巨大的轧平机中，机器是由位于底层的马拉绞盘机带动的。轧出的薄板被输送到由杠杆驱动的冲床上，冲出一个个小圆板，然后由螺旋机轧成圆片。

佩皮斯称赞新货币"比用旧方法做得……匀整"，大小一致。根据法律，每先令硬币都应含一定重量的白银，这种机械制作方法

---

① Lord Macaulay, *The History of England,* vol. 5, p. 2566.
② Ibid., p. 2564. Macaulay 认为 Narcissus Luttrell 的日记可以让人了解剪切货币的普遍存在和一般的犯罪方式，我也这么认为。

把硬币的面值——硬币上标记的"一先令"——与其物质含量"含88.8格令银，价值12便士"①联系起来。

佩皮斯写道，生产线上的下一个机器是造币厂实现最终目标的关键，也是"最大的秘密"，但他未被允许观看。那是最早的制造国家货币的边缘处理机，其操作方法是使每个白板硬币在一对钢盘上旋转，当造币工人转动一个连接齿轮的手动曲柄时，钢盘在每个硬币的边缘上刻出印记，在一英镑等大面值的硬币边缘印有拉丁文字样"decus et tutamen"（装饰并防范）。这就是造币厂的秘密，因为加有边缘或"轧了花边"的硬币如被切削，犯罪行为就会在没有花边的地方暴露。

最后一道工序——在硬币表面压印适当图案——也在不久前机械化了。一个坐在底层小室中的造币工人把一枚白板硬币放入压印盒中，四名工人用力拉大绞盘机两端的绳子，使连杆旋转，冲床把两个钢模压到硬币的表面，由此印出的图案比人工捶打出来的要深，要清晰。印模退出后，坐在小室中的印制工人把新压印好的硬币掷出室外，再放入一个新的白板。

在赶任务的时候，压印车间每两秒钟便可制作一枚硬币。但是即使在较慢的速度和机械化的有利条件下，机械操作也是很消耗体力的。操纵绞盘机连杆的工人每工作15分钟体力就支撑不住了，而往压印盒中放置白板硬币的工人被轧掉手指是常见的事。但有些悖理的是，严酷性正是造币机械化具有吸引力的原因之一。如果一

---

① 此数据源于牛顿1717年9月25日呈递给财政部的关于英国货币金属含量的报告。他在报告中说："恕我指出，1金衡磅黄金（11盎司纯金及1盎司非纯金）可以制成44.5几尼，1金衡磅白银（11盎司2英钱纯银及18英钱非纯银）可以制成62先令，根据以上比率，1金衡磅纯金价值15金衡磅6盎司17英钱5格令纯银，据此计算，1几尼价值1英镑1先令6便士银币。"（1金衡磅为12盎司，1盎司为20英钱，1英钱为24格令。与之不同的是，1常衡磅为16盎司。——译者注）

个受过训练的工人都觉得制作一枚新币十分辛劳，那么那些想从事犯罪活动的人就更会觉得仿制是几乎不可能的事了。佩皮斯曾称赞道，新机器生产的货币比以往生产的任何货币都"更难剪切和伪造"，"无法承受如此高价和噪声巨大的机器，伪币制造者就不敢冒险了"①，这样，伦敦的伪币制造者就无法复制硬币了。

佩皮斯低估了英国下层社会的创造性，譬如说查洛纳已经能够得心应手地进行热金属的处理。他所拜的最后一位金匠师傅名叫帕特里克·科菲（Patrick Coffee），他向查洛纳传授了伪造技术，一直到1691年年初，大概有几个月的时间。在这段最后的学徒期间，查洛纳到底学了些什么，科菲和查洛纳都没有留下记载，但现存的17世纪末伦敦中央刑事法庭"老贝利"②的庭审记录提供了某些线索。

这些案子表明，学习不做什么与学习做什么同样重要，不老练的伪币制造者总是喜欢利用货币危机带来的机会，这为"老贝利"

---

① Samuel Pepys, *Diary*, vol. 10，可在以下网址查阅：http://www.gutenberg.org/etext/4127。更多详情参见 Sir John Craig, *Newton at the Mint*, pp. 5-8，以及 C. E. Challis, *A New History of the Royal Mint*, pp. 339-348。

1662 年，皇家造币厂使用 Pierre Blondeau 发明的压印机制造货币，但这并不是该厂第一次生产压印货币。伊丽莎白一世时期，在另一位法国人 Eloye Mestrell 的监管下，造币厂使用畜力压印机生产压印货币长达十年。这些硬币，无论金币还是银币，都比锤子铸造的硬币质量更高，但生产过程十分缓慢，且十年后 Mestrell 被解雇，因此造币厂不再使用机器制作防伪硬币。（Mestrell 后来由于制作伪币被处以绞刑。）此后，自1631 年起，另一位法国货币工程师 Nicholas Briot 及其女婿 John Falconer 为英格兰和苏格兰造币厂监督、生产了一些压印的金币和银币。这些硬币同样未能取代传统的捶制硬币，这种情形直到 Blondeau 于 1656 年向克伦威尔证明其压印机的有效性后才得以转变。Mestrell 的故事参见 Challis, pp. 250-251，关于 Briot-Falconer 的详情参见 Challis, pp. 300-302, 339。

② Old Bailey，伦敦中央刑事法庭（Central Criminal Court）所在的街道，此地原是中世纪新门监狱的所在地。"老贝利"意为"老墙"，原为伦敦城墙的一部分，城墙拆除后改建为街道。——译者注

法庭提供了源源不断的可快速处理的案子。其中最笨拙的例子是一个匿名的来自"圣安德鲁斯·霍尔本（St. Andrews Holbourn）牧区的居民"，他被指控复制法国硬币，他的制作极其拙劣，但他被释放了，陪审团接受了他的大胆说法：制作工艺的拙劣证实了"他试图用所说的锡镴来制造供消遣的东西，但是从来没有想制造任何种类的钱"。[①] 提供这种辩护词的人不多。

玛丽·科比特（Mary Corbet）的案例更为典型。1684年4月9日她受到法庭审判，对她的指控是："用12块铜、锡及其他伪金属仿制为名为伊丽莎白女王先令的英国货币，并用其他12块类似的伪金属仿制伊丽莎白女王六便士。"科比特对所干的事是小心谨慎的，1662年以前手工用锤子打制的货币工艺很差，这使得仿制极其容易，有两个证人做证科比特"用陶瓷粥锅熔化了一定数量的锡镴、铜及类似金属（一次约重1磅）"，接着她把热金属"倒入木模中，将其制成上述先令和六便士"。也就是说科比特制作硬币用的是耐热锅、强火和简单的模具。

照例，伪造行业在产品生产方面还算是容易的，但伪币还要被花掉，这方面如果当初科比特选对合伙者或许可逃过一劫。[②] 揭发她的两个女证人正是试图把伪币花出去的人，依据她们的证言，她被判了叛国罪，此罪对女犯人的惩罚是用火烧死（但在很多情况下会被"从宽"，其结果是人被勒死，尸体被烧掉）。科比特"以肚子为由"提出上诉，也就是说她怀孕了，她希望被判缓刑，至少到她所称的孩子出世。于是法庭当场组成了一个妇女陪审团，查看她的

[①] "Inhabitant, offences against the king: coining", 1 September 1686, *Proceedings of the Old Bailey*, http://www.oldbaileyonline.org.

[②] "Mary Corbet, offences against the king: coining", 9 April 1684, *Proceedings of the Old Bailey*, http://www.oldbaileyonline.org.

肚子有无胎动迹象，结果是没有，这样她便只好认命。①

档案中这样的案例有几十个，他们是少数能干的屡犯，不时地被抓到并送上法庭。有相当多的人常常是在有强有力的证据面前最终被开释。有时惩罚的残酷性使当局难以贯彻。当然，尽管议会加重了对各种与伪币制造有关的罪行——拥有制造伪币的工具、私藏非法货币等——的惩罚，但陪审团常常尽量避免对有影响或有名望的人士判罪。

不过偶尔会有技术高超的伪币制造者失足，其活动的规模——或所造成破坏的总体效果——往往使起诉者不可能对其进行不适当的宽恕，这使得伪币制造行家的手段被很详细地记述下来。

例如1695年10月14日"老贝利"法庭审判了塞缪尔·奎斯特德（Samuel Quested）和玛丽·奎斯特德（Mary Quested）夫妇案，对他们的指控是："铸造并冲制，伪造20枚假几尼、100枚查理一世先令、10枚詹姆斯二世机制先令。"根据检举人的证词，塞缪尔·奎斯特德从事伪币制造已有多年，起初他追随造币厂方法的历史演变，"用锤子打制硬币"，但是生产那些快速被淘汰的货币显然没有现代机械造币那样有利可图，因此奎斯特德（或许在他老婆的帮助下）在自己家复制了官方的生产线。在搜查他住所的地下室时，造币厂的侦探发现了伪造货币用的切割金属板的切刀，那是

---

① 1684年4月9日的法庭审判总结参见 Proceedings of the Old Bailey, http://www.oldbailey-online.org。以怀孕为由是犯人为延期处决而经常使用的传统伎俩。判断怀孕的标准是妇女陪审团（"监狱的女看守"）能否发现"即将出生的"婴儿——例如可观察到的胎动；如果证明犯人怀孕，则处决将延期至犯人生产之后。（这就是在丹尼尔·笛福的小说中 Moll Flanders 所描述的她的出生情形。）在很多情况下，缓刑会带来赦免或减刑。这项法律规定导致了一些明显的后果：在 John Gay 首次出版于1765年的作品 The Beggar's Opera 中，有一个人物扮演着"小孩提供者"的身份，他好意地为监狱中担忧自己生命的女犯提供性服务。英国对于孕妇的赦免直到1931年才被正式取消。

完成造币程序第一道工序后使用的机械，用于"切割精确尺寸的硬币白板"。穿过一道道门，调查人员"发现了埋藏在土中的储柜，里面有制造几尼、先令和半便士的印模"。这些发现加上此后"在户外小屋发现的压币机"，表明奎斯特德可以在他们的白板硬币表面压制纹理很深的图案。还有一道关键的程序，造币厂工作人员继续搜索，终于"在果园里发现了硬币边缘处理机及各种其他印模"。

利用这些手段，塞缪尔和玛丽可以制造近乎完美的英王硬币仿制品，包括边缘的处理，那只是一种装饰而没有防伪作用。证人做证说，他们看见玛丽用他们所称的"劣质金子"铸造几尼，那多半是以金币边缘的切屑混以锡镴或铜等基底金属。不管奎斯特德到底用的是什么配方，他的产品质量肯定是最高的。他们生产的每个伪几尼可兑换 20 个先令，法庭记录上令人悚然地记载着"与现在几尼的比价相同"①。

从开始从事伪币制造起，查洛纳就瞄准了奎斯特德所达到的那种完美高度——检查不出问题的硬币。科菲使他接近了那一水准，从他后来生产硬币的证据来看，科菲的指教使查洛纳学会了仿制用于冲压硬币白板的金属板。科菲还指导他制造和使用适合的压币机，即可在硬币正反面刻出深纹的机器，他至少向查洛纳演示了如何用模具仿制让人察觉不出破绽的轧制边缘，那是造币厂引以为傲

---

① "Samuel Quested, Mary Quested, J— C—, offences against the king: coining", *Proceedings of the Old Bailey,* 14 October 1695, http://www.oldbaileyonline.org. 在审判中，塞缪尔·奎斯特德承担了所有罪责，由于他的证词，玛丽获得了赦免，尽管她承认她目睹了制造伪币和剪切硬币的过程。塞缪尔没有幸存的机会。他长期从事伪币制造的犯罪记录和所制伪币的高质量使他付出了生命的代价。陪审团宣告他犯下了叛国罪，随后他被处以绞刑。

而让切削者感到头疼的技术。

有了这些,查洛纳差不多可以制造最高水平的货币了,但他仍缺少一样关键的工具,所制成的硬币质量还依赖于能否成功地复制一个合法硬币表面的图案。要做到这一点,制币者需要有近乎完美的压印硬币用的模具。制作这种模具需要有高超的雕刻技术,这远远超过科菲或查洛纳自身可以掌握的水平。查洛纳在位于格雷斯旅店小巷的印制商兼雕刻师托马斯·泰勒(Thomas Taylor)的作坊里找到了他的模具制作师。①

乍看起来泰勒是不可能被雇用的,主要是因为人们记得他是当时的知识分子社群,即所谓"文坛"(Republic of Letters)的一个可敬的次要人物,他因出版了具有里程碑意义的地图集《英格兰精绘》(*England exactly described*)和《威尔士公国精绘》(*Principality of Wales exactly described*)而为世人所知。这两本书的出版说明当时已有对自然世界的精确测绘的需要。1724年,作为后牛顿时期天文学和物理学的普及大潮的一部分,泰勒制作了日食的单幅图示,并附有发生日全食时旋转轨道的几何学图解。②

仿制这种精细的雕刻图案需要很高的专业技能。尽管泰勒水平很高,但他发现,就像许多人已经发现的一样,出版是一项费力不讨好的工作,在小酒馆(他在广告上的营业地址之一是位于舰队街的金狮酒馆)里兜售地图往往入不敷出。因此,至少是在年轻的时候,泰勒是愿意为查洛纳效劳的。他的手艺被证明是一流的,1690

---

① Isaac Newton, "Chaloner's Case", Mint 19/1. 也可参见 "The Information of Katherine Carter the wife of Thomas Carter now prisoner in Newgate 21th. February 1698/9", Mint 17, document 120, 这是牛顿记述事件的参考材料之一。
② 日食的侧影图非常少见,大英博物馆馆藏中存有一份。泰勒收藏的地图更为常见,不时地有古董商将泰勒收藏的地图单张出售。

年查洛纳接收了法国皮斯托尔模具的交货。1691年查洛纳又来订货，委托泰勒给他制作第二对模具，这次要求刻上英国几尼的正反面图案。

查洛纳终于可以开始他的第一次大规模制造伪币的犯罪活动了。1691年的某个时候，他利用自己的技能和新工具制作了第一批伪币，用至少含有一定数量纯银的合金轧制了一大批（至少有几千枚）皮斯托尔。随后又轧制了"大量几尼，都是银质镀金的"。他还需科菲和另一个人——他的妹夫约瑟夫·格罗夫纳（Joseph Grosvenor）——的帮助，以完成最后一道工序：给硬币镀金。① 查洛纳的主要合谋者托马斯·霍洛韦（Thomas Holloway）和他的妻子伊丽莎白（Elizabeth）负责完成关键性的工作，把伪币转到骗子手里，后者设法使之进入流通领域。霍洛韦后来坦白说，使这些货物脱手并不费力。涉及的金额是可观的，霍洛韦说他曾取走了"至少1000枚查洛纳制造的法国皮斯托尔和……大量的几尼"，查洛纳的几尼每枚售价为11先令。

霍洛韦也说他曾听说查洛纳"吹嘘他的做工"②——那并不是没有理由的。查洛纳的货供不应求，他的传记作者写道，"一旦知道了可以伪造出"以假乱真的钱，查洛纳便拼命地生产。"交易很兴旺"，"查洛纳的几尼就像前几年的劣质银币一样走俏"，其收入足以使查洛纳在一夜之间暴富。根据霍洛韦提供的数字，查洛纳在头几个月的利润超过了几千英镑，差不多等于伦敦一个熟练工人年平均工资的二十倍。这是一个很火的时期，"样样事情看来都顺风

---

① "The Information of Math[ew] Peck of Pump Court in Black Fryars Turner 25 day of January 1698/9," Mint 17, document 117. 也可参见 "The Deposition of Humphrey Hanwell of Lambeth p[ar]ish in Southwark 22d. Feb[ruar]y 1698/9," Mint 17, document 123。

② Isaac Newton, "Chaloner's Case," Mint 19/1, f. 501.

顺水","他似乎发现了（人们梦寐以求的）点金术，或者（像被宙斯爱上的达娜厄①）每天有金雨落在他的膝盖上"。②

查洛纳对这突然来到的财富欣喜若狂，开始耽于各种享乐。他沉溺于女色之中，如他的传记作者所写的，带着特有的敬畏、羡慕和恩赐的语调："为使他的福分更完美，他只想得到属于自己的菲莉丝（Phillis）③（你必须知道，对于一个伪币制造者，很少有人没有妓女相伴的，就像是船长的妻子，很少有人没有情人的）。"伦敦从不缺自愿者（或者说可包养者），出手阔绰的查洛纳很快就有了第一个情人。"如同天作之合，他找到的这个菲莉丝各方面都与他相配"。于是"他离弃了原来的妻子，一个给他生了几个孩子的贤惠女人"，和这个女人同居起来，她的父母"不知廉耻地为她拉皮条，而她每次在和她的情郎上床之前总是要祈求她母亲的祝福"。④

一开始查洛纳和他的新欢住在她父母的房子里，而源源不断的财富使他搬到了更豪华的住所。牛顿后来蔑视地写道，"时隔不久，（查洛纳）摆起了一副绅士派头"，把自己装扮成靠体面手段挣钱的人。他找到了一处舒适的住所，位于骑士桥（Knightsbridge）——此时那里还是城乡接合部——的一幢大房子，用传统上视为贵重的材料——他自制的银板（多半是真的）——装饰。

这种摆阔是危险的，查洛纳对于暴得财富的炫耀使他高居于伦敦那些默默无闻的贫民大众之上，他的名字成了他那些心腹和近

---

① 见希腊神话故事，达娜厄的父亲听信谣言将其囚禁于铜塔中，天神宙斯经过，爱上了达娜厄，化身金雨，水滴通过屋顶渗入屋内，落在达娜厄的膝盖上。后生子珀尔修斯。——译者注
② *Guzman Redivivus*, p. 2.
③ 田园诗中的乡村少女和情人。——译者注
④ *Guzman Redivivus*, p. 3.

亲者借以炫耀的招牌。这使那些企图或被逼迫告发他的人更易于得手。查洛纳从事伪币制作的最初尝试延续了大约两年,对于这样大数量的操作来说,那是一个不短的时期。他的案发就像是通常的故事一样。威廉·布莱克福德(William Blackford)在出手伪几尼时被捕并受到审讯。他被判处死刑,但换得了缓刑,因为他供出了那个向他提供了"几百(或几千)几尼和皮斯托尔金币的人"①:威廉·查洛纳先生。在得到布莱克福德的证词后,查洛纳花了两天时间拼命赶制几尼,以供未来一个"旱季"之需。之后他与霍洛韦一起把宝贵的印模和其他一些设备藏起来逃走了。②

他隐藏了五个月的时间,布莱克福德被囚在牢里准备做证。但监狱看守人最终对等待难以捕获的查洛纳失去了耐心,只得满足于到手的这个伪币贩卖者。布莱克福德被带到泰伯恩(Tyburn)刑场,于1692年被处以绞刑。不久查洛纳又浮出水面,但他没有立即启动他的生产线。在被迫的休假之后,查洛纳看来缺少必要的支付精密设备的资金以及完成一流工作所需的相当数量的金银。

不过他通过告密手法找到了新的资金来源。新近废黜詹姆斯二世的威廉三世一直担心对手的复辟。雅各比党人(Jacobite)叛乱——一些人这样称呼詹姆斯的复辟活动——在17世纪90年代初的伦敦引发了恐慌并造成一些小的实际威胁。政府对揭发阴谋活动者提出了悬赏。当看到这一点时,查洛纳意识到挣钱的机会来了,1693年中,查洛纳着手寻找他可以告发而借以获利的人。

他与四个印刷学徒工接触,想让他们帮助印刷那年4月詹姆斯发表的一份宣言,詹姆斯试图重归王位,称自己将宽恕反对派,减

---

① *Guzman Redivivus*, p. 3.
② Isaac Newton, "Chaloner's Case", Mint 19/1, f. 501.

少税收，允诺让他以前和未来的臣民有信仰自由。那些学徒工拒绝印刷这些具有煽动性的传单，查洛纳于是自己编了份雅各比党人的新文件，"请求他们帮助印刷一部分"，许诺说只私下里向斯图亚特王朝的同情者散发。其中有两个印刷工仍然拒绝，查洛纳便全力说服另外两个人，其中一个叫巴特勒（Butler），另一个叫纽博尔德（Newbold）。查洛纳"连给钱带吓唬"，"终于把他们说服了"。查洛纳让他们把传单拿到位于干草市场的蓝邮旅馆去散发。他还邀请了几个同谋者一同去赴庆功宴。但是酒足饭饱之后，印刷工们等来的不是"餐后红包，而是后来在'老贝利'法庭上充当证人的报信者和酒友"，在法庭上，巴特勒和纽博尔德① 以叛国罪被判处死刑。

为了查洛纳的效劳，心怀感激的王室和政府答应赏给他1000英镑——或者像他事后吹嘘的那样，"从国王那里哄骗了1000英镑"。② 一向乐于从那些心甘情愿的母牛身上榨取乳汁的查洛纳现在当起了职业告密人，他甚至自愿一连几星期到监狱中去卧底，偷听被捕的雅各比党人的谈话。但他后来再未取得第一次告发时的成果，所告发的几个人都没有被判刑，弄到手的钱也越来越少。③

当查洛纳遇到一个名叫科平杰（Coppinger）的和他一样寡廉鲜耻的吃赃者时，他的游戏便结束了。在一个警察管理松懈的城市里，吃赃者会乘虚而入，他们自发地去追踪盗窃犯，从他们身上敲

---

① 以上引自 *Guzman Redivivus,* p. 4，除了查洛纳用金钱和威胁使印刷工听命于他的部分来自牛顿对这一事件的叙述，参见 "Chaloner's Case", Mint 19/1, f. 501；我们并不清楚被查洛纳利用的印刷工是否被处决。*Guzman Redivivus* 的作者指出在查洛纳于1699年被处决时，这两个被处以叛国罪的囚犯仍然在监狱中。这似乎并不现实，因为这意味着他们在伦敦城最艰难且疾病丛生的环境中度过了六年，但也不排除有这种可能。牛顿没有叙述印刷工的命运。

② Isaac Newton, "Chaloner's Case", Mint 19/1, f. 501.

③ Paul Hopkins and Stuart Handley, "Chaloner, William", *Oxford Dictionary of National Biography.*

诈钱财，转而又向政府索取回报。违法获利的潜在可能性是很大的，从查洛纳自身作为被盗物品追查者的短期经历可以看出，玩两面手法、组织犯罪和背弃轻信的同谋者是多么容易得手。

当查洛纳遇到科平杰的时候，后者正从事敲诈、索贿、"冒充有证拘捕，索要钱财"的行当，在他被逮捕和关进新门监狱后，为了把自己赎出来，他便供出那些和他干的行当有来往的制造伪币的头头。据科平杰的供词，"一度与他有往来的查洛纳曾这样对他说，科平杰，我知道你很会写讽刺文章，你能不能写点反对政府的东西，我去找人把它印刷出来，然后我们再把这事儿追查出来，这样就能洗刷所有关于我们做了有损于王国利益事情的猜疑了"。科平杰把这件事报告给了市长本人，于是查洛纳被关进了新门监狱。

查洛纳有名的"巧舌如簧"现在发挥了作用，他反咬科平杰是一个敲诈勒索的能手。对查洛纳的指控一直没有落实，除了一个人对另一个人的指责以外，找不到任何其他的证据。1695年2月20日，科平杰被带上"老贝利"法庭受审，他抱怨说自己受到了"恶意指控"，而做证者是众所周知的比他更坏的伪币制造者。但他解释不了为什么一块本应属于一个叫玛丽·默特尔赛德（Mary Mottershed）的女士的手表会到了他的手里，他被宣判为重大盗窃犯并被判处死刑[①]，查洛纳则毫发无损地走出了法庭。

查洛纳也从中吸取了教训，更小心地从事他看起来无懈可击的活动。1693年，就在印刷雅各比党人材料的工人被判决后不久，查洛纳又开始了伪币制造活动。他确信自己——当然还需有通常缺

---

① "Matthew Coppinger, theft: specified place, theft with violence: robbery, miscellaneous: perverting justice", 20 February 1695, *Proceedings of the Old Bailey,* http://www.oldbaileyonline.org.

席的庇护者和可收买的下属作为他的员工——比皇家造币厂技高一筹,这一点得到了证实。他的伪币制造生意红火起来,为了应付业务他不得不增加雇员。他把"他的亲戚,不,他的所有熟人,都训练得可以做某种与这一业务有关的工作"。[1] 一时间,他在伦敦自己的角落里独霸一方,就像一个不法的炼金术士,能够无限制地生产出以假乱真的银币和金币。

---

[1] *Guzman Redivivus*, p. 5.

第三章
激 情

7 "各种金属……同出一源"

整个1691年,德高望重的罗伯特·波义耳(考克伯爵的第七子和第十四个孩子)一直在病中,7月份时病情变得愈发严重,这促使他写了一份遗嘱。到圣诞节时,这位伟大的化学家,以及杰出的实验物理学家,显然已濒临死亡。

波义耳是一个十分多产的科学家,对英国科学的未来同样重要的是,他善于发现和扶助科学人才。波义耳是胡克的第一位庇护人,是洛克的导师,是青年牛顿间或的通信者。在将近三十年的时间里,他是伦敦知识界的活的中心,而他身体的不支对于那些熟悉他的人来说并非意外之事。他从小多病,后来身体一直虚弱,他有幸躲过了17世纪60年代中期的瘟疫大流行以及其他传染病时高时低的侵袭,而这些疾病曾夺去了那么多人的生命。但他饱受了几乎其他各种疾病之苦:当令和不当令的发热、时常发作的令人痛苦不堪的肾结石、一度使他瘫痪的中风,尽管如此,一旦病情有了好转,他又继续向助手们口授实验程序。

波义耳是一个虔诚的基督教徒，他相信轮回、上帝的恩典以及来世的快乐。但是他是否惧怕死亡呢，出于人的本性，他也承认自己害怕濒死时的痛苦。然而在这方面，就像在其他许多方面一样，波义耳是幸运的，12月31日傍晚时分在位于帕尔玛尔街（Pall Mall）的大房子中，他平静地逝去，没有明显的痛苦。

在波义耳去世的当天，牛顿动身前往伦敦，显然是去参加预计于1月7日在圣马丁教堂举行的波义耳的葬礼。两天以后他与那些同去参加葬礼的人一同吃饭，其中包括塞缪尔·佩皮斯和他的朋友、作家约翰·伊夫林①，后者是皇家学会的另一位创建人。他们的谈话后来转向考虑谁能够替代波义耳作为全国知识界的中心人物。②

当然，最显而易见的候选人就坐在那个餐桌旁，但牛顿始终没有在伦敦找到合适的职位。而不为佩皮斯和伊夫林所知的是，波义耳的去世的一个直接后果是迫使牛顿重新面对他与波义耳两人都试图做的，在二十年里几乎完全保密的工作。

死亡使秘密掩藏不住了，而这一秘密在波义耳死后几个星期就透露了。1692年2月牛顿写信给洛克，主要是告诉他自己暂时放弃托人找工作的想法。但是在最后一行看来像是一个仓促的附记中，他提到洛克——波义耳的老朋友之一——手里有一种东西，他神秘地称之为"波义耳先生的红土"。③

洛克的答复已经找不到了，但洛克显然注意到这个提示，并寄

---

① John Evelyn，1620—1706，英国作家、皇家学会的创始人之一，曾撰写有关美术、林学、宗教等的著作三十余部，其《日记》为英国60年生活的见证。——译者注
② 牛顿动身前往伦敦的记录和此处塞缪尔·佩皮斯于1692年1月9日写给约翰·伊夫林的信中的引语都引自 Richard Westfall, *Never at Rest*, p. 498。
③ 牛顿于1691/1692年2月16日写给约翰·洛克的信，参见 *Correspondence 3*, p. 195。

第三章 激 情

给了牛顿一些样本。现存的还有一封残缺的牛顿写于 7 月份的信，信中牛顿劝洛克小心敏感地带。他写到，自己收到很多这样的土，"其实我只需少量样本，因为现在还不打算对这一工艺进行研究"。但他又说，如果洛克想进行实验，他会尽力帮助，"B 先生允许我自由通信，其中一个就是和你"。牛顿说他向波义耳保证对此保守秘密，他想洛克作为波义耳同样信任的人大概也会遵守这一义务。这里牛顿清楚地暗示：与红土有关的工艺是极为敏感的问题，不能随意讨论，除非洛克发誓保密。①

洛克很快回了信。他让牛顿相信他已经了解了秘密，"波义耳……让我看了他的论文"，包括一些他打算永不公开的论文。为了使牛顿确信无疑，他附寄了"在我手头的两篇，因为我知道你想得到它们"。其中一篇尚存，文章用清楚的语言描述了汞元素的提纯程序。波义耳写道：用一种特殊的脂肪酸盐反复洗涤，"除去可能隐含在汞中的杂质"。②

听起来很简单，但波义耳的实验显然引起了洛克的兴趣，牛顿感觉有必要向他的朋友提出最后一次警告。据牛顿所知，波义耳二十年前就开始对这项工艺进行研究，"但我从未看到他本人进行这方面的实验，也没看到过其他人成功的实验"。牛顿本人无意参与其事，他很高兴洛克得到过波义耳论文的指教，因为"我不想知道他在信中说了些什么，也不希望你把细节透露给我，对之我无意过多关心，只要知道其开端便足矣"。如果洛克愿意，他尽可以自己干下去，尽管牛顿劝他"最好别浪费你的时间和金钱"。虽然牛顿故作没有兴趣，他还是有他自己的计划，"我想试试我是否有足

---

① 牛顿于 1692 年 7 月 7 日写给约翰·洛克的信，参见 Correspondence 3, p. 215。
② 约翰·洛克于 1692 年 7 月 26 日写给牛顿的信，参见 Correspondence 3, p. 216。

够的知识，使我可以提炼出和金子混合时会变热的汞"。

寻找某种物质，一种"汞"，可以和金发生反应？牛顿终于看出了事情的微妙所在：波义耳不愿意把自己所知的全部透露给别人，甚至牛顿。牛顿起初对洛克小心提防。洛克本人对工艺的主要和关键部分的保密。所有这些乃因为三个人想谈的——或更准确地说，尽量免谈的——是自然界的较深的秘密。在英国，查洛纳不是想创造无限财富的唯一之人，波义耳论文中的秘密配方——或牛顿和洛克所希望、所猜想、所怀疑的——涉及一种方法，通过这种方法，一个善于对物质和热进行操作的人，就可以把贱金属转化为纯质的、闪光的、不朽的金子，换句话说，这就是炼金术。

在经历了三百多年系统的化学研究之后，今天我们回首当年的炼金术士，会觉得他们比骗子好不了多少，或至少是自我欺骗者。从现代的眼光看，炼金术是没有根据的迷信。同样的缺乏理性也导致了与牛顿同时代的一些人害怕巫师的神秘力量。

事实上，炼金术士在牛顿的时代名声就不好。本·琼森[①]在他的剧作《炼金术士》（*The Alchemist*）中讽刺这些人是江湖骗子，该剧1610年首次演出。剧中男主角萨特尔口里嘟囔着半吊子的炼金术语，借以欺骗轻信者和骗取一个19岁漂亮寡妇的爱情。他公开教人如何制造伪币：他要一个不情愿的顾客把最后的一点钱交给他，让他等数星期后用炼金术为他生出几手推车的金子。他口称："一个绝招儿/熔化白锡，快来买吧/加上些颜色，你的荷兰金币就会和真的一样。"[②]

---

① Ben Jonson，1572—1637，英国诗人、剧作家、评论家、演员，作品以讽刺剧见长，其代表作为《福尔蓬奈》（*Volpone*）和《炼金术士》（*The Alchemist*），他的抒情诗也很出名。——译者注
② Ben Jonson, *The Alchemist,* act 3, scene 2, http://www.gutenberg.org, 10th ed., May 2003.

奇怪的是，既不是犯罪分子也不沉溺于愚蠢游戏的波义耳同样热衷于炼金术。牛顿也如此，有二十多年的时间，他以研究数学和物理学那样的专心，写了一百多万字的笔记：问题的质疑、典籍的抄录、一页又一页的实验结果。牛顿、波义耳、洛克，还有全欧洲的其他几十个人，仍然迫切地感觉需要把一种又一种化合物混合，摇匀，加热和冷却，以获取一种在他们看来比单纯的金子更有价值的东西。这是什么原因呢？

这是因为，至少对牛顿来说，炼金术可带来两方面的无价好处，一是他从事研究的通常目的：对被创造的世界的了解。在他和波义耳看来，炼金术是一种经验和实验科学，其理论是神秘的，也就是隐蔽的，但是其做法是确定的、实在的和实际的，通过加热、熔解、称重和测量对物质进行处理，每个实验都使牛顿能了解物理世界行为的某种事实。

这本身就是一个值得探索的目标，但是让牛顿时不时痴迷于炼金术的是这一工作的第二个目的。牛顿懂得疆界不断拓展的自然哲学的含义，事实上没有人比他更清楚，当他初次接触机械论世界观时，他认为，宣称"第一件事"来自于其他源头是没有意义的，"不包括上帝"。① 他把后边的词划去了，这是对的——但是他毕竟先写了出来。

在这里，牛顿认识到现代科学通过物质来解释物理事件时的一个核心事实，即在一个完全由运动的物质构成的世界，上帝的传统角色就要缩小，机械宇宙的创造者可把事件准备就绪，但是在有了这最初的动力之后，宇宙就能在接下来的时间里沿着自身的路径自

---

① Isaac Newton, *Quæstiones quædam Philosophicæ,* Cambridge Add. Ms. 3996, f. 1/88. 此处引用的材料来自《问题》抄本第 338 页，参见 J. E. McGuire and Martin Tamny, *Certain Philosophical Questions,* pp. 330–489。

行向前发展。

为一个越来越没有上帝的自然界而心怀恐惧的不只是牛顿一人，每个细心的观察者都明白这种新观念的意味。在牛顿出生的次年，笛卡儿就不得不由于无神论的指控而为自己进行辩护。1643年荷兰格罗宁根大学的哲学教授马丁·秀克（Martin Schoock）嘲讽笛卡儿是"克里特王子"（源自一个嘲讽克里特岛人的古老故事，这位克里特人要他的听众相信，他说的"所有克里特人都是说谎者"这话是真的），因为他是一个"说谎的两足动物"，更不幸的是，因为"他精巧和隐秘地把无神论的毒液注入那些头脑不坚定、没有注意到隐藏在草丛中的毒蛇的人的体内"。①

在秀克看来，过错不在于笛卡儿的物理学，而在于笛卡儿对人类理性能力的尊崇，特别是他认为这位法国人是以令人奇怪的软弱方式承认上帝的存在。笛卡儿曾对法国驻荷兰大使报怨这种没有根据的指责，他写道："我其实是在证明上帝的存在，（秀克）却说我在暗中传播无神论。"② 笛卡儿本人没有遭受太大的恶果，但无神论的恶名被与新科学捆绑在一起——到牛顿开始接触笛卡儿著作的时候，一个刚刚开始阅读基本著作去接受教育的年轻人都可以明显看出，物理学已经不再需要上帝在其中起作用了。

牛顿最终推翻了笛卡儿的物理学，而早在那之前他已找到一种至少令他自己满意的方式，把上帝重置于时空中的行为作用的中心位置，特别是在他有关为什么太阳和行星之间会有引力的论

---

① Martin Schoock, *Admironda Methodus Novae Philosophiae Renati Descartes* (1643), p. 13, 被转引于 Desmond Clarke, *Descartes,* p. 235. 也可参见 Michael Heyd, *"Be Sober and Reasonable",* pp. 123-124。

② 笛卡儿于1644年1月22日写给 M. de la Thuillerie 的信，被转引于 Desmond Clarke, *Descartes,* p. 240。

述中。

在牛顿早期的著作中，他对神在塑造太阳系中所起的作用的论述是模糊的，如他在1675年致皇家学会秘书亨利·奥尔登堡（Henry Oldenburg）的信中这样写道："或许太阳吸取了足够的上帝的力量，使得它的光辉永在，使行星不会摆脱它而远去。"① 而在《原理》一书中他的观点表述得更清晰了，他说引力来自神的作用，这里他直接引证了上帝的存在，他断言当彗星扫过地球的时候，它把这种神力附在了那里，"这就是我们大气中最精微、最宝贵的东西，是万物维持生命所需的东西"。②

随着牛顿思想的发展，他的新物理学也越来越能包容一个无所不在的、万能全知的，更重要的是采取主动的、在时空的物质宇宙中存在的上帝。他明确地把《原理》一书作为对造物主之神存在的证明和礼赞，他在给一位有志向的年轻牧师理查德·本特利（Richard Bentley）的信中这样写道："在我写作有关我们的太阳体系的论文时，我想阐述的是这样的原理，即它能促进人们对于上帝的信仰。"当时本特利正为波义耳资助的为基督教辩护的系列讲座的第一讲做准备，牛顿在信中还写道，如果他的著作"能够有助于那一目的实现，那将是使我最感欣慰之事"。③

最后，1713年牛顿在《原理》第二版的卷三附加了一篇表达他对上帝行为的更为成熟的看法的短文，这篇题为《总附注》（General Scholium）的短文中包含对在自然界中无往不胜的上帝的

---

① 牛顿于1675年12月7日写给亨利·奥尔登堡的信，参见 Correspondence 1, document 146, p. 366。
② Isaac Newton, Principia, p. 926，译者为 I. B. Cohen 和 Anne Whitman。感谢 Shaffer 教授向我指出此材料和上一条参考资料。
③ 牛顿于1692年12月10日写给理查德·本特利的信，参见 Correspondence 2, document 398, p. 233。

热情颂扬。牛顿写道："这个由太阳、行星、彗星组成的极致体系源自智慧万能的神明的方略和掌控。"怎样智慧和万能呢？"神明主导万物"，牛顿所说的主导"不是作为世界的灵魂，而是作为万物的操纵者"。这个神有什么特点？"真正的上帝是活的、智慧的和无所不能的神明……是永久的和无限的，是万能的和无所不知的。"这个上帝住在哪儿？"他是永续不绝的，处处存在的……不是无形地而是实质地无所不在。"

这个上帝为数理哲学的枯燥骨架赋予活力，上帝无处不在，无时不在，"以其万能的眼、万能的耳、万能的脑、万能的臂、万能的力去感知，去洞悉，去作为"。[①] 所有这些寓于一个宇宙中，牛顿在另外场合曾称之为"没有疆界、均匀一统的感觉中枢"，寓于其中的上帝得以"塑造和重塑宇宙的各个部分"[②]。

也就是说牛顿的上帝无处不在，"实质地"，即真实地、物质化地存在于那里，能够在整个时空中瞬时对物质发生作用。人们所观察到的宇宙的秩序，加上牛顿所证明的人类的数学推理能够洞悉这一秩序，意味着——在牛顿看来，必然地——存在着一个万能的神明，秩序和智慧都由它生发。牛顿对本特利说，他的自然哲学就是明确地探索，人们如何通过自然属性能够发现一切物质存在的神的源头。

牛顿对此确信不疑，但是一些不那么宽厚的人对此并不信服，以至充满蔑视。例如莱布尼茨就嘲笑那种神的意志的观念，以及在他看来牛顿对引力起源的神秘解释。这里所缺少的，也是牛顿所探寻的，是自然界中神的作用的直接证明。

---

① Isaac Newton, *Principia*, p. 942.
② Isaac Newton, *Opticks*, p. 403.

由此引出了炼金术，在牛顿看来炼金术提供了一条使他的上帝免于受无用论指责的途径——通过古代炼金术中一种有关有活力的媒介或精气的思想来解救。牛顿写道，这种有活力的精气具有上帝的所有品质。它无所不在，"渗透于地球上的万物之中"。它无比强大，在整个自然界一面破坏一面创造："当它被引入一团物质时，它的第一个行为是导致腐坏和混乱的混沌状态，接着开始重生。"用炼金术通常的话语说，这种腐朽和生长的循环叫作"植物性生发"（vegetation）。牛顿写道："自然界的行为或者是植物性的……或者是纯机械性的。"与纯机械性的不同，植物性生发赋予物质生命力，这是由于有活力的精气给它带来"火、灵魂、生命"。①

从本质上说，牛顿在四分之一世纪里所从事的实验是想寻求一种有活力的、植物性的精气，而上帝通过这种精气把神意转化为生命世界的形态和变化。②牛顿对他的秘密研究文字不断加以评注，阐述他对植物性生发的过程、促成其变化的有活力的精气，以及最重要的对于上帝作为生命力转化的第一推动者的思想。然后从他位于三一学院居所楼上的书桌上，把他的秘密思想带到教堂旁边的一个小库房中，去寻找神的无所不在的活跃的见证。

在那些岁月中，牛顿对此执迷无悔，他相信自己能够证明上帝是如何在这个世界上继续起作用的。他在一则写于17世纪80年代的笔记中确定地说："正如世界是通过光的产生，通过大气苍穹的

---

① "The Vegetation of Metals", Burney Ms. 16, f. 5v. 此处的许多叙述受惠于Richard Westfall所记录的牛顿早期对炼金术的论述。参见Richard Westfall, *Never at Rest,* pp. 304-309。
② 此处关于牛顿所从事的炼金术的论述主要来自Betty Jo Teeter Dobbs的书，特别是 *The Janus Faces of Genius* 的第四章 "Modes of Divine Activity in the World: Before the *Principia*", pp. 89-121。

分离,通过水与陆地的分离,而从黑暗的混沌世界状态中产生的。"牛顿一边如此写道,一边对照着《创世记》第一章,"因此我们的工作也是从黑暗的混沌世界中找到开端,第一件事就对元素的分离和对物质的阐明。"①

这就是他的工作?用人的手,他自己的手、眼睛和头脑,从不可穿透的混沌世界找到一个开端?没有人能说牛顿没有热情:这是痴迷者的呼唤,是沙漠中变得疯狂的隐士在梦里的圣餐中的放纵。但是除去这种模仿上帝的近乎骄狂的自矜,人们看到的是牛顿的极大雄心:模仿一种近似神的行为,提供一种无可争议的物质证据,来证明自创世时起一直到现在,上帝一直在起作用。

牛顿知道所有的理论推导、所有的神学论证、所有的太阳系完美构造的间接证据,它们都比不上一次神的精气此时此地把一种金属转化为另一种金属的实际的物质性的证明,如果牛顿能够发现上帝把一种基础混合物转化为金子所使用的方法,那么他就会明了——而不仅仅是相信——万王之王的确是在亘古不变地主宰着世界。

8 "这样你可以让它无穷增殖"

有一幅很有名的牛顿任职时期的三一学院的绘画,画的前景是学院的大门口,有两个人在谈话,旁边一对狗在争斗。学院一些教员在巨庭的小径上散步,校园的西北角有一个人在生着一小堆篝

---

① 此处牛顿的叙述被转引自 Jan Golinski, "The Secret Life of an Alchemist",参见以下珍贵的文集:*Let Newton Be!,* edited by John Fauvel et al., p. 160。

火。那座建筑看着很熟悉，和现在的差不多，但画上的一个细节现早已不见了：在学院教堂唱诗班的后面，紧靠牛顿居室的地方隐藏的一个小屋。几乎可以肯定，这个局促的小黑屋就是牛顿安置他的炼金术实验室的地方。①

牛顿的炼金实验始于1668年，在此后的二十五年间，他把相当多精力花在了这方面。他不事声张地工作着，秉持着炼金术一贯的保密传统。当波义耳宣布他打算在皇家学会的《哲学学报》上发表他的一些结果时，牛顿对他这种不信守保密传统的行为感到吃惊。②他的小心是有理由的，本·琼森的嘲讽表明，炼金术在外行人看来与造伪币差不多。事实上这种实验是违法的，即违背了英国的《反增殖法案》，1689年波义耳本人曾策划废除这一法律。③而在牛顿看来更糟糕的，是把可能属于上帝的——因而是法力无边的——秘密透露给世俗大众的这种想法。如果波义耳描述的工艺的用途超过了给金子加热，他的描述就会"给世界带来无穷的危害"。牛顿补充说，或警告说："我祈求造物主的智慧能够说服其保持高尚的缄默。"④

从所花费的时间、精力和实验室试验的精确度来看，牛顿是历史上遥遥领先的有经验的和系统化的炼金术士。其他大多数文雅的炼金术士，连同波义耳在内，只是依赖助手们去干工作中那些肮

---

① 这幅画的作者是 David Loggan，出自其1690年出版的作品 *Cantabridgia illustrata*。
② "Of the Incanlescense of *Quicksilver with Gold*"，转引自 B. R. [Robert Boyle]，*Philosophical Transactions of the Royal Society* 10 (1676), pp. 515-533。
③ Act against Multipliers，此法案颁布于1404年亨利四世统治期间，它规定"今后禁止制造黄金或白银，或使用制造金银的工具；从事以上活动的人将被处以重罪"。牛顿在1691年8月2日致约翰·洛克的信中指出了波义耳在废止这一法案中扮演的角色，参见 *Correspondence 2*, p. 217。
④ 牛顿于1676年4月26日写给亨利·奥尔登堡的信，参见 *Correspondence 2*, p. 2。

脏的活,而牛顿则是亲自动手完成那些烦琐程序,打磨、混合、灌注、加热、冷却、发酵、蒸馏,以及其他所有所需操作,他甚至自己动手设计和建造用于进行炼金术反应的炼炉。①

最重要的是,他所要求的实验准确度超过了所有其他炼金士所企图达到的水平,他狂热而全身心地致力于实验的精确水平。汉弗莱·牛顿曾这样描述那种连续的、几乎是工业式的操作:"春天有大约六个星期,秋天时也有六个星期,实验室里的火不论白天还是黑夜都燃烧着,他熬一夜,我熬另一夜,直到化学试验完成。"对于每项试验,他都以格令②为单位记录每种反应物的数量,而生成物的计量则以他仪器所能达到的最大精度为准。③汉弗莱说,只要需要,牛顿就不厌其烦地反复实验,从不在乎热、火焰以及化学试验常常出现的那种呛人的烟雾。在整个过程中他从来没有违背保密的准则,即使是对他的仆人也不例外:"他的目的是什么,我从来无法知道。"④

1686年和1687年牛顿甚至两度中止了《原理》一书的写作,

---

① 牛顿参与设计和建造炼金术设备的例子参见牛顿为一些炼金炉所绘制的草图,被转引自 Richard Westfall, *Never at Rest*, p. 283;John Harrison 的作品 *The Library of Isaac Newton* 讨论了牛顿著作的目录及其含义;牛顿炼金术笔记中的记录令人惊叹。牛顿炼金术笔记主要见于剑桥大学国王学院的凯恩斯藏品(Keynes Collection),但人们通常由剑桥大学图书馆的文献 Add. Ms. 3975 开始了解牛顿从事的炼金术活动,此文献和牛顿绘制的示意图被收录于以下网址:http://webapp1.dlib.indiana.edu/newton/mss/norm/ALCH00110。此网站还包含牛顿的实验记录及牛顿对其他炼金术士所著作品的阅读笔记。Add. Ms. 3975 也记录了许多其他的炼金术实验。汉弗莱·牛顿记录的牛顿参与实验的过程, Add. Ms. 3975 和其他资料中牛顿自己的笔记充分证实了此处的论述。
② 格令(grain),英制最小的重量单位,约为 0.0648 克。——译者注
③ 欲了解牛顿从事纯粹、艰苦工作的惊人能力,及其对炼金术研究的精度要求(如同他在其他所有实验中的要求一样),Cambridge Add. Ms. 3975 提供了最方便的途径。
④ 汉弗莱·牛顿于 1727/1728 年 1 月 17 日写给约翰·康迪克的信, Keynes Ms. 135, pp. 2-3。

以便实现他在春天里与自己的火和坩埚的定期预约。从一定程度上看，17世纪80年代牛顿热衷的是金属转化的研究，1684年哈雷造访后他对物理学和数学的研究是仅有的分心旁顾，是对他真正倾心的工作的一种打断。① 他最终的确停了下来，那是因为《原理》出版后所带来的名声使他穷于应付。

此后，当他于1691年回到剑桥以后，波义耳死了，几星期之后洛克在写给牛顿的信里提到了神秘的"红土"，而在样本寄来之后，牛顿的心思又为炼炉所占据。

那年夏天他记录了一系列新的实验中的第一个，在随后的两年里他在自己的实验室里追寻波义耳的工艺，连续痴迷地工作着，这是他最后的重要尝试，试图诱使有活力的精气透露出把基础混合物转变为金子的秘密。

牛顿所写的每篇文稿都提示了他的思想活动，每篇都展示了一个局部，提供了一个快照。有一些，例如使他最终成就了《原理》的那些论文，使我们看到的是通常印象中的牛顿，使我们看到了有智慧、有逻辑、有激情的思想家，他或多或少有系统地工作着，摒弃那些不适用的陈旧观念，朝着随时间发展而变得越来越清晰的目标前进。

牛顿有关炼金术的论文则使人们看到了另一面。如同他一贯的风格那样，他以近乎书写狂般地执着写作着，写了又改，改了又写，直到能够准确描述他想要表达的思想。一项对他在完成《原

---

① Richard Westfall 指出了这个基本事实，参见 *Never at Rest*, pp. 359-361。如 Westfall 所述，若我们分析18世纪早期和中期牛顿花在炼金术研究和花在物理学研究上的时间，可以发现牛顿花在炼金术上的时间更长。但研究结果如何是另一回事，牛顿显然意识到相较于他到当时为止在实验室中所得的结果，《原理》阐述了另一种不同的自然秩序。

理》后和最后于 1696 年离开剑桥期间所写的论文的调查显示，牛顿亲笔写的有关炼金术理论和传统的论文至少有 17.5 万个英文单词，另外还有 5500 个英文单词的实验笔记。①

所有这些文字中透露人们所熟悉的牛顿的某些影子。他于 17 世纪 80 年代开始撰写《化学索引》(*Index Chemicus*)，90 年代初定稿，全文共有 93 页，900 多个词条，从"Abaranaos Anarld"到"Zengiufer"，是最全面的化学思想、作者和概念的名录，从古代的，也许纯属传说的化学奠基人，一直追索到中世纪的发展者，包括与牛顿同时代一些人如波义耳的著作。牛顿准备从事某项研究时经常写这类的列表。

但接下去是《实践》(*Praxis*) 的撰写，它与《索引》的最后定稿时间相同。《实践》记录了牛顿对他的实验的意义的理解，其中由直接的实验记录——"锑与锡熔化 5 品脱卡里多（加热，熔化），加汞，不太困难；加 8 品脱形成汞合金非常容易"②——中引出了这样的段落："水星（汞）棒与两条巨蛇调和，使其附着其上……与金星结合。"

又如："因此这盐或红土是无翼的弗来默尔斯雄龙，当其被从原生土壤中提取后，它是构成太阳和月球的洗澡水的三种物质之一。"

又如："它是金矿石，或者磁石……是高度挥发的精气，或火

---

① Betty Jo Teeter Dobbs, *The Janus Faces of Genius*, p. 171. Index Chemicus: *Index Chemicus*, Keynes Ms. 30a, 可在以下网站找到：http://webapp1.dlib.indiana.edu/newton/mss/dipl/ALCH00200/。此文献的简要论述参见 Richard Westfall, *Never at Rest*, pp. 525-526, 详细论述参见 Richard Westfall, "Isaac Newton's Index Chemicus," *Ambix* 22 (1975), pp. 174-185。此文献 f. 16r 处参考了波义耳的著作，涉及金和"有生命的水"(aqua animam) 之间特殊的相互作用。

② Isaac Newton, "Experiments and Observations Dec. 1692-Jan. 1692/3", Portsmouth Collection, Cambridge Add. Ms. 3973.8, 被转引于 Betty Jo Teeter Dobbs, *The Janus Faces of Genius,* pp. 290-291。

龙,我们地狱的神秘之火。"①

这看来是满口的胡话,是梦中的呓语,这也(差不多)是剑桥大学图书馆评议会1888年的评语,当时评议员们拒绝了朴次茅斯伯爵(Earl of Portsmouth)捐赠的牛顿化学论文手稿,认为它们"本身没有什么意义"。但该评议会确也接收了朴次茅斯捐赠的不少东西,包括《化学索引》。这里的区别很简单:真正的牛顿、正式的牛顿,所做的是按精确的比例把锑和汞化合,仔细地记下所得的结果。另一个牛顿则是被放置于阁楼上的尴尬大叔,以防其蹒跚于特兰平顿大街,无所顾忌地嘟囔着无翼的龙、地狱的火。②

但是,当然,在实验室笔记本上做记录的化学学者牛顿与琢磨太阳和月球的洗澡习惯的牛顿是同一个人,那个人在绝大多数时间里不是一个精神病人。《实践》中的语言只有当把它们从其背景中抽取出来时才看起来是含混甚至古怪的。1693年牛顿一直在全力履行一个化学家的责任,以防那些世俗人士了解这些知识,它们有太大的威力,不是随便一个人都可以受到信任去掌握的。《实践》文稿是手写的,从未打算出版,它要求那些少数经过挑选的读者也

---

① Isaac Newton, *Praxis,* Babson Ms. 420, Sir Isaac Newton Collection, Babson College Archives, 被翻译和转引于 Betty Jo Teeter Dobbs, *The Janus Faces of Genius,* pp. 293-305。此处引用的段落参见 pp. 299-300。

② 牛顿文稿的历史在牛顿项目(Newton Project)的网页上有概述:http://www.newtonproject.ic.ac.uk。如该网站所述,在经济学家凯恩斯(John Maynard Keynes)于1936年从著名的(对牛顿研究者来说是这样)苏富比拍卖行购得现存的大部分牛顿炼金术手稿之后,人们开始复原牛顿参与炼金术的历史。凯恩斯撰写了第一篇关于牛顿参与炼金术研究的重要论文,由此打破了两个世纪以来人们对于这位自然科学的奠基天才的想象。然而,凯恩斯并没有得到《实践》的手稿。Charles Babson,一位对牛顿感兴趣的来自美国华尔街的资本家在拍卖中战胜了凯恩斯——这就是此手稿现存于马萨诸塞州巴布森学院图书馆的原因。

一同沉浸于实践之中，领会炼金术传统的私有语言。对那些能够读懂金星溶剂和智者之盐背后含义的人来说，这部文稿的确深刻地揭示了1693年晚春时牛顿认为自己所领悟的东西。

6月时牛顿确信他已发现了某种极为重要的东西，那是受波义耳曾提示洛克去寻找的东西的启发。波义耳的著作中暗示，有一种炼金术士所称的发酵（fermentation）的工艺，它可以把含有金种子的基础混合物转化为整块的贵金属。

一旦除去了那些残存的疑惑，牛顿就开始追索波义耳所暗示的那种发酵工艺，他称之为炼金术探索的"湿法"（wet way）。当他感到自己就要有所发现的时候，就更加速了步伐，后来就像被链子锁在了炼炉旁，以汉弗莱·牛顿大约十年前所看到的那种炼金术士的疯狂，一次又一次地反复做着实验。

之后他歇了下来，在《实践》接近末尾的一个段落中，他记述了自己所做的事情，他列出了一连串让人目眩的步骤，用硫黄、汞及其他几种化合物做化学反应试验，生成了一系列物质，对其中一种黑色粉末牛顿这样描述道："我们的冥王星，愤怒的上帝或土星，在镜子里看着自己。"在后来的一个段落里他又写道："混沌世界……那是空洞的橡树，"继而又写道，"格林·莱昂（Green Lyon）的血。"隐藏在这些光怪陆离的形象之后的每个环节，每个化学生成物，都使牛顿更加接近于实际的目标，能够使物质从一种转化为另一种的最后生成物。最后他写到，他成功了，炼出了传说中的"古代人的石头"。

接下去牛顿不再使用离奇的语言，直接记录了随后发生的事情，"把这种石头和金属熔合在一起放置一天，用太阳（金）和月亮（银）使之发酵，然后把它们投射到金属上"。这个阶段，即

"石头本身的增殖",产生了一种催化剂,它是几千年炼金术探索的最终目标。牛顿接着写到,一种神秘色彩又回到了他的散文中:"由此可用汞使其在数量上增殖,用石头与三个以上的鹰(水银)化合,加上同样重量的水,如果你设计的是金属,每三份金加一份石头……这样你可以让它无穷增殖。"①

哲人之石。法力无边,知识无限。炼金术士的梦想终于实现了。《实践》的最后讨论了他新生成的哲人之石"是否就是混沌世界的精髓物质,即那种构成人和整个世界的物质"。② 现在牛顿终于得到了,或者说他认为自己得到了,几十年炼金的辛劳中如饥似渴寻求的东西:与上帝的直接沟通。当然在他的全部著作中他都在寻找同样的东西,用爱因斯坦的话说,牛顿想知道上帝在创造世界的时候做了什么样的选择。更深一步说,随后到来的是什么,在物理的时空宇宙中,神的力量在做着什么。这里,他认为他最后找到了答案:通过在实验室的工作台上增殖金子,他终于实现了"对上帝在这个世界上的意志的模仿"。这是牛顿,也只有牛顿自己,在人间窥视到了上帝行为的机理。

牛顿对他的这一洞察秘而不宣,另外或许有一两个人读过《实践》的原本,然而无人知道他是否曾把最后的原本公示于人。随着波义耳的去世和洛克发誓保持缄默,牛顿的结果——不管他真的取得了什么——只有由他本人去沉思冥想了。

---

① Isaac Newton, *Praxis*,转引并翻译于 Betty Jo Teeter Dobbs, *The Janus Faces of Genius*, pp. 301-302, 304。上一处引用的段落被转引于 Richard Westfall, *Never at Rest*, p. 530。如 Dobbs 所译,在其最终版本中,牛顿放弃了其对无穷增殖的论述,仅写道"你可以使它大大增加"(p. 304)。

② Isaac Newton, *Praxis*,转引并翻译于 Betty Jo Teeter Dobbs, *The Janus Faces of Genius*, p.305。

9 "我常常在火边就睡着了"

大约有一个月的时间,牛顿似乎固执地相信,本着一种有道德的模仿上帝的做法,他能够把劣等物质转化为某种贵重物质。但他一直没有完成《实践》的写作,在写完了在他看来已经成功地生成金子的章节之后,他又写了有关两个以前的炼金术士的评论,接着就停了笔,似乎是中途打断了思路。① 他没有再以同样的激情重操炼金术旧业,春秋两季定期到实验室完成任务的习惯,1693年中期以后便停止了。1695年和1696年他做了一些实验,以后又写了一些有关炼金术探索的零散笔记,但自1693年的鼎盛期之后,他再没有以早先那样的热情工作过了。不知何种原因——他从来没有告诉别人是什么使他有了这样的确信——他意识到自己并没有掌握物质转化这种神的领域的秘密。接着,或许出于对此事的反应,或者至少是顺次发生的,他的精神崩溃了。

6月初的那些天里,牛顿神志不清,谵妄呓语。5月30日他提笔给欧洲的主要科学杂志《学术杂志》(*Acta Eruditorium*)的编辑奥托·门克(Otto Mencke)写信,信在一个句子的中途中断了,那看来是一个问句的结构,"什么(Quid)……"②,接着是沉默,将近四个月的沉默。

在那段时间里,牛顿由炼金最后日子里的狂热变为失落的沉默,

---

① Isaac Newton, *Praxis*,转引并翻译于 Betty Jo Teeter Dobbs, *The Janus Faces of Genius*, pp. 304-305。
② 牛顿于1693年5月30日写给奥托·门克的信(草稿),参见 *Correspondence 3*, pp. 270-271。牛顿于1693年11月22日确实写成了一封信并寄给门克,参见 *Correspondence 3*, pp. 291-293。

在那失踪的几个月里究竟发生了什么,牛顿几乎没有留下一点暗示,但他透露了自己的失眠,"脾气改变",他说他记不起几天或几星期以前思考或写过的东西。① 给人的印象是他患了典型的抑郁症,那种痛苦足以使人消磨得失去自我意识。9月里,牛顿重新出现了,但是他最初试图与外界恢复沟通的尝试,也更使人感到这一被认为是那个时代最伟大的头脑的某种可怕的扭曲。9月13日他给塞缪尔·佩皮斯发了一个语调悲戚的便笺,佩皮斯在任皇家学会会长期间授权了《原理》的出版。"我从未打算借助你的地位得到什么好处,"牛顿写道,"而我现在意识到我必须中断与你的交往,不再见你和我的其他朋友"。佩皮斯的过错显然是他把牛顿推荐给了遭人唾骂的詹姆斯国王——在斯图亚特国王出逃六年后,牛顿仍对此怨气未消——但是牛顿没有再往深里说,"十二个月来我寝食不安",这间接承认了自己炼金热带来的过度疲劳。他又写道,更糟糕的是"我所卷入的事情使我痛苦不堪",使他失去了"以前那种头脑的协调性"。②

给佩皮斯的信表明牛顿还保持着足够的清醒,能够承认自己遇到的麻烦和追索其原因。但是三天以后在他给洛克写的另一封信中显示了一种妄想狂的状态:"我感到你是在让我与女人纠缠在一起,"牛顿写道,"这件事如此深刻地影响了我,因此当有人告诉我你病了,不久于人世了,我回答说,你死了会更好些。"③

但是几个月后他又给洛克写信,好像是承认自己一时失去了理智并加以道歉。"去年冬天以来我常常在火边就睡着了,"牛顿写道,"我养成一种不好的睡眠习惯,脾气暴躁,这使我越来越失

---

① 牛顿于1693年10月15日写给约翰·洛克的信,参见 Correspondence 3, p. 284。下文详细引用了此信的内容。
② 牛顿于1693年9月13日写给 Samuel Pepys 的信,参见 Correspondence 3, p. 279。
③ 牛顿于1693年9月16日写给约翰·洛克的信,参见 Correspondence 3, p. 280。

调。"因而,"在我给你写信的时候我已有两星期每天睡觉时间不到一个小时,有时五个夜晚不曾合眼"。他似乎在请求原谅,虽然他说不清楚为什么,"我记得我曾写信给你",但他承认,"我记不得"信中说了些什么。①

与此同时,大陆的学者们开始得了暗示,有些事不对头了,嚼舌的人开始惹是生非,谣言传到了克里斯蒂安·惠更斯的耳朵里,说是牛顿疯了,已有一年多没露面了,原因是过度工作和失了火,把实验和一部分论文烧掉了。惠更斯把这些消息告诉莱布尼茨,莱布尼茨又告诉了他的朋友们。② 每往下传,牛顿的境况就变得更差,直到1695年阿尔特多夫大学的约翰·斯特姆(Johann Sturm)教授又把失火的故事传回给英国的记者,现在火已经大得不但烧毁了一个棚子和一些笔记,而且烧毁了牛顿的房子、实验室以及所有财产。斯特姆描述了看来是大陆人士的共识:这位当前时代最伟大的哲学家"头脑严重受损,这使他身体极为虚弱"。③

失火的事看来纯属杜撰,它是对《原理》的作者为什么会神志不清到连自己的书也认不出来(这又是谣言)的地步的最合逻辑的机械论解释。牛顿在知识界的对手们迫不及待地宣称,他们中的这位巨人已经倒下。这话虽然过于夸张,但牛顿的身心依然十分虚弱是事实。

---

① 牛顿于1693年10月15日写给约翰·洛克的信,参见 *Correspondence 3*, p. 284。牛顿说他不记得他在先前的信中就洛克的书说了什么;他曾经为以下原因写信给洛克请求原谅:"由于我指出,你用你自己作品中提出的原则摧毁了你的道德根基……以及我认为,你是一个霍布斯主义者。"牛顿(很可能洛克也是一样)认为被归为霍布斯主义者与迎合统治者一样卑劣,这是一个有趣的细节。

② 参见 Richard Westfall, *Never at Rest*, p. 535。Westfall 从惠更斯写给其兄弟的信中和他的日记中找到了这些闲言碎语。

③ John Wallis 于1695年5月31日写给 Richard Waller 的信,参见 *Correspondence 4*, p. 131。

究竟发生了什么事？牛顿的神经错乱从时间、地点和情绪的逻辑来看无疑与其炼金术研究的结果有关。但是在这个复杂事件中还有一个因素，一个牛顿从未讨论过的事情：他的一次最接近于浪漫恋情的感情生活的终结。

围绕牛顿的感情生活——可能还存在一段性关系——有很多谜团。他性情暴躁，容易怀恨于人，胡克和莱布尼茨只是他嫌恶的人中著名的两个。他难于交友，特别年轻的时候，他看来也不在乎由此造成的孤独，他不是一个爱交往的人，从未结过婚，毫无疑问他很谨慎，故有传说说他是思想上的半神的冷血英雄——用哈雷的话说，"没有任何人像他那样接近于神"。①

但是抛开当时以及后来的所有这些吹捧，牛顿毕竟是人，有人的伟大情感——不论是温情还是敌意，是忠贞不渝还是毫不宽容的蔑视。至少在人生中，他曾感到和另一个人有一种比单纯的友谊更紧密的关系，那个男子就是年轻的瑞士数学家尼古拉·法蒂奥·德迪勒（Nicholas Fatio de Duillier）。

在1689年6月12日皇家学会的一次会议上，时年25岁的法蒂奥与牛顿相识。惠更斯被安排在那次会议上讲话，而牛顿的到来是要听听这位在智力上最可与他匹敌的人说些什么。那晚上的某个时刻他被介绍给了这位年轻人。

法蒂奥的可爱之处颇多。一幅未注明日期的画上显示着一个英俊的甚至可以说仪表堂堂的男子，一双闪亮的大眼带着挑逗的微笑。他不仅外表漂亮，还是一个有能力至少在《原理》中找出一处错误的数学家，而且他在考虑自己动手来编该书的第二版。他也很

---

① Edmond Halley, "Ode to Newton"，此文为首版《原理》的序言。此句的拉丁原文为："*Nec fas est propius mortali attingere divos.*"

明智地意识到不要过分地自作聪明。如他对惠更斯所表白的，尽管他能在那部伟大的著作中找出一两处错误，但是"当我看到牛顿先生的成就时，我惊呆了"。①

更巧的是，他是牛顿天生的追随者。在相识之初，刚刚回到剑桥的牛顿写信给法蒂奥说，他要重返伦敦去见他。法蒂奥回信说："我曾想到剑桥去看你，但你写信说要到这里来，我当然十分乐意。"何止是高兴，事实上法蒂奥正在以自己的方式模仿心中的英雄，他试图对牛顿关于物体间相互吸引的观念给出自己的新解释。"我的引力理论，"他写道，"我想是无人能反驳的，对于它的正确性我坚信不疑。"但他是什么人，当大师就在身边时，竟出此狂言？"当你看到了，你会有自己更好的判断。"法蒂奥对牛顿如是说，他并没有失敬之处。（事实上牛顿的另一个朋友、数学家戴维·格里高利曾报道说："牛顿先生与哈雷先生对法蒂奥先生解释引力的方式感到好笑。"）法蒂奥称自己不但是牛顿"最谦恭最忠顺的仆人"，而且愿意"全心全意地"为牛顿服务。②

牛顿变得神魂颠倒了。1689年夏天过去之后，他决定下一次去伦敦访问时要和法蒂奥住在同一幢房子里。1690年3月，两人在一起足足待了一个月的时间，法蒂奥成了牛顿的秘书和《原理》的修订改稿人。③ 在二人相识不到半年时，牛顿与法蒂奥单独为伴

---

① 法蒂奥找到的错误位于《原理》第二卷，内容有关水从水槽底部的洞流出时的水流状态，这个错误在一份有关法蒂奥给惠更斯的信的笔记中有所说明，参见 Correspondence 3, pp. 168-169。法蒂奥在1691年12月18日写给惠更斯的信中诉说了他编写第二版《原理》的计划；此信及法蒂奥对牛顿数学成就的肯定都被转引于 Richard Westfall, *Never at Rest*, p. 495。

② 尼古拉·法蒂奥·德迪勒于1689/1690年2月24日写给牛顿的信，参见 Correspondence 3, pp. 390-391。

③ Richard Westfall, *Never at Rest*, p. 496.

的时间已经超过了他以前和以后的任何伴侣。

这次亲密接触结束得也快，不久法蒂奥回到了荷兰，惠更斯6月里也回去了，法蒂奥一走便是15个月，距离之远看来已使牛顿关注不到他，至少牛顿在给洛克的信中抱怨说，法蒂奥已有几个月悄无声息了。[①]

尽管如此，当法蒂奥1691年重返英格兰时，牛顿立刻赶到了伦敦。在随后的一年半时间里两人定期地接触，那时牛顿经常到首都来，同时至少有一次他在剑桥自己的住所里接待了法蒂奥。他们仍然谈论自然哲学，但他们的关系和关注中心转移了，他开始向法蒂奥讲述他只有向波义耳和洛克以及或许其他几个朋友才透露的秘密，牛顿对这位年轻人器重的最明显标志是，他向法蒂奥敞开了他最隐秘的思想，他把法蒂奥引为他炼金术的助手。

在17世纪90年代初的那段日子里，法蒂奥密切地追随他的导师牛顿探索宇宙的秘密角落。在对法蒂奥的情感最深的那个时期，牛顿正给《化学索引》继而又给《原理》做定稿工作。两部著作牛顿都可能想——至少是部分地——作为献给个人的文本，由有史以来第一位也是最伟大的真正量化的炼金术大师为其挚爱的弟子而作。

关于法蒂奥自己的炼金术研究情况，现存的资料很少，不过1693年春季他寄给牛顿一份记述了他用水银与金子进行反应的试验报告，那篇报告反映出牛顿坚持要有可靠的实验室程序。法蒂奥描述了所使用的仪器："一只木研钵，杵要大到几乎完全充填研钵"，他指出要除去备料里的杂质，他尽可能精确地描述了反应的

[①] 牛顿于1690年10月28日写给约翰·洛克的信，参见 *Correspondence 3*, p. 79。

过程，以及混合物颜色的改变，"物质生成一个树状结构"。①

他的模仿是为了讨好牛顿，所遵循的完全是牛顿以前做的那些事情——除了在炼金术方面的粗浅尝试外，还有对引力意义的无益的解释，他追随牛顿探索《圣经》中的《创世记》，记述关于预言的解释、亚当的诱惑和"巨蛇与罗马帝国"②。这些都是在模仿牛顿探索过的论题，是牛顿的韵律和声音的回响！这是一个人们熟悉的场景，一个古老的场景：一个英俊有才气的年轻人，渴望一位年长强者的眷顾，聆听他充满爱心的教诲。

事情没有持续下去。

法蒂奥首先动摇了，1692年秋天他病了，他向牛顿描绘了恐怖的图景："我几乎没有希望再见到你了。"他最后一次来剑桥时得了重感冒，侵入了肺部。祸不单行，接着又好像出现了肺溃疡破裂，发烧，头脑的意识不清加重。他提醒说，真的可能不行了，但他还没有去看大夫，"他可能能救我的命"。万一发生不测，一位朋友"可以告诉你我发生了什么"。③

牛顿焦急万分地回了信，提出建议和表达关切，"我……收到你的信，我无法描述它对我的影响。"他还下令说："快，快去找医生诊治，千万别贻误了时机。"他也不容推辞地说："你如果需要钱，我可以提供。""我为你祈祷，祝愿你早日康复。""关爱你的、

---

① 尼古拉·法蒂奥·德迪勒于1693年4月10日写给牛顿的信，参见 Correspondence 3, pp. 265-266。
② 尼古拉·法蒂奥·德迪勒于1692/1693年1月30日写给牛顿的信，参见 Correspondence 3, pp. 242-243。
③ 尼古拉·法蒂奥·德迪勒于1692年9月17日写给牛顿的信，参见 Correspondence 3, pp. 229-230。

忠实服务于你的朋友。"①

第二天法蒂奥又回了信,对朋友的关心表示感谢:"再次向先生表示诚挚的感谢,感谢你为我的祈祷,"他写道,"也为你对我的关爱。"他前一封信的报告发出的显然是错误的警报,是法蒂奥自我夸张性格的凸显,但他的变调似乎也另有原因,现在他的语调不但远没牛顿那样迫切,而且也完全失去了二人友谊结交之初的那种如饥似渴。法蒂奥的态度谦恭有礼,甚至可说是优雅,落款是他的朋友的"最卑微、最恭顺、最心怀感激的仆人"。②但这不过是陈规套话,更多的是出于礼貌而非内心的真实感受。

牛顿感觉到了这种变化。记录上仅有的一次,他承认了自己的依恋、恐惧和渴望。他开始乞求。他提出伦敦的污浊空气可能损害了他朋友的健康,解决的办法是到剑桥来,"改善你的康复并节约费用,直到你能够康复,我迫切地希望你能回到这里"。③牛顿说他将提供钱款、住房、护理等凡是能够使他的伴侣恢复健康——以及欢心——所需的一切。这些劝诱都没有使法蒂奥为之心动,但他仍然给牛顿留下了一线希望。他回信说他已决定回瑞士去,又冷漠地询问道:"我很想知道,在我走之前你是否有机会到伦敦来。"

不过他又暗示他可能重返英国,如果他回来他可能定居在剑桥。"如果你希望的话我可以去那里,"法蒂奥写道,"我愿意这样做。"④

---

① 牛顿于1692年9月21日写给尼古拉·法蒂奥·德迪勒的信,参见 *Correspondence 3*, p. 231。
② 尼古拉·法蒂奥·德迪勒于1692/1693年1月30日写给牛顿的信,参见 *Correspondence 3*, pp. 231-233。
③ 牛顿于1692/1693年1月24日写给尼古拉·法蒂奥·德迪勒的信,参见 *Correspondence 3*, p. 241。
④ 尼古拉·法蒂奥·德迪勒于1692/1693年1月30日写给牛顿的信,参见 *Correspondence 3*, pp. 242-243。

他又补充说，这样做还有其他原因，不仅仅是为了省钱。牛顿对这种意愿的表达心领神会，较为冷静地接受了法蒂奥就要出行的消息。"能够寄希望于你的温馨陪伴我就已经应该满足了，至少在某个时期里"，他以"忠心不渝地"作别，期待他们的再会。①

意见的交换就此暂停了。两人又就一些小事互通了信件，法蒂奥忘了带走一盒尺子、几本书，等等。牛顿不断恳求在剑桥重逢，而法蒂奥一会儿说要来与他的朋友相聚，一会儿又显示他一贯的专注于自我的秉性，例如他写到，他计划做一次痔疮手术，"除去这个赘疣……它一直困扰着我"。②

此后法蒂奥突然宣布改变了计划。5月里，也就是在他最初发出可能和牛顿在一起或在附近定居的暗示的五个月后，他宣布自己"有了新相识……一个善良正直的人"。这个新朋友也是一个炼金术士，一个制造汞化合物的专家。他说这位专家能用一种冲剂治疗肺病，"他免费赠送"这种冲剂。因此他对牛顿说，不用再为他的健康担心了，因为那个好心人能够免费为他治疗。"先生，我现在不再需要钱了，也不再需要你的药粉了，不过真心地感谢你为我提供的这两样东西。"③

怕牛顿不明白他的意思，法蒂奥在信里又谈到他朋友的神奇药物，宣布他自己打算学医，以便可以自己卖这种冲剂。继而又大胆地提出牛顿或许愿意成为他的企业合伙人。信中没有提到剑桥，也没有提到比邻而居的住房，以及师徒可以一同进行的炼金工作。他

---

① 牛顿于1692/1693年2月14日写给尼古拉·法蒂奥·德迪勒的信，参见 Correspondence 3, p. 244。
② 尼古拉·法蒂奥·德迪勒于1692/1693年3月9日写给牛顿的信，参见 Correspondence 3, pp. 262-263。
③ 尼古拉·法蒂奥·德迪勒于1693年5月4日写给牛顿的信，参见 Correspondence 3, pp. 266-267。

的确也表示，如果牛顿到伦敦来，他很愿意见他。如果见面不成，他将会心怀对他曾以全心相许的人的"衷心景仰"。①

对此牛顿没有答复，以后所知的留在他手里的稿件就是那个中止于疑问词"什么……"的信件。

是牛顿的心碎了吗？有可能。是的，在他漫长人生的其他时候，他从未显示过像在给法蒂奥的信中显露过的那种迫切。他对可能失去的爱恋对象的暗示所感到的那种恐慌以前也从未有过。牛顿更习惯的做法是从他相识的人中去掉一些人，而不是去追求什么人。

法蒂奥和牛顿是恋人吗？没有人知道。多半可能不是，如果从牛顿人生其他时期的行为来判断的话。除了和法蒂奥本人的通信外——其中总是用一些十分规矩的男人表达感情的用语——在他的通信中从没有可被看作恋爱的信件。在整个一生中，若说有承认自己情欲的地方，那便是在他年轻时述说自己恶行的记录中，除了承认一次在教堂中因为一个虱子而走神和曾有过杀死自己母亲的念头外，他还承认自己"曾有不洁的思想、语言、行为和梦境"，曾借助"不合法的手段使我们解除困扰"。②

这些几乎就是牛顿与性欲有关的全部，在他账目的支出项中从来没有妓院，只有几次下酒馆和饮酒的记录。他的信中从未提到过肉体的需求，他的私人文件中所显示的只是一个基本上可说是没有性欲的形象。这个每日早晨独自醒来、每日夜晚孑然睡去的人是否曾有过渴望过另一个人——无论男人或是女人——触摸的时候？对于自己或其他任何一个人，他似乎从来没有承认过这一点。

---

① 尼古拉·法蒂奥·德迪勒于1693年5月18日写给牛顿的信，参见 *Correspondence 3*, pp. 267-270。

② Isaac Newton, Fitzwilliam Notebook, pp. 3r-4v, 参见"牛顿项目"（The Newton Project）网站：http://www.newtonproject.sussex.ac.uk。

总之，有关牛顿意念中的性生活的问题是一个不靠谱的问题。他写给法蒂奥的信，以及那个更年轻、更俊俏的男士的回信，揭示的是对某种亲密行为——情感上的亲近，可能涉及也可能不涉及肉体——的明显而又颇为伤感的渴求。在为期一两年的短暂时期里，牛顿所感受的似乎就是这样一种感情。

法蒂奥与牛顿分手后就消失了，他再次出现时是在沃本修道院（Woburn Abbey），给本福德公爵（Duke of Bedford）的孩子做家庭教师。他再没有重居欧洲知识界新星的地位，也再没有什么数学上的创见。最终他成为一个悲剧式人物，耽迷于宗教的狂想，靠向朋友索要些小钱度日，其中也包括牛顿，1710年他向牛顿索要了30英镑。①

但是在与法蒂奥分手的那段时间里牛顿感受了更多的痛苦。那时没有人清楚他为什么崩溃了，他曾有过患抑郁症的历史，从小时候曾有过的哀叹（"我不知道该干些什么"②）到17世纪70年代，他经历了一个很长时期的离群索居。但那些事件的前后相续是很明显的。牛顿的危机是紧接着他对其朋友的情感崩溃而发生的，加上他所承认的炼金术探索的失败，1692年五六月间他成了一块焦土，万念俱灰，充满了愤怒、悲伤、寂寞——其中每种情绪都可能是这些打击的反映，而牛顿遍尝其苦。

夏天过去了，但牛顿似乎根本没有注意到。9月到了，他开始辱骂和发泄怨气——那些信口而出的攻击针对佩皮斯和洛克。佩

---

① Richard Westfall, *Never at Rest*, p. 539.
② 牛顿的拉丁文练习本，私人收藏，被转引于 Frank Manuel, *A Portrait of Isaac Newton*, pp. 57-58。

皮斯没有回应①，假装没有注意到他的这位伟大朋友的崩溃。洛克给予了答复，他虽然受了伤害，但仍宣称："我真诚地热爱和尊敬您……我仍对您怀着善意，就好像没有发生任何事情。"②转眼到了10月，牛顿失调的大脑开始慢慢有了条理。他向洛克表示歉意，他的朋友原谅了他。11月份牛顿完成了他6月份中断的书信，最后精明的老佩皮斯出面了，对老朋友的古怪行为未置一词。相反他提出一个赌博者们最感兴趣的问题：在某个掷骰子的游戏中谁赢面最大？

牛顿知道这些话中的含意，他回信道："我很高兴……能有机会为你或你的朋友们效劳。"他还说他希望做更重要的工作，但他还是首先分析了对方所提出的问题，告诉佩皮斯如何去掷他的骰子。③

由此，牛顿的康复逐渐巩固了，他恢复了和朋友们的交往，和几个年轻的同事特别是戴维·格里高利和埃德蒙·哈雷在工作中往来密切。法蒂奥成了他的旧相识，二人的确偶有通信，1707年的一次通信主要讨论的是法蒂奥对正在伦敦传布的一个天启的宗教复兴的兴趣。但这只是远距离的行为，在牛顿后来写给法蒂奥的信中，再也没有显出一丝一毫与之交往的兴趣。

---

① 塞缪尔·佩皮斯确实曾写信给约翰·米林顿（John Millington）询问牛顿到底怎么了，他担心牛顿"头脑或精神烦乱，或两者皆乱"。（佩皮斯于1693年9月26日写给米林顿的信，参见 *Correspondence 3*, p. 281。）米林顿回信说他去看望过牛顿，牛顿说他在"使他失眠五个晚上的精神错乱中写了那封信"。米林顿附加道，牛顿希望为自己的鲁莽行为请求佩皮斯的原谅——这个回复使佩皮斯很满意。（米林顿于1693年9月30日写给佩皮斯的信，参见 *Correspondence 3*, pp. 281-282。）
② 约翰·洛克于1693年10月5日写给牛顿的信，参见 *Correspondence 3*, p. 283。
③ Samuel Pepys 在1693年11月22日写给牛顿的信中提出了这个问题，参见 *Correspondence 3*, pp. 293-294。牛顿几乎立即就回了信，参见牛顿于1693年11月26日写给塞缪尔·佩皮斯的信，*Correspondence 3*, pp. 294-296。

1693年的冬季来了又去，1694年的整个春季牛顿忙这忙那。他写了一篇很长的有关正确教育男孩子的记事，同时要对付那些在他从母亲那里继承的地产上的难缠的租户。他做了一些有关积分问题的笔记。① 他开始了为月球运动做完整解释的长达一年的工作，以便解决有关地球、太阳、月球相互作用的声名狼藉的"三体难题"。

有关月球的计算做得很漂亮，不过牛顿最终（正确地）得出结论说，他未能找到答案。他仍然是一位杰出的数学家，1697年他的能力受到了考验，当时约翰·伯努利②提出了两个相关问题，那是对当时优秀数学家们提出的挑战。1月29日牛顿才收到了两个问题中第二个的副本，当时是下午四点钟。到第二天清晨四点时，他把两个问题都解决了。他把计算寄给了伯努利，没有署名。但是难逃伯努利的慧眼，他认出了这项工作背后的头脑——"因为狮子以其爪迹为人所识"。③

不管是优秀还是伟大，这项工作与牛顿以前所取得的成就相比是微不足道的。要求任何一个人完成两部《原理》是不公平的。他仍然在完成大量的工作，但越来越多地集中在历史、《圣经》批判和对古代预言的分析方面。他的突破可能促成了重心的转移，但是简单的事实是，时间在迁移。很少有富于创造力的科学家能几十年一贯地做着最高水平的工作，而牛顿从20岁出头就在科学发现的前沿工作着，到1694年圣诞节时他已经51岁了。

---

① 牛顿于1694年5月25日和26日写给Nathaniel Hawes的信，参见 *Corresp-ondence 3*, pp. 357-368；牛顿于1694年6月写给E. Buswell的信，参见 *Correspondence 3*, p. 374；以及牛顿1694年7月的手稿，参见 *Correspondence 3*, pp. 375-380。
② Johann Bernoulli，1667—1748，瑞士著名的数学家家族伯努利家族中的一员，以对微积分的卓越贡献以及对欧洲数学家的培养而著名。——译者注
③ Richard Westfall, *Never at Rest*, pp. 582-583. 牛顿的侄女凯瑟琳·巴顿（Catherine Barton）说牛顿只花了12个小时就解决了这两个问题。

一年又过去了，学年日历在不断地翻页。牛顿仍居住在三一学院，虽然并非出于厌烦，但已不是整天地工作了。有传说他要调走了，更舒心的工作最终会促使他离开大学，这里的生活对他的吸引力越来越小了。可是一直没有什么动静，终于 1695 年 9 月从伦敦来了一封不寻常的信，那是询问他是否愿意担当一个与他本行完全不同的工作："艾萨克·牛顿先生是否有意考虑一项关系国计民生的事情呢？国家应如何解决银币日益短缺的问题？"

第四章
新督办

10 "整个国家的崩溃"

财政大臣威廉·朗兹（William Lowndes）正在被一个连年恶化的问题困扰，至少有五年了，凡是留心的人都会注意到，英国的货币出了某种问题，特别是它越来越短缺。所有的银币，从半格罗特（2便士）到一克朗（5先令），都在蒸发。从17世纪80年代末期到90年代中期，这些硬币——国家日常商品交换的基本单位——的供应量在逐年减少。到1695年时，流通中合法的银币已经几乎见不到了。必须采取某种措施，朗兹的工作就是提出适当的行动方案。

他四处寻求帮助。1895年9月他写了一封信，向英国的智囊们征求意见。有一些明显的候选人：洛克1691年写了一系列有关货币和贸易的论文；建筑师和博学者克里斯托弗·雷恩爵士在1666年大火后当过英国教堂和圣保罗教堂重建的监理，在行政管理和预算方面有着广泛的经验；查尔斯·戴夫南特（Charles Davenant）是当时刚刚开始被称为政治经济学的那一学科领域英国的主要著述者之一,他曾身为国税监管人,管理过英国的关税。朗兹所接触的其他人也大多是这类名人:银行家乔赛亚·蔡尔德(Josiah Child)爵士是东印度公司的主要股东;约翰·阿斯吉尔(John Asgill)是一位律师;吉尔伯特·希思科特(Gilbert Heathcote)是新成立的英格兰银行的行长。但牛顿是何许人呢?

《原理》一书使牛顿成为英国公认最聪明的人,因此在国难当头时自然成为被求助者,而他没有财政管理方面的知识和市场经验也构成不了什么障碍,因为在现代经济发祥之际,经济学尚未作为一门正式的学科出现,那时也还没有经济学家这一特殊群体。事情就这样发生了,看来没有任何犹豫地,英国最伟大的自然哲学家第一次把他的思维转向了货币问题。

17世纪60年代初以来,皇家造币厂和财政部就一直为一些伪币制造者和硬币切削者对货币的破坏问题进行着争论。但是在斯图亚特王朝覆灭、威廉继位前后,一个新的危险出现了,那就是从英国到阿姆斯特丹、巴黎及更远地方的银币贸易。这一贸易的动力源于伦敦金银比价与大陆金银比价的差异。简单地说,在法国用一定重量的银块买回的金子比在伦敦用同样重量的银币买回的金子要多。大批精明的经营者看出这里有套利之机可乘:在英国收集银币,将其熔化成银锭,用船载过英吉利海峡去买黄金,用这些黄金再回到英国去买更多的银币。这是可以设想出的最接近于金融永动机的做法。

到了距威廉和玛丽加冕不到两年的1669年时,严重的银币外流使得议会不得不展开调查。尊贵金匠公司(Worshipful Company of Goldsmiths)——贵金属交易商同业会——的一些会员也请愿,要求政府协助防止其业务遭受他们所声称的毁灭性打击。他们说,仅在过去的六个月中就有28万2120盎司(1盎司为16克,16盎司为1磅)的银子被从伦敦运到法国和荷兰的金属商人的手里,用它们至少可以铸造55000英镑硬币，比皇家造币厂在过去五年里铸造的硬币总量还多百分之十。[①] 谁应为此负责呢？当然不是他们自己公司中的任何人！不，这些金匠指控的是对外金属交易商，特别是那些无处不在、利欲熏心的犹太人，"他们为了获利无所不用其极"[②]。

一个由理查德·雷内尔（Richard Reynell）领导的委员会成立了，其职责是调查金匠们的指控，5月7日雷内尔向下议院报告了调查的结果。请愿者们所说的是事实：银子确实在向英国境外流失，其原因很简单。英国银锭在大陆的价值与1盎司银铸出的足重合法的先令的面额差值并不大——1盎司银约差1.5便士，但据调查人员说，这个利润足以使得商人们把英国货币化为银锭拿到海峡对面去卖了。

在追究责任时，雷内尔比请愿者们要温和一些，虽然"犹太人为了获利大量出口（银子）……给工作的金匠们带来毁灭性打击"，但他承认"不但有犹太人，也有英国人，他们为了利益也在熔化克朗银币，把它们作为银子出售，这导致国家因货币匮乏而面临崩溃，除非找到某种可行的解救办法，以阻止银子的出口"。

使事情变得更糟的是使英国货币面临崩溃的另一半原因：同时存在两种造币，一种是老的1662年以前手工打造的硬币，还有一种是新的、更重的、机器制造的硬币。劣币在排挤良币，只要有被视为同样面值的劣质货币流通，机器制造的重量精确、成色可靠

---

① 金匠们的数据参见 Ming-hsun Li, *The Great Recoinage of 1696 to 1699,* p. 53，造币厂铸造硬币的数据参见同书第48页。Ming-hsun Li 从霍普顿·海恩斯所记录的造币厂年产值中获得了造币厂铸造硬币的数据，参见 Hopton Haynes, *Brief Memoires Relating to the Silver and Gold Coins of England*。白银重量转为硬币金额的转换率基于每磅银合金（含银量约72%）铸造3英镑2先令硬币的法律规定。金匠们的指控并没有说明出口白银的纯度。因此我们有理由猜测，出口的白银比造币厂铸造的硬币含银量更高，这也就增加了英国货币供应的损失。

② Ming-hsun Li, *The Great Recoinage of 1696 to 1699,* p. 55.

的货币就无法流通。伟大的维多利亚时代历史学家麦考利勋爵后来报告说，在危机达到顶峰时，国库的每100英镑税收中，好先令不足10枚，也就是说，每2000枚硬币中只有一枚是真的[①]。麦考利写道："由于大量被熔化，大量被出口，大量被储藏，在商店的钱柜和农民从牛市上回家时的皮包中很少能看到一枚新币。"[②] 他写道，由此所导致的危机比查理和詹姆斯的治国不当更为严重。"人们完全有理由猜想，由坏的国王、坏的大臣、坏的议会、坏的法官在四分之一世纪里给英国国民带来的灾难，与坏的克朗和先令在一年里造成的灾难相等。"对大多数英国人来说，谁在伦敦执政并不重要，"无论处于最高地位的是辉格党人还是托利党人，是新教徒还是耶稣会信徒，放牧人同样赶着他的牲口到市场上去，小贩称着他的葡萄干，棉布商丈量着他的布匹，市镇上的买者和卖者的吆喝声同往常一样大"。但是"如果商业交换的工具出现了严重混乱，一切贸易和行业都会陷于瘫痪，其所造成的灾祸每日、每时，几乎在所有地方被所有阶层感知"。

几尼金币仍能被发现，在金匠的银行中值30先令，但是在1696年春季时的斯毕塔菲尔德市场（Spitalfield Market），一磅牛肉只要3便士，一加仑啤酒不到1先令。一个工人的工资只有13便士左右。[③] 随着作为日常生活发动机的小银币的消失，交易先是受

---

① 当时1英镑为20先令。——译者注
② Lord Macaulay, *The History of England,* vol. 5, p. 2564.
③ 以上价格和工资的数据由 Gregory Clark 收集，是其多篇论文的支柱研究之一。参见 "The Long March of History: Farm Wages, Population and Economic Growth, England, 1209-1869", *Economic History Review,* February 2007, pp. 97-135; Gregory Clark, "The Condition of the Working Class in England, 1209-2004", *Journal of Political Economy* 113, no. 6 (December 2005), pp. 1307-1340。Clark 的数据库最近更新于2006年4月10日，可在国际社会史研究所（International Institute of Social History）的网站上查阅：http://iisg.nl/hpw/data.php#united。

到影响，继而完全停顿了。"购买任何东西都会引发争执，"麦考利写道，"单纯和无心的人被无情地掠夺。"1686—1690 年，皇家造币厂制造了价值 50 万英镑左右的银币，但是在随后的五年里，由于大量银子从英国流失，造币厂几乎无银可用，1691—1695 年所铸的币值只有 1.7 万英镑。①

雷内尔和他的同事们确认了危机存在的事实，但是"虽然委员会认为请愿书中的申诉都很正确，英国的确面临着巨大的麻烦，但是他们不认同一种可以完全阻止这种事态的方式"。② 有一条成文法律禁止熔化铸币，但是只要英国的银子作为银锭比皇家造币厂所说的作为克朗或先令的价值要高，英国的硬币就会不断地顺着泰晤士河流失。

那届议会什么事也没有做，后来的一届，以及接着的一届，都是如此。麦考利评论说，一如既往，"硬币继续不断地减少，英国各郡的危急呼声越来越大，越来越猛烈"。③ 有五年之久，有关危机的论调在伦敦风行，最后，有权要求采取行动的人本身也遭遇了缺少银币的危险。1695 年 7 月，威廉国王率领一支英荷联军在今属比利时的要塞那慕尔（Namur）包围了法军。该战役是威廉一个战略企图的一部分，目的是制约路易十四在欧洲及以外地区的权力。双方已经持续战斗了七年，还将持续一百多年④，这场战争被丘吉尔正确地称为一场世界性

---

① Hopton Haynes, *Brief Memoires Relating to the Silver and Gold Coins of England*，被转引于 Ming-hsun Li, *The Great Recoinage of 1696 to 1699*, p. 48。
② *Journal of the House of Commons*, May 7, 1690，被转引于 Ming-hsun Li, *The Great Recoinage of 1696 to 1699*, pp. 55-56。
③ Lord Macaulay, *The History of England*, vol. 5, p. 2570.
④ 1689—1815 年的一百多年中，以英国和法国为首的两大阵营打了七场大规模战争，史称"第二次百年战争"。这一次，不是英国被取代，而是英国彻底打败法国，成为世界霸主。——译者注

的战争。但是在这一特殊时刻，威廉所面临的危险不是被敌军打败，而是由于缺少现金而无法使军队坚守战场。①

困难源于欧洲人战争方式的改变。在陆战中，交战双方展开一系列的要塞攻防战。这是一种进展缓慢、起不了决定性作用的阵地战，作战的主要是工程兵和炮兵，而当炮兵打开了敌方的一个缺口时，就会突然出现血腥的肉搏战。对于这种僵持状态，双方的应对措施是不断增补军队的力量。如此作战几十年后，路易王朝统治下的法国早已扩大了常规军的规模，英国人也循其做法，威廉的军队由战争开始时的仅2.5万人，到17世纪90年代中期时已扩充到10万人左右。②

为了支持这样庞大的军队，参战方不得不做出根本性的变革，不仅体现在这样庞大的军队所能进行的作战方式，也体现在政府和国家为实现其雄心而组织的财政支援上。在英国，这种被迫的改变还取决于威廉获取王位时的附带条件。威廉王位的取得不是靠世袭，而是靠立法机构临时议会的选举。这是一种周密安排的有限授权：当选议员拥有掌控钱袋的权力。威廉本人要从政府支取薪水，因此成为作为新形成的职业公务员体制中最重要一员的首位君主。③

---

① 该战争有时被称为"第二次百年战争"，包括除大洋洲和南极洲之外所有大洲上的战争。该战争以1688年开始的"九年战争"（大同盟战争）拉开序幕，接着进行了欧洲人所称的"七年战争"，即北美人所称的法国—印第安人战争（更确切地说是第四次法国—印第安人战争）。此后是美国独立战争，在此战争中，法国的参战对殖民地击败英国起到了重要作用，而后是拿破仑战争，此战争结束于1815年的滑铁卢战役，这最终解决了法国对欧洲大陆领土的野心问题。
② John Childs, *The Nine Years' War and the British Army, 1688-1697*, p. 1.
③ 非常议会所做决定的政治意义参见Tony Claydon, *William III*, pp. 60-82 和 J. R. Jones, *The Revolution of 1688 in England*, pp. 311-331. 威廉狡猾地对非常议会授予他及其妻子王位的核心内容进行了混淆，对这一混淆的分析参见Howard Nenner 的论文 "Pretense and Pragmatism: The Response to Uncertainty in the Succession Crisis of 1689", Lois G. Schwoerer, ed., *The Revolution of 1688-1689*.

新形成的公务员系统所做的最主要的事情就是想办法从英国老百姓身上索取所需的钱财，以支持野心越来越大的国家政府。威廉的税收官僚系统曾试过征收土地税、关税、消费税等。1691年议会通过了一项授权征收1600万英镑的法案，以"支持与法国进行的有活力的战争"。政府管控能力增长的一个标志是，它开始在英格兰和威尔士的各个城市和郡县任命税务员[①]——其中，"剑桥大学及剑桥镇"的税务员就是艾萨克·牛顿先生。政府尽其所能借钱，比以前任何一届政府都借得多。1693年威廉国王的大臣们创立了一种全新的借债形式，一种早期的政府债券，一次发行就筹集了100万英镑，但这还不足以提供战场上的军队所需的食品和装备。到1695年时银行已向政府提供了1200万英镑的贷款。[②]

即使这样巨额的数字也仍然不够，17世纪90年代中期战争的开支超过了政府的税收。[③]更糟糕的是，好的银币作为银锭出口以及银币切削者和伪币制造者们的破坏，使得政府收入手中的银币质量极差，以致私人交易者，特别是外国的银行不愿按其面值接受。1695年时英国银币在阿姆斯特丹的兑换率不断下降。[④]到了夏季中期，战争的支出不但影响了高端财政，即政府通过贷款筹集大额资

---

① "An Act for Granting an Aid to Their Majesties of the Sum[m]e of Sixteene hundred fiftyone thousand sevenhundred and two pounds eighteen shillings towards the Carrying on a Vigorous Warre against France", *Statutes of the Realm,* vol. 6, http://www.british-history.ac.uk/report.asp?compid=46359. 有趣的是，被任命的税务员中便有一位威廉·查洛纳，但他的工作范围是"约克郡的北赖丁区"，尽管造伪币的威廉·查洛纳对欺骗政府如此在行，他似乎也不可能在离他伦敦的家那么远的地方骗取一个职位。
② Ming-hsun Li, *The Great Recoinage of 1696 to 1699,* p. 34.
③ D. W. Jones, *War and Economy,* p. 11. 事实上，"九年战争"的开支证明了威廉三世和路易十四调动军队的开销超过了他们国家所能承担军费的能力。对法国和大不列颠（英国在1707年英格兰与苏格兰合并之后也被称为大不列颠）来说，它们在"九年战争"中的军队规模是直到拿破仑战争为止最大的。但是军费实在太昂贵了。
④ Ming-hsun Li, *The Great Recoinage of 1696 to 1699,* p. 58.

金的能力，也影响到作为现金的硬币的基本供应，因为英国白银通过造币流失了。二者使威廉军队的资金匮乏走到了危机的边缘。

这一危机到来的时刻是再糟糕不过了。夺取那慕尔将是一个既具有战略意义也具有象征意义的胜利，但要做到这一点威廉必须能够推进在那里的战事。由于伦敦不能把钱及时送到，军饷负责人理查德·希尔（Richard Hill）不得不尽快另寻出路。他于是赶赴布鲁塞尔去向那里有钱的银行机构借钱，可他花了几个月的时间才筹集到 30 万弗罗林①，这显然是由于英国当时的财政状况所致。② 在军队作鸟兽散之前钱还是送到了。9 月 5 日那慕尔被攻陷，但战争仍在拖延。由于国家，或许还有个人脸面的问题，路易十四在一场引人注目的战败之后不愿意开始认真的和平谈判，因此到 1695 年年底战争期结束时，一个明显的事实是，次年春季战端又将重启，除非在此期间参战的一方突然破产。

威廉及其政府对这一点当然是清楚的。如果英国要继续战斗，它就需要有稳定的货币。1695 年 11 月 26 日，当威廉在下议院宣布开会时，他几乎是在乞求议员们对货币危机做出反应。他一开始就显得没有信心，承认这是一个"很大的不幸，在我统治之初，我就不得不向我的臣民要求如此多次、如此大量的资助，"他又提醒说这种状况不会很快缓解。"我相信你们会同意我的看法，"威廉说道，"要把今年的海上和陆地战争继续下去，将至少需要与上一届议会提供的同样的巨额供给"，事实上要更多，因为"所提供的资金被证明是十分不够的"。要解决这一问题就需要更多的钱，而政

---

① 弗罗林（florin），钱币名，1252 年首先在佛罗伦萨铸造，后来许多欧洲国家仿造，币值不一，在英国 1 弗罗林的币值为 2 先令。——译者注

② 理查德·希尔于 1695 年 8 月 21 日写给 Trumbull 的信，被转引于 John Childs, *The Nine Years' War and the British Army, 1688-1697*, p. 297。

府其实是没有的,但这是一个"被如此普遍地关心并如此重要的问题,我认为最好是完全把它交给议会来考虑"。①

这完全是一种修辞上的柔术表演,国王谦虚地请求下议院——毕竟,他是一个由议会选举出的君主——来考虑谁要为这场不得人心的战争提供资金操心。但问题仍然是:政府究竟能做些什么以阻止英国的银子被卖给出价最高者?

这也就是朗兹求助的原因,一些有德行、有名望的人提出了建议——其中包括艾萨克·牛顿。

11 "我们敬爱的艾萨克·牛顿"

牛顿在解决朗兹提出的问题时认识到,有一个事实很明显,虽然他没有完全用这种语言表述;显然,货币犯罪者们是一些动机并不复杂的理性行动者。银币切削所得是一种纯利润,用足重的先令造币在国外套利也是如此。人的本能总是要去赚取这种利益,除非受到制约或者市场改变。这个问题就像最简单的方程一样直白。

牛顿也懂得仅用暴力是消除不了银块走私的,因为尽管会被判死刑,但银币切削仍屡禁不绝。因此他把注意力集中在非法白银贸易的利润这个根源上,并且想出两种措施以摧毁针对英国硬币的破坏行为所依据的基本经济逻辑。首先,国家必须废除那些老旧的、磨损的、质量越来越差的货币。要做到这一点,牛顿和其他许多人建议货币全部重铸,把全国的新旧银币都回收到皇家造币厂,将其熔化,重新铸造成单一和统一的带有边缘的硬币。仅这一环节就可

---

① 威廉三世于 1695 年 11 月 26 日致下议院,参加 Journal for the House of Commons vol. 11, p. 339。

在很大程度上解决边缘切削的问题,在流通货币中如果没有了手工打制的、边缘光滑的硬币,从新的硬币上很难切削出多余的金属。

但是如果新硬币的重量和面值的关系不调整,英国货币的重新铸造仍将阻止不了白银通过英吉利海峡而大量流失。牛顿认为要解决这一问题,很重要的一点就是"要长期保持所铸货币的内在价值和外在价值的统一,这本来也是应该的,以此防止货币的熔化和出口"。① 也就是说,硬币原来所含的两种不同价值——"内在的"市场价格与一个君王头像标记所赋予的"外在的"价值,它把一个普通的金属片变成了法定货币——应当改变,两种分离的价值应该统一起来。由于金和银都被用作货币,这意味着二者的相对价值应予改变,就我们讨论的情况而言:如果英国的银子在欧洲大陆买回的金子比按照面值买回的金几尼要多,就要降低每枚先令的含银量,使荷兰或西班牙的金子比按英国银币含银量计算更贵,这种贬值如果运用得当,就可免除被货币套利者们成功利用的价格差。

朗兹是一位主要的主张贬值的公众人物,他对牛顿的理论及其根据表示欢迎。但他始终感到很难证明自己的理由,因为这是一个十分现代的思想:国王的印记只是一个虚构的东西,而没有什么能确定某块银子的绝对价值的魔力。按照牛顿的逻辑,"先令"一词只不过是一种方便的表述方式,说明某一特定银块作为一种商品的价值。在他看来,货币单位——先令、半克朗、几尼——不可能是国王神权的延伸和对价值的绝对表述。相反,它们只是相对地表述了特定金属量或任何东西的价格,其价值可能随现实世界条件的每个变化而改变。

---

① Isaac Newton, Goldsmiths' Library Ms. 62,被转引于 Ming-hsun Li, *The Great Recoinage of 1696 to 1699*, p. 217。

因此在主张贬值的论点背后潜藏的是一种令人不安的思想。钱不一定被看作一种实物，一种在钱包里叮当响的物件，也可被视为方程中的一项，一种抽象物，可被作为数学分析的变量——事实上老练的商人们每次利用荷兰市场和伦敦市场的差异获利时，显然或多或少是这样做的。

牛顿本人一开始也并没有理解这种分析的含义，他在某些时候仍然认为英国政府自身可以给银子定价。他对朗兹说，贬值之后，任何对一定重量的银子的出价比同样重量的硬币面值要高的交易者，都要被送进监狱，"直到违法者自我解释清楚"。① 但是他所讨论的价值的两种来源所依据的逻辑，必然导致了一个结论：贬值是使英国货币摆脱困境的唯一出路。

这种思想看起来太极端了，即使牛顿不觉得是，他的大多数同事也会觉得是。洛克是反对贬值派的无可争议的领导人，他肯定意识到重新铸币的需要。像任何一个英国人一样，他清楚见识过硬币被切削后的惨状，但是除了熔化旧银币、铸造新银币，所有其他的条件——各单位币种原有的重量和面值——应保持不变。他认为，其他做法都将违反货币的本来性质。毕竟，改变与某一硬币相对应的数字比值，例如把 1 克朗的银币称为 75 便士而不是 60 便士，将不会使其购买的银块比以前更多，"恐怕没有人认为货币单位比价的改变会有这种效力"。②

洛克的观点是正确的，但他所说完全是另一回事儿：一种贬值的银先令比以前的含银量较高的先令所含和所买的银要少。这

---

① Isaac Newton, Goldsmiths' Library Ms. 62，被转引于 Ming-hsun Li, *The Great Recoinage of 1696 to 1699*, p. 217。
② 约翰·洛克给威廉·朗兹的回信，参见 Goldsmiths' Library Ms. 62，被转引于 Ming-hsun Li, *The Great Recoinage of 1696 to 1699*, p. 227。

一点离题了，银子跑到荷兰去，是因为每笔交易带回来的荷兰金子比同样重量的银子打造成先令或克朗后在英国所能购买的金子要多。尽管如此，洛克否认货币单位——也就是说先令、英镑、皮斯托尔等——也有自己的市场，会像日用品一样有价格的动荡。尽管他的主要目标是朗兹，但他并不畏惧与他亲密的朋友相忤。作为对牛顿思想的直接非难，他写道："有些人持这种观点，这种商业的度量标准（货币），像其他度量标准一样是随意的，可以任意改变的，可以在每种已知单位中增加或减少银的含量。"并非如此，他宣称，"但是如果他们认为银子与其他所有东西性质不同，他们的想法就会有所不同"。他说，银子"既是买卖的对象，也是买卖的尺度"。① 在洛克看来，银子在物质世界是独特的：它的独特性在于，它是一个固定的中心，其他所有的东西都围绕它而确定自身的价值。

牛顿是对的，但是洛克把握了他的朋友所没有把握的东西。贬值是一种武器，它所针对的是有钱人特别是土地所有者，那些人的地租将随着从合法银币上减少的银两而减少。自1691年以来，洛克就坚持一种固定不变的货币体制理论，认为它们是社会的必需品，是国家稳定的保证。而现在他说，贬值"只会欺骗国王，以及他的众多臣民，并使所有的人感到困惑"。② 按确定的数字说，根据牛顿和朗兹所提的建议，地产主和政府将损失百分之二十的财产。

当然，洛克的观点取得了胜利。1696年1月17日，议会最终同意了重新铸币，并规定新硬币将保持原有的重量。四天以后威廉

---

① 此处洛克的观点被转引于 Ming-hsun Li, *The Great Recoinage of 1696 to 1699*, p. 102。
② Ibid., p. 104.

以国王的名义批准了这一法案。

在认真开始重铸新币之前有一个停顿期。在没有获得迁往伦敦的充分理由之前，牛顿仍待在原地，就像他在前三十年所做的那样。① 但是 1696 年 3 月 19 日他收到财政大臣查尔斯·蒙塔古（Charles Montague）的一封信，通知他国王有意"任命牛顿先生为皇家造币厂督办"。蒙塔古是洛克为牛顿找工作所求助的第一个人，1694 年他升任为财政大臣，同时辞去了督办一职，为他以前在三一学院的同事提供了在伦敦任职的机会。

牛顿很快做出了答复。三一学院的档案上显示他 3 月 21 日离开剑桥赶赴伦敦，去商谈他的前途问题。② 显然他在位于伦敦塔的皇家造币厂总部所看到的情况使他感到满意，财政大臣向他保证，督办一职"要做的事情不会使你忙不过来"。③ 4 月 13 日文档登记工作完成，威廉三世——"蒙主眷顾的英格兰、苏格兰、法兰西兼爱尔兰之王"——确认皇家造币厂督办之职现归属于"我们所眷爱的牛顿先生"。④

一星期之后，牛顿永远告别了三一学院，他的包括几百卷图书在内的行李可能先行出发了，由定期往返伦敦的马车载运，而他自己则可能选择了与陌生人一起在驿路的马车上颠簸，这种从地方到首都的马车不久前才开通。他也很可能租了一匹马，这样更符合一个绅士的身份。他可能在位于韦尔（Ware）的旅店停了下来，就像三百年前乔叟笔下的朝圣者们所做的那样，在那里等待更多人的到

---

① 在待在剑桥的日子里（事实上也是一生中），牛顿这个解决了潮汐运动问题的人生活在一个岛上却从未见过大海。Simon Schaffer 向我指出了这一点，这在他 2006 年 4 月 4 日于哈佛大学开设的课程 "Newton on the Beach" 中也有所涉及。
② Richard Westfall, *Never at Rest*, p. 556.
③ *Correspondence 4,* document 545, p. 195.
④ Ibid., p. 200.

来，以便在随后那段荒无人烟的路上搭伴壮胆，因为那是出名的劫匪猖獗的地方。

从那里到伦敦就只有几小时路程了，此后就要开始新的生活了，不会再有那么多——或许只是想象——世俗的羁绊能浪费牛顿的时间和脑力了。没有证据显示离开三一学院的同事们使牛顿感到伤感，在牛顿留存下来的信中没有一封写给那些分别了的同事。①

12 "消除那些对他不利的证据"

牛顿肯定不是那场在人们最终意识到是真正的全国性危机中唯一有所收获的人。威廉·查洛纳很快意识到由战争、债务以及货币崩溃可能带来的流动资产的盛宴。货币的短缺造成了那么多可钻营的机会，问题是从哪儿下手呢？最明显的选择就是针对货币供应的需求采取行动，这也是17世纪90年代中期成了英国伪造货币的——名副其实的——黄金时期的原因。牛顿1696年所做的记录显示，每十枚流通货币中就有一枚是假的。

但是在那些争先恐后企图利用这场危机发财致富的人当中，查洛纳的独特之处在于他意识到可利用自己有关铸币的知识双向结盟，见机行事。这一次，他的诡计比仅仅背叛临时的同谋者要老谋深算得多，野心也大得多。他的传记作者称之为"两面手法，既提供服务又欺骗国家"。②他所瞄准的目标正是皇家造币厂本身。

---

① Richard Westfall, *Never at Rest*, p. 550.
② *Guzman Redivivus*, p. 7.

查洛纳针对皇家造币厂的第一步是发表了一系列相关文章。硬币的崩溃引发了舆论的猛烈抨击，其宣传形式是小册子、递交议会的请愿书乃至专著。有影响的经济思想家查尔斯·戴夫南特就如何支付威廉的大陆战争发表了个人见解。洛克也参与其中，至少发表了三篇有关正确应对货币供应短缺的短篇评论。[1]"文坛"不只属于有关系的人。在那个全球贸易的初始时代，伦敦市场钱柜的空虚是一个全新的现象，正如许多小册子的作者所指出的，它不能通过回到以前素朴时代的做法来解决。这些作者们提供了一系列观察报告（如《穷人的呻吟》）以及解决方案（如《向政府提供宽松贷款的建议》）。在危机最严重时，伦敦（及以外地区）的每个人似乎都有一些激烈的见解，这一领域向那些愿意（或能够支付费用）把自己的思想付诸印刷的学者们开放。[2]这种争议和抨击的浪潮不仅仅反映的是由货币崩溃引起的群情激愤，它也使人们看到了一种生活体验，即一种被称为"科学革命"（这种叫法可能过于狭隘）的事情

---

[1] 约翰·洛克发表的货币评论包括：*Some Considerations of the Consequences of the Lowering of Interest and Raising the Value of Money* (1691), *Short Observations on a Printed Paper entitled 'For Encouraging the Coining Silver Money in England and after keeping it here'* (1695) 和 *Further Considerations Concerning Raising the Value of Money* (1695)（不包括 1695 年应威廉·朗兹的要求写的评论）。Charles Davenant 的著作有 *An Essay on the Ways and Means of supplying the War*(1694)。

[2] Sir Robert Cotton, *Touching the Alteration of Coin* (London: Thomas Horne, 1690); John Briscoe, *Proposals for Supplying the government with Money on easie Terms...* (London, 1694); J. C. Merchant, *Proposals for regulating the silver coyne, bearing the charge of it, producing a circulation, and securing it to the Kingdom* (1695), 可在伦敦金戈德密斯学院的图书馆找到，现存于参议院图书馆，可见于以下网络资源：The Making of the Modern World: The Goldsmiths'-Kress Library of Economic Literature, 1450-1850。Joyce Oldham Appleby 在其论文 "Locke, Liberalism and the Natural Law of Money", *Past and Present*, no. 71 (May 1976), p. 46 中给出了另一份关于货币评论的简要调查，其调查的货币评论包括 *The Groans of the Poor* 和 *A letter from an English Merchant at Amsterdam to his Friend at London*。

正在英国发生。

在做出了那些发现的人们——包括牛顿——的记忆中，作为思想工具和交流手段的纸张还是极度匮乏的。[1]英国的第一家造纸厂是1557年建立的，但几乎可以肯定的是，它只生产一种粗糙的褐色包装纸，而不是适合书写和印刷的高质量白纸。[2]英国的所有书写用纸都来自意大利和法国，24张纸的价值即相当于一个工人一天的工资。这也是莎士比亚的戏剧只是在成为广为人知的伟大成就之后才被印刷出版的原因之一。1623年，即《第一对开本》[3]出版的那年，英国进口适合印刷或书写的纸张为8万令[4]，约合全国人口每人7张。[5]加上印刷本身的费用，使得任何一件作品付梓的成本极高，因此任何一个理性的商人在确信市场价值之前是不愿意冒险去印刷什么东西的。[6]

然而到了17世纪90年代时，英国的纸张进口大为增长，国内的造纸厂也增加到100家左右。[7]但纸张和印刷设备依然昂贵，这也是一些最重要的著作印量很少的原因，例如牛顿的《原理》只印了250本左右。但是在17世纪末期的英国，人们的思想通过纸张

---

[1] 感谢James Gleick注意到牛顿童年时代纸张的稀缺性，我此处的观点受到他的启发。参见James Gleick, *Isaac Newton*, p. 14。

[2] D. C. Coleman, *The British Paper Industry*, pp. 41-43。

[3] 《第一对开本》(*First Folio*) 是现代学者对第一部莎士比亚剧本合集的命名，其实际名称为《威廉·莎士比亚先生的喜剧、历史剧和悲剧》(*Mr. William Shakespeares Comedies, Histories & Tragedies*)。——译者注

[4] "令"为纸张计数单位，1令纸以前为480张，现为500张或516张。——译者注

[5] 参见D. C. Coleman编制的表格：D. C. Coleman, *The British Paper Industry*, p. 13。此表格中早年的数据不够完善，有时采用由英国商人进口的纸张量（如1621—1626年的数据），有时采用由外国商人进口的纸张总量（如1622—1624年的数据）。我综合考虑了这些不同的数据，从而估计英国进口适合印刷或书写的纸张约为8万令。

[6] Ibid., pp. 11-12.

[7] Ibid., pp. 49, 56.

这种抽象的非个人化的媒介形式而传达,其所传播的程度在一个世纪之前是难以想象的。英国第一份连续出版的报纸《伦敦公报》(*London Gazette*)于1665年面世,此后各种印刷物接踵而来,人们不用面对面就可以展开思想上的辩论,现在个人声音的传播范围超过了讲演者呼喊的限度。

科技发展以及(相对便宜的)文字载体并不能决定科学或任何思想领域的革命的进程,但它的确能对这一革命的进展速度产生巨大的作用。人们能够论述有系统的天气测量的价值,发表有关炮弹飞行轨道的正确计算方法,或者在意识到风险时讨论铸币的问题。数百人参加了这场讨论,所提出的建议有好的也有坏的,有野心勃勃的,有想入非非的,甚至还有包藏祸心的,比如这位威廉·查洛纳。

查洛纳在出版物中出现是1694年,在一本名为《反对通过筹集100万英镑法案之敝见》(*Reasons Humbly Offered Against Passing an Act for Raising Ten Hundred Thousand Pounds*)的小册子中,他提出了颇有现代意识的论点,即认为通过提高税收来弥补由硬币缺乏造成的政府税收减少的做法是错误的。① 在这个问题上他有着很多辩论对手,有人提出征收5%(令人吃惊!)的遗产税,还有人提出对富人征收更高的房地产税。在那时及现在看来毫不奇怪的是,这些想法是起不了什么效果的,查洛纳也不会愚蠢到对这种不着边际的想法予以支持。相反,他的观点总是以那些在适当场合可能有用

---

① Paul Hopkins and Stuart Handley, "Chaloner, William", in the *Oxford Dictionary of National Biography*.

的人的利益为准,这绝不是偶然的巧合。①

即使如此,事情也难免像无意中编排的喜剧。查洛纳撰写有关税收政策的文章,就像是约翰·戈蒂②插手社会安全,或克雷兄弟③对国民卫生工作提出建议。值得称赞的是,查洛纳的同时代人并没有受他的论点蛊惑,也没有人认真考虑那些更疯狂的征税计划,由有产业的人组成的议会也用不着一个可能不识字的编织匠的儿子、不时收取被盗物的人去告诉他们如何保护自己的产业。但这一工作对查洛纳实现其目的有用,因为实际上这只是他的热身活动。

几个月后,查洛纳瞄准了他真正的目标,他这次讨论的是一个他绝对有发言权的问题,在名为《对通过防止货币切削和伪造的法案之敝见》(*Proposals Humbly offered, for Passing, an Act to Prevent Clipping and Counterfeiting of Money*)的小册子中他论述了他所提出的做法的好处。在小册子的第一部分中他提出了一种看似奇怪却有创见的拯救日益萎缩的硬币供应的方法。他建议尽快重铸新币,发行重量较轻的硬币——一种只有法定重量标准的三分之二的货币,这与牛顿的建议类似。他的说法是,减值的硬币将使得非法的硬币切削无利可图。接着他又提出了一种创见:在经过一个短暂的过渡期把业余者驱逐出商业圈后,第二次回收所有硬币,将其熔化,再铸足重货币。

---

① *Proposals for a Fund of A Hundred and Fifty Thousand Pounds per Annum*, pp. 6-7; *The True Way of Taxing shewing What is the Legal* Rack-Rent *for* Taxing *first of Laymen, secondly of Churchmens Real Estates Equally*, p. 1. 在前一本著作中,作者也建议通过完善对犯罪行为的罚款体系增加国家税收——这个提议当然会触犯查洛纳的个人利益,如果他知道的话。

② John Gotti, 1940—2002, 美国黑手党甘比诺犯罪家族的教父,被控诸多罪名,但最后都能全身而退,故被称为铁弗龙教父(Teflon Don)。——译者注

③ Kray brothers, 一对孪生兄弟,是20世纪五六十年代活跃于伦敦东部的犯罪团伙首领。——译者注

这听起来像一个很明智的建议，但完全不切实际，因为即使一次货币重铸，其成本都将是巨大的，而且皇家造币厂也达不到查洛纳在建议中所要求的那种效率。这无关紧要，查洛纳本来也没有真正想解决货币问题，他只是在标榜自己是铸币专家，以引起人们的注意，或许还可以得到任用——这一点从小册子的第二部分中可以清楚地看出。

这里查洛纳把读者带入了一个伪币制造者的日常生活。"所有的硬币都是通过铸造和压印而成的"，他告诉他的读者们，熟练的伪造者使用与皇家造币厂相同或接近的精度，通过打造比真实货币尺寸略小的硬币而获利。他们需要特殊的工具：那些铸造伪币的人使用保存在防热砂箱中的砂模，"压印货币主要是使用轧平机和剪床制造的"。查洛纳称使用铸造技术，"一个人一天可制造100枚（英镑）"，但劳动量较大，"通过使用轧平机，造币者可将白银打磨平滑，然后压印并用剪床切削成货币"。

查洛纳称，阻止伪币泛滥的关键是使伪造者无法得到其非法活动所使用的工具。难度在于，制造货币的每样工具都有各自合法的用途，他提醒人们骗子常常伪装成诚实的劳动者，"他们以合法的手段保存工具，而在夜里或其他方便的时候，他们就制造伪币，然后把模子拆掉"。他厚颜无耻地自我暴露说，如果制造者手艺好，而且"所用的是好银子，伪币就很难被发现"。

查洛纳建议在所有可用于铸币的工具上加上封条，只有那些"获得上述封条的管理者的认可的人"才能"保存、出售和处理各种剪床、轧平机或砂箱"。要获得这种封条，每个申请人必须携带"由其所在居住教区的两位管理者开具的证明书……证明其所从事的行业确需合法地使用这种工具"。

依照他的风格，查洛纳仔细罗列了其策略的若干反对意见，并给予看似无懈可击的回答。一些人可能会说，这将使一些金属匠人因耗资太多而难以遵守此规定。并非如此,他回答说,因为即使一位繁忙的金匠也不会用两把以上的剪床。铸币者或许可利用合法金属匠人当出面人来购买"剪床、砂箱等"。不,这不可能!对购买者进行登记是很容易的,"如果他们在七年内要购买两张以上的剪床,他们就要被追查,就可能是伪币制造者"。

查洛纳还说,更重要的是,以为可以催生无照工具的黑市的想法只是幻想,在全英国能制造大规模铸造硬币所需的复杂金属工具的高级技师不超过 12 到 14 人,他们大多数集中在伦敦,在伯明翰和谢菲尔德只有不到 4 人。① 这样一个小群体是很容易被监控的。

即使查洛纳的数字是低估的——这是很可能的,它们也揭示了英国从一个落后国家变为一个真正的世界大国的转变节奏。在这个国家中有能完成世人所知的最复杂技术工作的技师,但为数不多。这就是查洛纳和牛顿生活的时代的真实状况:一个在全球从事货物和知识贸易而又用手工制作钉子的王国。

查洛纳的建议没有获得任何反馈,它们并没有得到议会的重视。议会没有通过要求注册金属操作工具的法案,没有派警察去工具制造者车间检查的打算,也没有对金匠购买和出售剪床数量的登记。不过这无关紧要,查洛纳玩的是一个长线游戏,就此而言,他所写的那些东西取得了预期的效果:其建议至少受到一位重要人物的注意,蒙茅斯伯爵、前财务大臣查尔斯·莫当特(Charles Mordaunt),洛克此前曾因为牛顿找工作的事情与其接触过。

查洛纳宣称自己比皇家造币厂技高一筹,这使得他对莫当特本

---

① William Chaloner, *Proposals Humbly Offered, for Passing, an Act to Prevent Clipping and Counterfeiting of Money*, pp. 4-5.

人的冒险政治游戏有潜在的价值。莫当特曾是威廉国王的心腹，但在17世纪90年代时失宠。为了重掌大权，他在伺机寻找其财政部继承者的软肋。他的主要目标是现已成为牛顿庇护人的哈利法克斯伯爵、现任财政大臣查尔斯·蒙塔古。这两个权贵长久以来曾经先结盟后结怨，但他们的追随者们还没有，目前他们擦肩而过而不自知。

与此同时，查洛纳自是喜不自胜。在莫当特的支持下，政府最终支付了他两年前因告发两个雅各比党人印刷工而赢得的2000英镑奖励。那一年年底，在莫当特的怂恿和影响，或者命令下，查洛纳在枢密院做证时发表了一篇尖刻的声讨文章，指控皇家造币厂在硬币贬损方面的无能管理，或更坏的是，有所合谋。

当这位曾经弃学的学徒工兼性产品的推销员步入由克里斯托弗·雷恩爵士所设计的白厅①时，那一定是一个令人心动的时刻。他前来与那些能和国王对话的人对话，如果他能够证明自己确实深谙造币机理，并且能够让他们相信自己的专业知识已经让他窥探出了隐藏在英国货币体制核心内的坏种，那最终的奖赏——进入皇家造币厂——就唾手可得了。

事情的结果并未如他所愿，他的首次露面并未能使那些听者信服他就是那个能使皇家造币厂拨乱反正的人，但他的证词的确引起了重视，以致政府展开了调查并要求负责皇家造币厂的官员们对他的指控作出答复，这是一个好的开端。但在进一步详细阐述他所称的腐败之前，他需要现钱。并且，他决定"要过和英国那些有高贵身份的人一样的生活，而办法就是他的手艺，他要充分利用这种手

---

① Whitehall，英国君主在1530—1698年在伦敦的主要居所。17世纪末时，这所拥有1500间房的宫殿，规模超过梵蒂冈和凡尔赛宫，是欧洲最大的宫殿，但1698年被一场大火几乎化成废墟。——译者注

艺而不管法律是怎么规定的"。① 此时查洛纳制订出了他非富多彩的职业生涯中或许是最具灵感的计划。

查洛纳终于看到了自己的机会。1694年8月，英格兰银行敞开了大门，它被特许向伦敦的富人筹资以向政府提供贷款，同时也做了一些英国以前从未有过的业务。一天又一天地，银行的员工向客户们发送写有数字（是的，相当大的数字）的纸票，当然是很精美的纸票。那些客户——都是有钱人——把这些纸票放在他们的钱包或口袋里，来到伦敦城里，把纸票交给另一些人，后者是他们的支付对象——财政部的税收员或某项新业务的合伙人。最终这些纸票又回到了银行里，在那里，某位员工将取出一定数量的金几尼或银克朗，以金属兑换纸票。

在包括查洛纳在内的一些人看来，这种后来被称为纸币的东西的出现可说是天赐良机：这里终于出现的致富之路，不是用金子而是用英国最早出现的纸币铺成的。

13 "他的惯用伎俩"

对17世纪90年代的大多数人来说，"纸币"（paper money，纸做的钱）是一种充满矛盾的用语，就像"一个聪明的傻瓜"或"一头怯懦的狮子"一样可笑。纸不可能是真正的钱，但是面对战争的消费和硬币贬损的事实，对某种东西——任何一种可在买者和卖者、负债人和债主之间交换的东西——的需求，迫使人们不得不考虑这一问题。

英格兰银行做法的思想基础并不是什么新的东西，原始的国有

---

① *Guzman Redivivus*, p. 3.

银行在1682年和1683年就在伦敦试行过这种做法，英格兰银行的主要创建人威廉·帕特森（William Paterson）1691年就首次提出了组建向政府提供贷款的公司的建议。① 但是主要从事贷款的银行经营思想仍然受到怀疑，被看作投资者损国肥己的做法。帕特森建议银行对所发放的100万英镑贷款资金向政府征收6%的利率，这当即被下议院拒绝。

但是到了1694年，威廉国王不得不孤注一掷了。1692年财政部为了筹集将近90万英镑的贷款，不得不先以10%，后以痛苦的14%的利率作为诱饵，而这笔钱远不到支持在低地国家②作战军队所需钱款总数的一半，且不论政府的其他开支。③1694年帕特森重提建议，要求某个银行筹集120万英镑，这次财政大臣极力促成议案在一个仍然怀有敌意的议会中通过，而下议院在讨论此议案时只有很少人参加，后来的报道显示只有42人参与了表决。④

在这种筹款的最终形式中，银行只需提供十分简单的服务：先由有钱人认购资金，向银行提供资本，之后银行把这些钱——只有这些钱——贷给政府。存款者有三种持有和利用其资金的方式：他们可以持有一个记载其交易的"小册子或证书"，即存折的早期形式。他们可以写下自己所要支付的资金的许诺，银行根据他们的存款数额予以接受，这就是支票的早期形式。还有一种最重要的形式

---

① Sir John Clapham, *The Bank of England,* vol. 1, p. 13, and Reginald Saw, *The Bank of England, 1694-1944,* p. 14.
② Low Countries，指荷兰、比利时、卢森堡等国。——译者注
③ Reginald Saw, *The Bank of England, 1694-1944,* p. 14.
④ 对于英格兰银行成立过程的概述参见 Sir John Clapham, *The Bank of England,* vol. 1, pp. 13-20。虽然这是一部官方历史著作，但作者对英格兰银行成立之前银行业状况及英国信贷情况的概述十分有用。也可参见 John Giuseppi 的著作 *The Bank of England*，多年从事档案保管员的工作使作者能接近幸存下来的历史文献。

第四章 新督办

是，他们可以以"流通现金条"（running cash note）的形式持有其资金，银行对此保证一经要求即受理（accept on demand），全部或部分地以硬币赎回（部分支付时银行职员将在现金条上注明）。

　　事情就是这样开始的：以一张纸的形式来代表钱，它很快又有了更为复杂的演变。通过把银行的全部存款（很快又变得超过这一数额）借给政府，又通过对所储蓄的资金量而发行存款者可使用的纸币，英格兰银行实际上在上演一种经济奇迹：它凭空创造出了资金。这就是所谓的部分准备金银行，它是现代金融体制的基础。部分准备金银行运作所依据的假定是：在任意特定时间只有部分储蓄者会要求取回其份额，银行可以提供比其资本总额更高的贷款。问题在于能高出多少？一个银行贷出的款项如超过其储蓄金多倍，遇到过多储蓄者要求支付时，就会有现金匮乏的危险。如果整体银行系统的贷款过少，信贷紧缩，贷款成本更高，经济活动就会受到影响。当然，银行调控者可用准备金需求——银行需保有占贷款一定比例的现金——作为使信贷紧缩或宽松的工具，从而在理论上可防止经济变得过于迟缓或不适当地冒进。这一理论与实践的差距或许不像经济学家们所希望的那样小。

　　开始时，英格兰银行并没有全球化资本主义那样的眼界，它只是想把可兑换的存款送到威廉及其在佛兰德斯①的军队手里，从根本上讲是希望自身可从中获利。而开创现代银行纸币所带来的非预想的但极为重要的一个结果是，有史以来第一次，一个欧洲国家把其政府的债务变成了一种新的、统一的、更重要的是可交换的商品。以前为军队筹集现金只是靠一些权宜之计——贷款、年金、吸引人的原始债

---

① Franders，中世纪欧洲一伯爵领地，包括现比利时的东佛兰德省和西佛兰德省以及法国北部部分地区。——译者注

券，而这些都没有一致认可的价值，例如没有一个市场使得一位年金持有者可把他的资产转换为现金。而银行纸币则是现金的一种形式。

纸币的标准化还意味着，虽然银行纸币很有用，但它也带有一种潜在的致命风险：一些人在纸上刻画的东西可被另一些人仿制。纸币的原材料很易得手，伦敦有那么多印刷工和雕刻匠，他们中肯定有人愿意为了钱而舍弃诚实。查洛纳就说服了他们中的一些人，不顾上绞刑架的危险印制了雅各比党人的传单，不是吗？

银行业主了解这种风险，他们尽其所能地实行着自我保护。最早的银行纸币并没有被当作一种现钞，它们只是用于替换普通人用于做生意的金银币。新的货币被认为是留存在那些需要进行大额资金周转的金融家手里的东西。银行虽然也提供只值 5 英镑的小票子，但最常见的面额是 100 英镑，约为中产阶级年收入的两倍。如此大额的钞票使得劣质复制品很难在社会上流通，很少有人愿意或能够接收它们，而那些接收者大多是有能力使自己免受业余犯罪分子欺骗的人。但是大额面值也增加了诱惑力，因此在英格兰银行接到特许状两星期后，董事们正式宣布："鉴于流转的现钞纸币被认为易于伪造，兹令其以带有压印的大理石纹纸印制。"[1]

这样加工之后，英格兰银行的钞票[2]——近代最早发行的纸

---

[1] 1694 年 8 月 11 日英格兰银行董事的会议记录。

[2] 在此之前的 1661 年，瑞典银行曾印制并发行过钞票，这是更早的印制银行钞票的尝试。瑞典银行印制纸币的尝试迅速取得了成功，纸币的流通价值超过了金属货币。瑞典人——或者至少是他们中的精英——完全有理由欢迎纸币的发明。瑞典的硬币为铜币，这导致瑞典的货币是一种沉重的负担。瑞典的 10 元硬币是人们有史以来制造的最重的货币，重 19.7 千克，超过 43 磅。正如 A. D. Mackenzie 所言："任何一笔数额稍大的支付都需要运输沉重的货币。"（参见 *The Bank of England Note*, p. 2）由于纸币给瑞典人带来了便利，由此导致与纸币等值的铜币的价值还不如金属货币，这使得向其他市场出口瑞典铜币卖铜有利可图，因此到了 1664 年，瑞典银行不再能兑现其拿硬币换客户的纸币的承诺。于是，纸币退出了市场，瑞典人重新将传统的硬币作为其货币体系的基础。

币——1695年开始流通。它立刻受到人们的欢迎。早在1697年时就有近70万英镑以流转纸币流通——这一作为现金流行的巨额资金很快就具有了自身的生命力。某人在星期二存的5英镑,到星期三时变成了10英镑:5英镑作为贷款资助在佛兰德斯作战的军队,而这位先生另持有5英镑作为流转现钞。这种简单的戏法只是后来一系列各种形式的资金转换中最早的一种,它使得伦敦成为欧洲的——一个多世纪后又成为全世界的——金融中心。

对查洛纳来说,大理石纹纸并不是什么难以逾越的障碍,他至少知道一位技师可以仿制,他或者他的一位合谋者的技能足以仿制每张纸钞上的手写字体。在他伪造的纸币于1695年8月14日首次被发现之前至少已流通了两个月。[1] 即使这还不足以与他早先在硬币方面的得手、与他在骑士桥的豪宅和装饰银板相媲美,两个月的时间也足以使他赚了大钱。

但是,当然了,他后来遇到了严重的麻烦。银行通过那些最早查出的假纸币追查出了仿制大理石纹纸的印刷工,那位印刷工告发了查洛纳,他于是实行了一两个步骤的大手笔。当然,他要交出那些还没有花出去的伪币,而他采取的是避免被起诉的惯用伎俩——以情报换自由。他向银行侦探披露了另外一个阴谋,一个他本人也基本上可以肯定是策划人的阴谋。英格兰银行受蒙蔽而接受了从伦敦市孤儿基金中盗取的支票,这一骗局至少使银行蒙受了1000英镑的损失。查洛纳提供了名单,白厅的看门人、声名不佳的约翰·吉本斯(John Gibbons)逮捕了那些曾在查洛纳的冒险计划中被利用的倒霉蛋。

---

[1] Paul Hopkins and Stuart Handley, "Chaloner, William",参见 *Oxford Dictionary of National Biography*。

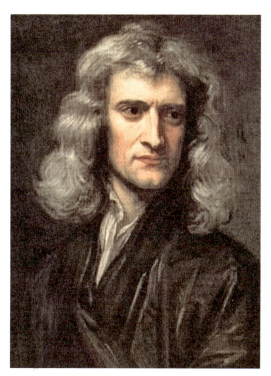

肖像画家戈弗雷·内勒（Godfrey Kneller，1646—1723）1702年所绘牛顿像，此时牛顿刚升任皇家造币厂厂长不久

1766年,这是本杰明·富兰克林访问伦敦时请人为他所画之像,旁边一尊牛顿半身像在俯视着他(参见本书第4页)

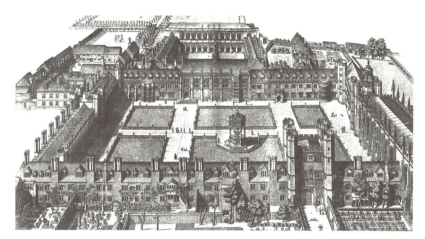

1690年的剑桥大学三一学院版画,画面右下角的牛顿居室旁有一间今天已经消失的小木屋,据信这就是牛顿的炼金术实验室(参见本书第89页)

今日三一学院大门右侧的苹果树已经成了著名景点,但角落里已经不见了小木屋

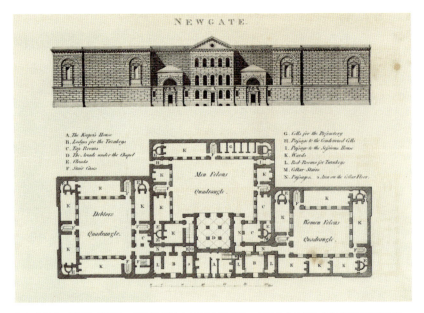

新门监狱的正面图和平面图,该监狱虽然在 1904 年被拆除,但因众多文学作品的描写而享有盛名

新门是伦敦城的七座城门之一,此图截取自 1690 年的伦敦地图

今日伦敦塔城堡区俯瞰，标 A 处为拜弗德塔，该塔西侧城墙下的一连串房间是昔日的皇家造币厂，如今这里设有造币展览，标 B 处为 1812 年造币厂所迁新址

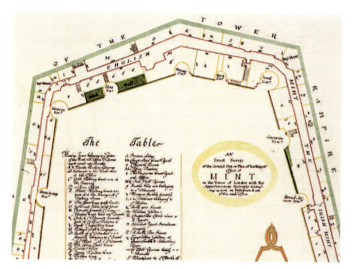

伦敦塔内的皇家造币厂平面图,1701 年威廉·阿林厄姆(William Allingham)所绘

带有托马斯·尼尔(牛顿的前任)画像的雪茄商标

1687年制造的1几尼金币，正面为詹姆士二世头像

1707年6月25日，皇家造币厂为生产金币的合金标准所制样品

英国商人对金币的成色极不放心,这是两种称量金币的便携天平

两种冲压硬币的模具，单词 coin（硬币）的原始含义便是冲压

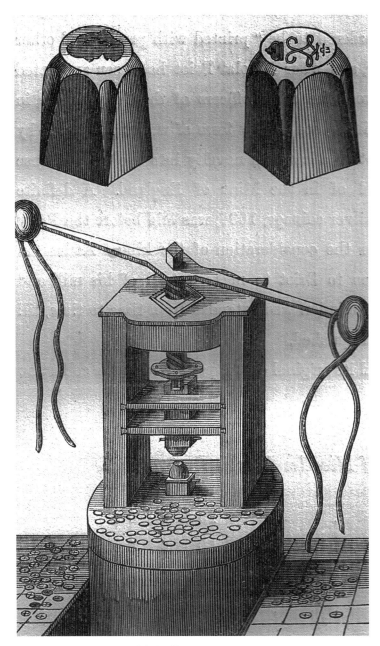

造币厂冲压硬币的工具，下方装有冲压模具

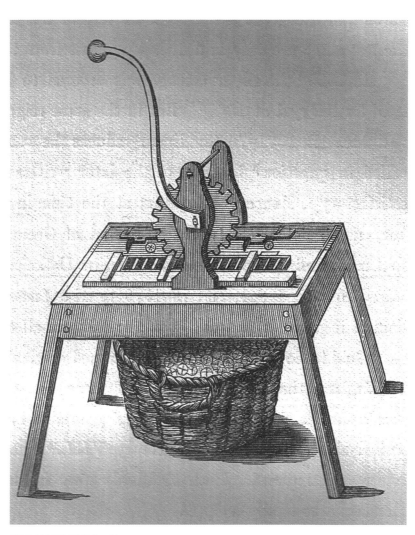
造币厂冲压硬币边缘的工具

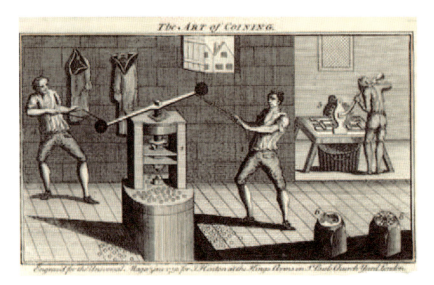

造币厂车间,有前述两种机械工具的使用示意图

更早的手工造币场景

老贝利法庭的审判场景,约 1808 年

伦敦郊区泰伯恩绞刑树的执行现场,1699年3月22日,查洛纳便被此种刑具处死

1793年，为了纪念牛顿150周年，皇家造币厂发行了最早的牛顿纪念币，面值半便士

2017年，皇家造币厂发行了最新版牛顿纪念币，面值为半英镑（50便士）

英国1978年发行的1英镑钞票，正面为牛顿像，背面为女王伊丽莎白二世像

这是一个古老的游戏，查洛纳在黑白两道交界处的表演超过了同时代的任何人。因其对英格兰银行的效劳——两面敲竹杠，仅在有利可图时出卖和背叛同伙——查洛纳收到了感谢，还令人难以置信地得到了 200 英镑的奖励。由此受到鼓励——这是毋庸置疑的——查洛纳不断地利用着人们看来似乎是极度的轻信，"施展他的惯用伎俩"。1695 年 11 月，查洛纳向英格兰银行提出了应对伪造银行纸币的一系列建议，他的想法打动了读者，行长约翰·胡布隆①成了他的积极支持者，以至他在后来与新门监狱的看守相遇时，力图说服其释放查洛纳。②

在同年 11 月，国王终于要求议会对越来越严重的硬币危机做出反应。而对查洛纳来说，对国王的要求做出反应的决策只是给他提供了更多的机会。他"先从银行盗取，然后又拿银行开涮"的经验使他更加相信，货币体系的任何动荡都创造了使他发财致富的机会。1695 年被证明是他获利颇丰的一年，而 1696 年的前景看来更好。

14 "一件不可能的事情"

1696 年秋末，凌晨 4 点。

位于伦敦塔西南角的大门打开了，人们从黑暗的背景后涌现，疲劳以及几小时前喝的杜松子酒和麦芽酒的酒劲使得他们中的一些人行动迟缓，步履蹒跚。一些大胆好斗的工人在从大门的沉重石头

---

① John Houblon，1632—1712，英格兰银行首任行长，其头像曾出现在 50 英镑的纸币上。——译者注
② Paul Hopkins and Stuart Handley, "Chaloner, William", 参见 *Oxford Dictionary of National Biography*。

下走过并穿过拜沃德塔（Byward Tower）时，与站岗的士兵开着玩笑。士兵与一些工人之间发生了碰撞，双方都在等着开战的号令，或是什么人用肘在某人的肋骨上一戳，或是一个绊儿把某人绊倒。

通过深入伦敦塔外墙的隧道，这队工人向左拐去。另一个大门打开了，工人们进入了在伦敦塔的周围蜿蜒的车间——又长又窄的房间，间或有一些木柱支撑，摆满了一排排的机床。随着时间的流逝，空气开始变得污浊，煤烟与马粪的臭气混杂了在日渐炎热的天气里拼命干活的工人身上所发出的刺鼻气味。车间里响着稳定、不间歇、有节奏的噪声，最高的音调一分钟敲击五十下，间或五十五下。人们在噪声、汗水和混浊的空气中坚持着，一直到晌午过后时分，此时下一班工人到来了。皇家造币厂在被称为"大重铸"（Great Recoinage）——这是货币史上前所未有之事——的高潮期，一周除了周日之外，只有午夜时分才变得安静，而四小时之后又将开工。

这就是重铸后来进展的情况——迅速，高效，势不可当。但是在牛顿接手督办职务时，这一工作正处于崩溃的边缘，至少是潜在的，整个国家也是如此。

灾难即将临头的原因是，那个货币重铸的主管人完全不能胜任。1696年的皇家造币厂仍然是一个封建的机构，它不是由一个人而是三个人分别管理，即督办（Warden）、审计官（Comptroller）、厂长（Master），每个人的任职都需皇室批准。他们之间没有明显的权力层次，每个人都有明确的权力范围和责任。名义上，督办只负责造币厂的设备，新币的生产被认为应由厂长主管。

对英国来说不幸的是，该国1696年春季的货币供应掌握在托马斯·尼尔（Thomas Neale）的手里。尼尔是一个赌徒中的赌徒，曾作为一名王室勤务官效劳于三位国王——查理二世、詹姆斯二世、威廉三世，他的任务是为王室住所安排赌桌、牌具和骰子，并调解赌牌者之间的争执。尼尔本人也参与赌博，而且赌资极大。他要求并获得了创建北美邮政服务的第一个特许权，他为特许权每年要支付80美分。他雇了一个地方代理，结果损失惨重，在邮政服务开始的头五年损失了3000美元。他在押赌打捞一批白银货物时又损失了一笔财产，那是一艘名为"圣母号"的西班牙大型帆船所载的货物，据说所载的银子价值100多万英镑，不幸在中美洲伊斯帕尼奥拉岛以北沉没。像他惯常所做的那样，他以计谋得到了造币厂厂长一职，虽然有庇护人支持之利，但是他的败家子名声之坏还是使他不得不自掏腰包支付15000英镑而不是2000英镑的押金。作为一个粗心大意，可能还腐败，并且无疑很懒的人，尼尔根本不能胜任他的工作[①]。他死了之后，其厂长一职的继任者，即由督办转任厂长的牛顿，花了四年时间才厘清了他的公务账务。

在职期间，尼尔证明自己无愧于皇家造币厂的"传统"，他的职务长期以来只是一个肥差，只需完成名义上的职责，到1696年时他已长期把大部分工作推给了一个他所雇用的助手，并分给后者一些自己作为厂长的收益。这种偷懒的办法在17世纪90年代早期的悠闲岁月中还没有多大关系。但是到了货币重铸时期，尼尔所负责的任务突然变成要在三年或更短的时间里熔化并打造近700万英镑硬币，比此前三十年的总和还要多。[②] 负责管理厂长的高层对他能否完成这一任务都不看好，但鉴于他的职务得到了王室的恩准，

---

① C. E. Challis, *A New History of the Royal Mint*, pp. 392-393。
② Neale 的出身背景参见 C. E. Challis, *A New History of the Royal Mint*, pp. 392-393。1660—1695 年造币厂的银币总产量参见 Ming-hsun Li, *The Great Recoinage of 1696 to 1699*, p. 48；其数据源于 Hopton Haynes 的记录。牛顿在其账目中记录了"大重铸"时期皇家造币厂所铸造的货币总额，参见 Mint 19.2, f. 264。其货币总额为 685.9144 万英镑 8 先令 5 便士——这个数据非常精确，但完全符合牛顿对于精确计算的热情。

对于他也就没有明显的解决办法，只能寄希望于他所雇用的助手们能够弥补上司的不足。

但是他们无能为力。在尼尔治下，货币重铸的头几个月变成了闹剧。第一个重要里程碑出现于1696年5月，从那时起财政部征税时停止接收用锤子打造的旧币。尼尔手下的人被要求在头五个月生产足够的新币，以保证在公共流通领域至少有适当部分的可用银币。但实际情况是，从5月到7月，英国几乎到处都出现了现金匮乏，到8月份时才略有好转。官方的岁入消失了①——纳税突然枯竭，政府的债务兑现只能给出其面值的30%，比一年以前情况还要糟糕。

更糟糕的情况看来还在后面。国民的情绪从抱怨变得接近于恐慌。前出版许可颁发员——官方检查员——埃德蒙·伯恩（Edmund Bohun）在给一位朋友的信中写道："交易的办理只有通过赊账。我们的租户付不了房租，我们的谷物加工厂购进的东西无法支付，也无法进行交易，这使得一切都陷于停顿。"伯恩表达了一种普遍的恐慌情绪："民众极为不满，小家庭中因为困顿而出现了许多自杀事件"，更糟糕的是，他警告说，"如果极小的事件引发暴乱，事情的结局将难以设想"。②

---

① Ming-hsun Li, *The Great Recoinage of 1696 to 1699,* pp. 135-136.
② 埃德蒙·伯恩于1696年7月31日写给Hohn Cary的信，被转引于C. E. Challis, *A New History of the Royal Mint,* p. 387。在一本声称威廉三世和玛丽凭借征服詹姆斯二世的军队获得王位的小册子被伯恩允许出版后，伯恩失去了其出版许可颁发员（审查员）的职位。由于害怕这本小册子对实际上由武力掌控的君主政体的合法性造成哪怕是最微小的挑战，议会要求逮捕伯恩，在下议院法庭对其进行审判，最终烧毁了这些带来麻烦的小册子，并罢免了伯恩的职务。我们没有理由怀疑此处伯恩致Cary的信的真实性，但伯恩先前是詹姆斯二世的支持者，他迅速接受了威廉三世的统治，这种转变对他过去的同盟者和他的新领导来说都太快了，我们需要谨慎对待他在信中其他地方表达的对货币重铸的愤怒态度。伯恩作为出版许可颁发员的经历参见Mark Goldie's "Edmund Bohun and *Ius Gentium* in the Revolution Debate, 1689-1693", *Historical Journal* 20, no. 3 (1977), pp. 569, 586, 作者在关于威廉三世和玛丽的统治合法性的讨论中对此有所论述。

通常十分冷静、联系广泛的观察家，也是多产的学者约翰·伊夫林6月份在他的日记中记载了类似的忧虑："缺少进行最小的事务甚至市场生活物资交易的现金。"所缺乏的并不只是零钱，政府也面临着崩溃。战争的成本（问题的大头）加上因货币的贬值导致的税收的下降，国库变得空虚。① 在普利茅斯，试图用磨损的旧币支付军饷的做法导致了哗变，以致对士兵只能支付给养而不是现金。伊夫林与伯恩得出了同样的结论："人们天天在担心骚乱的发生，没有人支付或收取货币。"②

　　在肯德尔（Kendal），当收税员拒绝接收被切削过的旧币时引发了骚乱，结果二十人被捕。③ 在伦敦怨声四起，人们认为灾祸是国王威廉造成的："嗨，我们的钱币不能通行／世人想弄明白"——想弄明白这是谁的责任。答案很清楚："人们说这是国王的图谋／是他造成的恶果。"还怕有人不明白，诗人又补充道："在詹姆斯时代我们有大量硬币／有充足的储备。"④ 从各种迹象来看，英国是真正意义上的没有"钱"了。

　　1696年5月2日，牛顿到皇家造币厂工作，他宣誓绝不"向任何人，不管是谁，透露新发明的硬币的圆形切割法和边缘制作法"。⑤ 在这一誓言的约束下，牛顿的职责是监管建筑，维护机器，并喂养皇家造币厂的马匹。但是没有人真的会认为牛顿

---

① Malcolm Gaskill, *Crime and Mentalities in Early Modern England*, p. 195.
② 约翰·伊夫林1696年6月11日的日记，被转引于Ming-hsun Li, *The Great Recoinage of 1696 to 1699*, p. 135 和 D. W. Jones, *War and Economy*, p. 137。
③ Malcolm Gaskill, *Crime and Mentalities in Early Modern England*, p. 195.
④ 这种批评很可能源于1697年，被完整地转引于Malcolm Gaskill, *Crime and Mentalities in Early Modern England*, p. 193.
⑤ 牛顿1696年5月2日的誓言，参见*Correspondence 4*, document 548, p. 201。

会去为牲畜的饲料和打破的玻璃操心，那是他手下的三个办事员负责的事。至少一个世纪以来，领着450英镑年薪的督办从不做什么实际的事情①——在牛顿之后又复如此，直到一百年后这一职务被取消。在通常情况下，牛顿可以相信蒙塔古对他说的话，这位财政大臣曾向他保证说，那个职务干起来不怎么费劲儿。②

牛顿上任仅几个星期就发现他的工作并非那么简单。他估摸了一下现任厂长尼尔的人品，得出了一个大体结论，他是"一个负债和挥霍的浪荡子"。③当他了解到在造币的指挥分工方面尼尔的权力比他大时，他感到颇为不快，而这个败家子挣的钱要比他多得多更使他恼火。牛顿对此事的处理是采取直接的行动——在到造币厂的一个月内，他要求（并最终得到了）把自己的工资涨到与厂长一样高。④

在造币厂享有更大权力的问题花了更长的时间才得以解决。他整天忙于阅读文件和参加会议，做出一些别人无力或不愿意做的决定。一部分原因是，他对在厂里所看到的那种玩忽职守的状况十分不满。5月6日在履职仅四天后，他向财政部提出了一个让人难堪但又不失礼貌的建议：对那些木匠和工人最好先检查他们工作质量再付工资。⑤在第二个月，他再次给财政部写信，抱怨没有得到足

---

① Sir John Craig, "Isaac Newton —Crime Investigator", *Nature* 182 (1958), pp. 136, 149. 牛顿对皇家造币厂组织情况及其先前工作安排的问题的记述参见牛顿1696年6月的笔记，参见 *Correspondence 4*, document 552, pp. 207-209.
② *Correspondence 4*, document 545, p. 195.
③ 皇家造币厂的记录，被转引自 Richard Westfall, *Never at Rest*, p. 564.
④ 牛顿于1696年6月致财政部的信，参见 *Correspondence 4*, document 551, pp. 205-206.
⑤ 牛顿、托马斯·尼尔和托马斯·霍尔（Thomas Hall，尼尔的助手）于1696年5月6日致"财政部委员阁下"，参见 *Correspondence 4*, document 549, p. 202. 毫无疑问，某些人类经验具有普遍性，对承包人工作质量的怀疑便是其中之一。

够的资金以雇用几个必要的员工。① 有时他只是含糊其词，第一个夏末，他计算了一下他的费用，他提醒财政部有关面值两便士的硬币的总额的争论。②

更重要的是，牛顿很快就潜心于掌握造币厂各项业务的细节，包括一些实际属于厂长管辖的事务。③ 他认真阅读了造币厂的历史，甚至检索了两百年前的资料。他仔细查看了几十年的账簿，亲笔加以注记。他把由几十年实验室的勤奋工作养成的严格作风注入把金属原材料铸造成法定货币的每个环节。在原则性的事务上他必亲力亲为，他告诉他的副手说，他的原则就是不相信任何其他人的计算，"不要相信别人的眼睛，而要相信自己的眼睛"。④ 这一切他都记载下来，他亲笔写下的造币厂文件装满了五个大公文包，洋洋洒洒达数千页之多。⑤

到 1696 年夏季时，牛顿所积累的知识已成为一个武器，强大到足以使他完全摆脱尼尔。面对这样的强势，厂长自觉无望，他退缩了，多数情况下是悄悄的。他保留了他抵押债务之余的工资，并

---

① 牛顿和托马斯·霍尔于 1696 年 6 月 8 日致"财政部委员阁下"，参见 Correspondence 4, document 550, pp. 204-205。
② 牛顿 1696 年致财政部的信，参见 Correspondence 4, document 559, p. 218。虽然两便士硬币在当时比现在的价值更高，但在今日伦敦街头，两便士仍大约值一大杯卡布奇诺。换句话说，也高不了多少。
③ Richard Westfall 叙述了牛顿掌握造币厂所有可获得资料的过程，此处的叙述来自 Richard Westfall, Never at Rest, pp. 564-566。
④ 牛顿于 1698 年 4 月 16 日写给全国造币协会（All Country Mints），参见 Correspondence 4, document 586, p. 271。
⑤ 牛顿对造币厂的记录参见 Mint 19/1-5，现存于英国公共档案馆（Mint 19.6 是其他五卷的概述表）。牛顿在其任督办时期的大部分记录载于 Mint 19/1，此卷包含多份文件的草稿，涉及货币重铸、造币厂组织情况及威廉·查洛纳。例如对查洛纳犯罪行为的近乎一致的总结，参见 19/1, f. 496 和 19/1, ff. 497-498（后者被引用于 Correspondence 4, document 581, pp. 261-262）。Richard Westfall 列举了牛顿需要重写的其他资料，参见 Never at Rest, p. 566, n. 47。

让牛顿替他完成自己的工作。看来没有人对这场不流血的政变提出质疑，虽然牛顿并没有可以僭越厂长职权的官方许可。

牛顿现在面临着让那些哪怕是更有经验的造币厂官员也会为之气馁的数字。造币机器的设计能力是每星期生产1.5万英镑，按照这种速度，制造700万英镑以取代所有银币的工作需要将近九年的时间。财政部要求把产量提高到每星期3万到4万英镑，但这正如当时负责铸币的一位助理霍普顿·海恩斯（Hopton Haynes）所说的，"被视为一件不可能的事情"。①

但是到了夏末，不可能的事情变成了常规做法。已成为牛顿在造币厂相当信任同事之一的海恩斯后来说，新督办对于数字的敏感（这是一种低调的说法）使他比别人更快地掌握了造币厂的统计体系，这一点是确定无疑的。牛顿使造币厂免遭经常出现的敲诈的企图——例如有一次有两个有名的金属贩子提出接管铸币，对每磅重银子做成铸币只索要12.375便士的便宜价。② 牛顿很快对造币厂的成本进行了计算，向人们证明这两个商贩的报价实际向政府多索要了三分之一的价钱。但更重要的实际上是新督办的经验技能，即观察、测算和数据操作能力，而不仅仅是过人的计算能力。

牛顿的第一目标是确保造币厂有进行货币重铸的设备。厂里的工人把第一台新的熔炉塞进了熔炼车间，接着又塞入了另一台。牛顿对位于伦敦塔墙东端的第二熔炼车间的施工进行了监督。三台主熔炉都安装好了之后，造币厂就可以每天提供五吨适于铸币的精炼

---

① 霍普顿·海恩斯所说的话被引用于 C. E. Challis, *A New History of the Royal Mint*, p. 394。
② 牛顿和托马斯·霍尔于1696/1697年2月22日或之后致财政部的信，参见 *Correspondence 4*, p. 236。

液态银了。①

这些熔化的金属流入一个曾让塞缪尔·佩皮斯大感吃惊的破旧流水线中。这些使用了半个多世纪的陈旧设备许多已解体,那些勉强能用的设备容量太小,难以应付涌来的银流。为了解决这一问题,在牛顿的订购下,造币厂增加了八台新的轧平机和五台新的冲床。

接着,新督办对铸币过程每阶段的生产状况进行了分析。他仔细观察了熔炼过程,发现每座熔炉每天消耗 25 蒲式耳(bushel,1 蒲式耳约为 36 升)煤,如他在炼金时所做的一样,他确保自己了解所使用工具的详细特点——例如他通过计算得出,一个熔锅"新的时候可装 800 磅重量,使用了一个月或六个星期之后,就可能只能装 700 磅或 650 磅甚至更少的重量"。②

牛顿把他对于机械的相同经验也用于人员管理。在重铸的火热期,即 1696 年年底到 1697 年,牛顿指挥将近 500 人和 50 匹马驱动巨型轧机。③为保证这支大军不浪费体力,他进行了也许是有记载的最早的工效研究(time-and-motion study)。根据他的观察,需要"2 台(轧制)机器和 4 个轧工、12 匹马和 4 个马夫、3 个切削员、2 个平面锤操作员、8 个分拣员、3 个漂白员、2 个标记员",才能把足够的白银从熔炼车间沿生产线一直输送到 2 台压币机,每台压币机还需 7 个工人——6 个负责翻转绞盘机,1 个胆子大的工人把硬币白板装填到压制室中。④

---

① C. E. Challis, *A New History of the Royal Mint*, p. 394.
② Isaac Newton, "Observations concerning the Mint", 1697, *Correspondence 4*, document 579, p. 256.
③ C. E. Challis, *A New History of the Royal Mint*, p. 394. 此处 500 人的数据源自 Sir John Craig, *Newton at the Mint*, p. 14。
④ Isaac Newton, "Observations concerning the Mint", 1697, *Correspondence 4*, document 579, p. 258.

这些人数制约着牛顿的计算。造币厂的生产进度不可能快于那些绞盘臂的转动速度，其他环节都要与之配合，以使它们在人的肌肉和操作人员可以支持的情况下以最快的速度不断冲压出硬币。为此牛顿查看他们的工作情况，"估算他们的努力程度"。[①] 他测算压制一枚硬币所需的时间，观察压印的繁重劳动在多长时间里使每组人员的体力耗尽，留意装填白板和取出成品的工人们要怎样快速敏捷才能不伤及手指，最终他得出了一个理想速度：如果压币机撞击的速度比人的心跳速度略慢，也就是每分钟撞击 50 下到 55 下，人和机器就可以一口气数小时地连续作业。[②] 牛顿按照这个撞击速度确定了整个造币厂的运行节奏。

牛顿的鼓点取得了效果，而且见效很快。整个铸币所创造的纪录是，一项极为复杂和耗资巨大的工程顺利、高效和基本安全地得以完成（只有一个工人死于轧平机操作[③]，在这样紧张的工作中，这是一个很低的数字）。原来认为每星期产出 1.5 万英镑是难以达到的速度，在牛顿的管理下，这一速度很快就提高到每星期 5 万英镑。1696 年夏末时，造币的工人和机器创造了六天生产 10 万英镑的成绩，这对于英国乃至全欧洲的造币厂都是一个创纪录的数字。[④]

重铸币工作以这一速度顺利开展。1697 年年底大部分可用的银子都被铸成了新币，1698 年中期整个计划基本完成，1699 年 6

[①] Hopton Haynes, *Brief Memoires Relating to the Silver and Gold Coins of England*，被转引于 Richard Westfall, *Never at Rest,* p. 561。

[②] C. E. Challis, *A New History of the Royal Mint*, p. 394. 作者引用了海恩斯对牛顿计算结果的论述。14 个工人操作一台压印机的数据源自 Isaac Newton, "Observations concerning the Mint", 1697, *Correspondence 4*, document 579, p. 258。

[③] Richard Westfall, *Never at Rest,* p. 561.

[④] C. E. Challis, *A New History of the Royal Mint*, p. 394.

月形势趋于正常,这使得造币厂卖掉了为应付全国性危机而添置的机器。至此皇家造币厂在牛顿的指挥下完成了全国银币的重铸,总计 684.719 万英镑。这一工作耗资巨大,总计花费了 270 万英镑左右,大部分为弥补重铸时按面值接收的被切削过的金属硬币的损失。[①] 但是以这一代价,英国换取了一整套新的可用于购物、交易和战争的银币。

1696 年初秋,大量银币开始迅速输送到民众手里,这使得当时人们最深切的忧虑得以缓解,没有发生货币骚乱,伦敦的穷人没有起来造反并要求好国王詹姆斯回来。威廉国王仍然抱怨缺钱,但他已可以把自己的军队稳定在战场上,而在 1697 年 9 月,当货币重铸工作可以顺利完成已经非常清楚时,他甚至与路易十四达成了一项和平协议。[②] 没有什么直接的证据把货币重铸的成功与国内的稳定和对外战争的胜利联系起来,但是随着这项工作平静顺利地完成,不到两年,民众以前的那种近乎惶恐的担忧消失了。

人们都知道这是谁的功劳,在货币重铸计划大功告成时查尔斯·蒙塔古说,如果没有牛顿在皇家造币厂的亲临指挥,这一浩繁的工程是难以成功的。[③]

[①] Mint 9/60,被转引于 C. E. Challis, *A New History of the Royal Mint*, pp. 394, 397。也可参见 Ming-hsun Li, *The Great Recoinage of 1696 to 1699*, pp. 138-140。Richard Westfall 将每周产量为 10 万英镑的成绩追溯到 1696 年夏天,参见 *Never at Rest*, p. 561。

[②] 为回应国王对于战争和商贸往来中货币短缺的抱怨,1696 年 10 月,英格兰银行的董事们被询问有什么可以做的。他们的建议之一是"增加货币的种类,由此加快货币压印"。参见 Ming-hsun Li, *The Great Recoinage of 1696 to 1699*, p. 138。

[③] 约翰·康迪克为其所著的牛顿传记记录的笔记,参见 Keynes Ms. 130.7, 3r。

第五章
冲　突

15　"造币厂督办是一个恶棍"

尽管牛顿在皇家造币的工作为他赢得了赞扬、荣誉和财富，但是在他接受造币厂督办职务时，似乎没有人提醒过他这一工作的另外一个方面：从古时起，造币厂督办就是厂里唯一的官方治安官，负责在伦敦及周围地区执行国王的法律，管控针对货币的各种犯罪行为。

牛顿对这一工作没有兴趣，在造币厂工作的头一个夏天，他总是设法回避，他向财政部的上司抱怨道："我所调查的每个案子，都使我受到伪币制造者和新门律师的诽谤。"一项新的条例规定，对于每个伪币制造者的定罪，检举人将获得40英镑的奖赏，还可能包含对所判定的罚没财产的分成。① 陪审团知道这种刺激会带来的积极性，这使得他们"不愿意相信证人"。牛顿说道："我的代理

---

① John Craig, "Isaac Newton and the Counterfeiters", *Notes and Records of the Royal Society of London* 18, no. 2 (December 1963), p. 136.

人和证人为对检举人关于赏金的诘问……感到沮丧和厌倦。"① 不问情由地让他做这项工作是不公平的:"我没有发现我的哪一位前任被要求做检举造伪币者的工作。"因此,他最后说:"我恭顺地请求不要把这项工作加在皇家造币厂督办这一职务上。"②

他的请求被拒绝了。1696年7月30日从财政部传来了不佳的消息,称职责不可不尽,而且要求牛顿立刻着手调查一个麻烦的案子:一批印模从皇家造币厂失踪了。

牛顿以前的职业根本不会使他对处理盘根错节的刑事案件的能力有所训练。曲线的性质可被分析,关系可被证明;运动物体的行为可被观察,可依据数学预测进行描绘;神学的论证可以追溯古代的经典,并且最终可以建立在上帝在世界存在并起作用这一真理上。是的,没有人比牛顿更懂得如何描绘一个因果链,一直追索到最后唯一可能的结论。可是在这里,并不存在可靠的手段,可以将矛盾的事实和混乱的供述悉数破解。但是牛顿别无选择:新上任的督办只有设法把自己变为一个侦探,一个能够厘清这些混乱的人。

牛顿的执法生涯以一个简单的问题开始:皇家造币厂的工具到底出了什么事?

没有人能够说得清楚。

但是我们可以知道事情是怎么开始的,或者说当局最初是怎么知道的。那年年初的某一天,财政大臣蒙塔古在其办公室里发现一份呈递国王及其枢密院的诉状,所署日期为1696年1月13日,署

---

① 牛顿于1696年7月或8月致财政部的信,参见 *Correspondence 4*, document 553, pp. 209-210。
② Ibid. 牛顿为免除此项职责所说的话被修改并以略微不同的形式写于他的签名之下:"因此,我恭顺地请求不要再把这项工作加到我的职务之上。"

名为一个在新门监狱里关押的重犯威廉·查洛纳。查洛纳把他当前的境遇归因于前一个夏天他提交给评议员们的一份揭发皇家造币厂存在大量以权谋私行为的证词。造币厂的官员对这一指控的应对办法是，指使私人擒贼者抓获了一些造伪币的惯犯，让他们指控查洛纳，致使他被关进监狱，等待被审判，以此来制止他的活动。

尽管有这段历史陈述，但蒙塔古并不知道他手上这份诉状上的签名的意义。他或许还记得一个叫这个名字的人1693年曾因揭发雅各比党人印刷工而获得奖赏。他即使知道也多半不记得查洛纳曾至少有一次因造伪币而被拘禁，但在审判之前得以逃脱，而指控者被处死。即使他记得这段插曲，查洛纳所描述的皇家造币厂的阴谋如此骇人听闻和有可信性，这使蒙塔古不能对之不闻不问。"大重铸"刚刚开始，有关皇家造币厂任何丑闻的暗示都可能摧毁公众对财政部尚存的信心，因此财政大臣别无选择，只能命令立即对查洛纳的指控展开调查。

这样查洛纳得以从新门监狱获得释放。1696年5月16日他又来到白厅，上诉法院的上诉法官委员会听取了他有关官员腐败和贪婪的耸人听闻的故事。在他一年以前的证言的后续中，他重述了他在诉状中的指控：铸币人，那些受托为英国制造真硬币的人，实际在犯着一桩一桩的罪行。他们利用走私进来的贱金属的白板，私下里制作假几尼，而在用正规的银和黄金制作硬币时，他们以分量短缺的硬币欺骗造币厂和国家。更恶劣的是，查洛纳做证说，正是总雕刻师本人把官方的印模——把图案印在新硬币表面的工具——变卖给伦敦塔墙外的伪币制造者。查洛纳指出了一些人名，并发誓说，"他本人一生从未制造过伪币"，但他指出了两个以前的合伙人，帕特里克·科菲和实在令人惊奇的钱德勒先生（Mr.

Chandler)——在内行人的圈子中,这是威廉·查洛纳的铸币假名。①

这是一个故事,其恐怖性足以说明蒙塔古对最初的那封信的反应是正确的。但这是真的吗?使调查变得更复杂的是,这个故事被一个叫作彼得·库克(Peter Cooke)的人当场驳斥,那个人在其拘捕档案上被称为"一位绅士"。当局已经很熟悉他,目前被关押在新门监狱,他正极力想避免因另一起伪币制造案而被判处死刑。在这一激励下,他就需要使自己的证词尽可能让人信服,而他对上诉法官们说的情况肯定引起了他们的注意。库克坦白说,他知道印模失踪的事情,但他发誓那些东西并没有被以腐败手段从皇家造币厂倒卖出去,相反,它们是在由查洛纳本人组织的一起团伙盗窃案中被偷走的。

两个矛盾的描述已经够让人心烦了,而此时上诉法院法官又听取了一个名叫托马斯·怀特(Thomas White)的人在绞刑架阴影的笼罩下的做证,他不是一位"绅士",但像库克一样是一位被判刑的伪币制造者。照怀特的说法,皇家造币厂自身及至少部分员工确实参与了一个后来发展得相当庞大的伪币制造活动。怀特指出了一个具体的雇员,一个叫亨特(Hunter)的制币工人,说他是把官方印模倒卖给伪币制造者的源头。到此,这是一个清楚直白的故事。但是怀特又补充说,亨特把一套模具卖给了威廉·查洛纳!

调查所涉及的沼泽越蹚水越深,此时一位叫斯考奇·罗宾(Scotch Robin)的造币厂雕刻工出现在法官委员会前。他证实了库克的说法,即印模是被偷走了而不是卖掉了。但是他所指出的犯罪者不是查洛纳,而是指控查洛纳的人托马斯·怀特。当罗宾

---

① Paul Hopkins and Stuart Handley, "Chaloner, William", in the *Oxford Dictionary of National Biography*.

本人受到怀疑时，他逃走了，逃到了苏格兰，英格兰法令够不到的地方。①

此时，调查员们似乎放弃追查了。在这个矛盾扭结的故事里，只有一个事实可以说是确定的：某个人，以某种方式，非法地获取了官方的硬币制造设备。除此之外，失踪印模之谜与其说是一个犯罪阴谋活动，不如说是一个站成圆圈的行刑队，越来越多的被指控者在仓促的相互揭发中扭成一团。

就在这种混乱之中，在身不由己的情况下，牛顿出场了。他对刑事调查还没有任何实际的知识，但他将证明自己是一个善于学习的人。

位于新门的监狱现已不存在了，在那一地址的最早的监狱1188年收容了它的第一个房客，最后的监狱于1904年被拆除，以便为"老贝利"的扩建腾出地方。1696年时使用的监狱几乎是崭新的，它是在1666年伦敦大火之后的废墟上重建的。新建的监狱门面很雅致，克里斯托弗·雷恩爵士想用它来点缀整个城市。②但是这种雅致丝毫无助于改变其功能的本质，正如笛福小说中的摩尔·弗兰德斯③所说，新门监狱不仅是"地狱自身的象征"，也是"通往地狱之门"。④笛福写的是他自身的经历，他曾因欠债而在那

---

① 彼得·库克同样也指认了查洛纳，但没有提及亨特。参见 John Craig, "Isaac Newton — Crime Investigator", *Nature* 182, no. 4629 (July 19, 1958), p. 150。
② 正如 Peter Whitfield 在 *London: A Life in Maps* 中指出的，在伦敦大火之后，新门监狱和伯利恒医院（以疯人院为人所熟知）都进行重建并拥有了幽雅的外观。但它们都未能保存至今。新门监狱在原址又重建了两次，直到由于中央刑事法庭的扩建而被拆除。具有明显讽刺意味的是，疯人院所在的地方现在是帝国战争博物馆。
③ Moll Flanders，降生于新门监狱，由此开启了苦难的一生。——译者注
④ Daniel Defoe, *Moll Flanders*, p. 215.

里被短期囚禁过。其他有名的囚犯证实了笛福的说法,卡萨诺瓦①由于强奸幼童的指控曾被关押在那里,他称"那个痛苦绝望的宅邸"是一个地狱之所,"就像但丁所想象的一样"。②

当然,这是一个有效的震慑,它从新囚犯初次进入位于主门下的地下收容牢房就开始了,那里被犯人们称为"地狱的边境",被判死刑的犯人也在那里等待被带向刑场的最后旅程,为新来者起惩戒示范作用。

在昏暗的光线下,在地上挖出的敞开的下水道旁,犯人们接受在新门监狱生活的基本知识教育。从那一时刻起,维持生存——且不用说过得舒服——完全依赖于囚犯能够塞给狱卒多少现金,贫穷或变得贫穷将会惹祸上身。新犯人到来时戴着手铐和脚镣,一些人还戴着颈箍。要除去那些铁具,需要交 2 先令 6 便士的"舒解费",那些抵制者会逐渐丧失勇气。狱卒们已经被迫放弃了老的"重压"犯人的技术——把不断增加的重物压在犯人身上,日复一日——以迫使他们交出钱财。但是仍然有新发明的办法,一些固执的看守们决心制服那些小气鬼,例如把颈箍勒到几乎使他们的脖子折断。

接下来,犯人们从收容监狱被送到主监狱,有钱的人转到了高等犯人一侧,没钱进行必要的贿赂的人只能进普通牢房,后者在本来只能容十二人以下的牢房中塞进三十人。在普通牢房中,犯人是没听说过床为何物的,犯人们哪儿能睡就睡在哪儿,如果他们能睡着的话。食物主要是面包,但是 1724 年的一个调查发现,就是

---

① Casanova,意大利 18 世纪传奇式的人物,不仅热衷冒险,还是摧花高手、欧洲情圣。——译者注
② Giacomo Casanova, *The Memoirs of Jacques Casanova de Seingalt*, chapter 13, http://etext.library.adelaide.edu.au/c/casanova/c33m/chapter111.html (1894 年出版于伦敦,未删节版)。

第五章 冲 突

这些口粮也常常被那些享有特权的犯人——那些付了钱有权对食物和蜡烛进行分配的人——克扣，他们把其中的一些拿到当地店铺中出售。饥饿、寒冷，在黑暗中煎熬，新门监狱大多数绝望的住户们只能忍受痛苦的折磨，即使有些人并没有被发现有罪。犯人们走出前门的时候要交释放费，以及那些他们可能从未收到过的食物的费用，没有钱就别想出去。

高等牢房里的情况好多了。在人们所称的，而不是戏说的伦敦最昂贵的住所里，有足够钱的犯人可以租用每星期3先令6便士的床，大约相当于技术工人一天的工资。他们可买蜡烛和煤，食物和酒。牢房里也不那么拥挤，犯人们有类似社会阶层一样的区分，层次由在监狱里所待时间的长短而定。

尽管有这种相对而言的舒适，新门监狱的根本事实仍然是：它是一个死亡之所。未经处理的污水、过度的拥挤、那些无钱行贿以得到啤酒或葡萄酒的人所喝的劣质水、失眠、寒冷和潮湿：这一切加在一起，使这里就像是一个有意设计的疾病温床。斑疹伤寒的普遍流行使得在这里关押候审不论多长时间都像是被判了死刑。① 年复一年，在牢中死于疾病的人超过了活着去上绞刑架的人。

所有这些就是库克和怀特——尽管他们讲述的故事不同——1696年5月到7月期间所要面对的境遇。他们的处决被一再拖延，只是为了让他们思忖，他们现在的（可能是短暂的）生存是多么可怕，还可能变得多么糟糕。8月初的时候他们端正了思想，终于，皇家造币厂督办请他们再搜索一下记忆，看对造币厂的丑闻还有什

---

① 对于新门监狱的描述来自 Stephen Halliday 了不起的历史著作 *Newgate: London's Prototype of Hell*, pp. 30-35. 我对此书有极高的评价；令人惊喜的是，在监狱发展的这一重要个案研究的框架中，它提供了令人毛骨悚然的逸事。

么可交代的东西。

怀特面临的危险最大也最紧迫。早先对他的指控存在争议,其审判过程显示了官员们为给哪怕最臭名昭著的犯人判刑的难处。在起诉期间对于他所提供的证据往好里说也是不能令人信服的。米德尔塞克斯郡(Middlesex)大陪审团三次对他提出指控,之后起诉员开始进行管辖权择地,他们发现一个伦敦大陪审团可被说服而提起刑事起诉。这种坚持不懈说明怀特有着处于有利地位的敌人,这一迹象在他被判刑后得以证实。一位议员要求对怀特判处死刑,并暗示如果对之免除死刑就会引起议会的混乱。

牛顿的决定权是很大的:如果一项定罪不够,在他们第一次面谈时,他又得到有关怀特另一项罪行的信息:他曾伙同另外两个人装配了一台压币机,其本身就够判处死刑。因此牛顿是怀特的唯一希望,但是在开始的时候,地位十分危险的犯人似乎还不服软。在第一次提审时他不想供出压币机案的两个同谋,牛顿准备拂袖而去了,让怀特自己去面对绞索。就在此时怀特开口了,牛顿紧紧地控制着他的笼中鸟,每次面谈后都提请不超过两个星期的延缓处决,一连几个月他在进行着这种游戏,总共延缓了13次绞刑,直到他确信怀特已供出了所有他可能供出的人,可能还额外供出了几个。终于,1697年5月牛顿让他的金丝雀飞出了笼子,怀特在新门监狱关押整一年后被释放了。

库克对游戏要旨的掌握要快得多,他在被提审时很快就供出了三个人。一个是逃兵,但很快又返回了军队。第二个自己也坦白了,交代到够他自己被释放的程度。第三个没有什么有价值东西可交代,他被判了刑,发配到有"热病群岛"之称的西印度群岛,这被看作一种慢性的死刑惩罚。①

这些供述使库克获得死缓,但它们无助于牛顿对失踪的印模理出头绪。从 8 月到 9 月他又提审了六个人,或许更多。他逮捕了三十多个嫌疑犯,到秋天的时候,他又启动了更多调查。

当牛顿与他越来越多的线人、送信人、办事员满城活动的时候,查洛纳在干些什么呢?

他仍然在大众的视野中,在被从新门监狱释放后,1696—1697 年的冬末他在伦敦找了一处新的住所。② 牛顿看来只和他面谈了一次,可能是在 8 月,9 月底以前肯定已谈过了。其余涉案人都被无情的牛顿反复提审和威吓,终至崩溃,唯有查洛纳坚持自己的故事:皇家造币厂本身窝藏了犯罪团伙——牛顿也动摇不了他的说法。

牛顿在办案过程中发现,尽管有严厉的法律,但是造伪币是一项难以起诉的罪行,如怀特的案子所表明的,甚至起草一份刑事起诉书也不是一定能办到的事。除了在奖励体制下引发的合理怀疑,正是"血腥法典"(bloody code)的血腥性——大量的犯罪行为要被判处死刑——使得陪审团除非在证据确凿时被迫为之,否则通常不愿意判处极刑。库克和怀特只是指证查洛纳以某种方式参与了阴谋,是一个群体中的一员而已。

在这样的形势下,查洛纳毫不动摇,否认自身的参与,坚持对皇家造币厂的指控,甚至提出协助牛顿厘清伦敦塔的丑闻。查洛纳

---

① John Craig 讲述了牛顿参与托马斯·怀特和彼得·库克的审判的故事,参见"Isaac Newton and the Counterfeiters", *Notes and Records of the Royal Society of London* 18, no. 2 (December 1963), pp. 137-138。

② *Guzman Redivivus*, p. 8.

告诉牛顿，他所要做的，就是聘请一个他可以毫不犹豫推荐的人，托马斯·霍洛韦——他碰巧是查洛纳以前的造伪币合伙人——当皇家造币厂的监管人（supervisor）。①

牛顿没有理会这个建议，虽然与犯罪行为的斗争时间只有几个月，但他清楚地知道不能轻易接受嫌疑犯的"帮助"。事实依然是：没有理由抓住查洛纳不放，他没有印模，而那些指控他的人已经因为其他案件被判处死刑，这使得任何一个陪审团可以有理由认为他们的证词是绝望下的乱咬。此外，牛顿还没有意识到他与之周旋的查洛纳到底是何许人。

在如今这个瞬息通信的时代，我们很难想象在牛顿的时代跟踪一个坏人有多么困难。查洛纳的确留下了使他被列入坏人名单的足够线索：新门监狱的看守会根据他前两次的到访而认出他，政府中某些人士会因雅各比党人传单事件而记得他，财政部的某些人也会记得1695年对他的数千英镑的奖赏。

但是英国的现代警察机构要等到罗伯特·皮尔②时代才建立起来，那也是世界上的第一个警察机构：1829年在伦敦开始运作的"伦敦警察厅"（Metropolitan Police）。在这一机构中，照章办事的观念终于成为一种例行公事，例行的记录保存、有些枯燥但很有效的笔记记录和存档使得警察机构可以对坏人进行跟踪。但是查洛纳可以庆幸，1696年时不存在这样的警察管理办法，身份的辨识只是偶然的和通过逸闻传说进行的。那些行使警察功能的人还没有明显的方式可在通常情况下彼此交流：追踪政治阴谋的王

---

① Isaac Newton, "Chaloner's Case", Mint 19/1, sheet 501.
② Robert Peel，1788—1850，英国政治家，英国保守党及伦敦警察厅创建人，两度出任英国首相。——译者注

室密探没有理由向搜寻伪币制造者的督办助手出示证据；对于某个罪犯白厅可能早就有了刑事犯罪记录，而在伦敦塔的人可能一点线索也没有。

这意味着，对牛顿来说，1696年8月时的查洛纳只不过是那些他要处理的浩繁而没有区分的材料中的又一个可疑人物。牛顿知道，在绞索威胁下的证人为了脱罪什么都会说，因此查洛纳在当前追踪的刑事案中所起的真实作用还是一个谜。在这种情况下，判刑是不可能的，牛顿的真正选择只有一个：他向查洛纳提出他能提出的问题，查洛纳给予答复，小心地避免出现矛盾，牛顿倾听着，然后让这家伙走人。

在查洛纳看来，全身而退就是一种胜利，虽然他的计划部分地失败了，他未能诱使新督办让托马斯·霍洛韦在皇家造币厂里任职。但他还是干得很不错，他指控造币厂参与了犯罪阴谋，而没有被追查。皇家造币厂及其官员仍然被丑闻的阴影笼罩，而查洛纳本人却设法淡出了人们的视野。

对牛顿来说，与查洛纳的初次交手并没有给他留下很深的印象。他是一个忙碌的人，他的真正工作——如果不是官方规定的职责——在于当时正在进行的货币重铸工作，若不是查洛纳本人再次主动插手造币厂事务，牛顿本不会对他造成任何威胁。

对于似乎能轻易从危险中脱身，查洛纳得出了自己的结论。虽然霍洛韦的计划失败了，还有其他办法利用国家货币的混乱，1697年春季他又有了一个新的计划，这将使他可以随意染指流经伦敦塔的财富洪流。他相信，他没有理由害怕那个不可避免的结果：与那个看来易于被愚弄的皇家造币厂督办、那个最近才从外省调来的不谙世事的自然哲学家发生正面冲突。

16 "几箱子他亲笔写的材料"

虽然不情愿地充当了刑事调查员，但牛顿仍决心把这一工作做好。1696年的8月和9月，他把半数工作日都用于失踪印模的调查。① 在完成了最初的一轮提审后，他停了下来，思考如何采取适当的方式展开调查。

他很快就确定了自己的基本策略。他知道制造伪币必然是一个有组织的犯罪行为。如果他不能从基本常识推理这一点，库克和怀特的证词也能告诉他伪币制造者的生存事实：没有合谋者大规模造币是不可能的——这就意味着，甚至在第一枚假几尼投放街面上之前，就至少有三四个人可以相互做犯罪证明。

自然，这是较大的软肋所在，在整个有记载的历史上，进行非法发售的问题一直困扰着那些有野心的犯罪头目。以前和现在一样，老练的伪币制造者总是避免与大街上的交易有直接的接触，他们总是把硬币大批地卖给买主，后者再雇人把钱投放到日常使用中。但这仍然有一个联系的链条，使人可以顺着线索由一枚伪币追索，更糟糕的是，有鉴于在利益链条末端的风险与报酬不成比例，那些在街道上从事伪币交易的小贩如果被抓了，没有理由不招供。理论上，有时在实践上也如此，甚至少量的伪币就可能导致某个人被以造伪币之名判处死刑。而且情形往往是，在那些嫌疑犯在狱中等候，期盼有所宽免的当儿，新门监狱的恶劣环境就成为迫使他们

---

① 据John Craig计算，1696年8月和9月，牛顿曾10次拜访上诉法院的法官，并在此期间于新门监狱和造币厂审问了至少6名嫌疑人。由此可以推算出，牛顿至少每周花两天进行调查，并且我们很可能还低估了牛顿所审问的嫌疑人数量及每位嫌疑人被提审的时间。参见John Craig, "Isaac Newton and the Counterfeiters", *Notes and Records of the Royal Society of London* 18, no. 2 (December 1963), p. 137。

交代的最有效办法。

这一切都为牛顿的做法提供了指示。为了制止造伪币的活动，他需要捉住主要参与者并绳之以法。为了做到这一点，他需要有可把那些参与人与罪行——制造和散播伪币——直接联系起来的证人和证据，需要一条有足够说服力的链条，使最软心肠的陪审团也为之信服。为了找到那些证据并把它们与他想抓的人联系起来，他要倒过来追查那个对任何伪币制造者都不可或缺的网络，从底部开始，以精确估算的小恩小惠来换取他所需要了解的情况。像历史上所有街道警察一样——但与任何其他皇家学会会员或剑桥大学教授不同，他要到伦敦黑社会的水潭中，在齐腰深的水中蹚涉。

在1696年9月之前牛顿开始了行动。他一方面追踪库克和怀特证言中的线索，另一方面他首次雇用了侦查其他案子的侦探，他把他们派出去，身着便衣进行空前的搜索。1696年9月11日，他的账目上记载着："支付汉弗莱·霍尔（Humphrey Hall）5英镑购买服装，以便可与伪造假钞团伙对话。"① 这可是不便宜的衣服，5英镑相当于造币厂一名员工一个月的薪水。显然，牛顿有着很高的目标，他派霍尔混迹于一些表面光鲜的骗子群里，这些人穿着高档服装以示其志得意满。

在随后的几个月里，牛顿扩大了搜索范围，为了解决地域管辖方面的问题，他设法使自己被任命为伦敦大都会周围七个郡的治安法官。如此一来，他派去追索伪币制造团伙的人只要证据所指，无处不去。有一个家住伦敦郊区伊斯灵顿（Islington）的密探来到了剑桥郡。他化装成一个从首都逃窜的伪币制造者，潜入了一个设备

---

① Mint 19/1, sheet 467, 被转引于John Craig, "Isaac Newton—Crime Investigator", *Nature* 182, no. 4629 (July 19, 1958), p. 150。

齐全的伪币制造场所，在那里有熔炉、轧平机和与皇家造币厂的"机密"效果相似的轧边机。

这些调查的成本是不低的。本杰明·马里斯（Benjamin Maris）和查尔斯·马里斯（Charles Maris）兄弟俩1696年年末到伍斯特郡（Worcestershire）和什罗普郡（Shropshire）侦查，他们向牛顿索费44英镑2先令作为工资、活动经费和告密费。波登汉·鲁斯（Bodenham Rewse）又叫本杰明·罗伊斯（Benjamin Reuss），他在法院档案中登记的是家住博街（Bow Street）的刺绣工，实际上是以擒贼谋生。1693—1695年，他与其搭档共告发了22名妓女和十几名妓院老板，但是他的事业的真正发迹始于为督办效劳。牛顿显然很信任他，交给了他好几张逮捕状，又付给他34英镑报酬，让他去抓捕在伦敦西部活动的伪币制造团伙。这种调查方式让他们双方都获得了好处。① 根据鲁斯的调查，牛顿得以对几个伪币制造者提起诉讼，1701年鲁斯所得的赏金已够他买得了新门监狱看守长的职位，这使他上升到一个多少是合法的掠夺体系的顶端，它可以使一个监狱看守成为富人。1696—1699年，牛顿为抓捕伪币制造者从腰包里一共掏出了626英镑5先令。② 这大大超过了他本人作为督办的年薪，足够建立一个像样的侦探队伍，唯命是从，去抓捕任何一个他所选择的人。

---

① 在剑桥郡进行的秘密调查和George Macy的工作参见Malcolm Gaskill, *Crime and Mentalities in Early Modern England*, p. 170。马里斯兄弟和波登汉·鲁斯的传奇经历参见John Craig, "Isaac Newton and the Counterfeiters", *Notes and Records of the Royal Society of London* 18, no. 2 (December 1963), pp. 138-139。J. M. Beattie的著作详细记述了17世纪90年代被雇用的擒贼人的经历，同时在某些细节上讨论了波登汉·鲁斯的职业，参见J. M. Beattie, *Policing and Punishment in London, 1660-1750*, pp. 228-247。
② "皇家造币厂督办牛顿为逮捕和起诉硬币切削者和伪币制造者所花开销的账单，1696年8月3日至……", Mint 19/1, leaf 477。

不可避免地，有一些侦探变坏了。1697年时马里斯兄弟俩自己也被关进了新门监狱，一个是因为走私，另一个是因为制造伪币。还有一些督办雇用的人更糟糕，平素对主人十分忠顺的霍普顿·海恩斯承认，牛顿雇用的人"有严重的唯利是图之嫌"。① 有一个叫塞缪尔·威尔逊（Samuel Wilson）的人向牛顿坦白他曾以5英镑的价格卖了"一对铸造先令的模子"，牛顿给了这位线人抓捕买主的逮捕状，而威尔逊视之为得了厚礼，"一个可以来钱的法宝"，他利用这张令状敲诈了那些牺牲品一年半，结果他自己被告发了。②

还有一位可怕的约翰·吉本斯，他是白厅的看门人，并很早就成为查洛纳的更有价值的线人之一。伦敦当局包括牛顿本人在内曾利用吉本斯作为一个擒贼人，让他行使警察的一些基本功能：安排告密人、搜查嫌疑犯住宅、执行逮捕状等，但吉本斯利用这些权力另搞一套为自己谋利的副业。他的确也逮捕了一些妨碍他获利的人，并且得到了他声称的功劳的奖赏，但他所进行的以保护为名的敲诈活动给他带来的好处要多得多。

牛顿最终也意识到他手下的人做得太过分了，1698年春季他开始关注这一问题。不断有证人向牛顿报告吉本斯如何用恐怖手段控制着伪币制造业，一个线人说"每季度和每年支付（吉本斯）一定的生活津贴"已成为惯例，它是伦敦伪币制造业的管理费。一度是吉本斯情人的玛丽·汤森（Mary Townsend）则做证说，他收私人保护费至少已经六年了，而一个被抓的名叫爱德华·艾维（Edward Ivy）的造伪币犯证实非法保护仍很有势力："吉本斯与许多硬币切削者和伪币制造者有来往，通常从他们那里收取一定数量的钱财作

---

① Hopton Haynes, *Brief Memoires*, f. 36v，被转引于 Malcolm Gaskill, *Crime and Mentalities in Early Modern England*, p. 171。

② Mint 17, deposition 193, of John Holloway and Elizabeth Holloway, 14 and 17 April 1699.

为默许的认可费,而如果谁遇到了麻烦,他也会为之说情。"吉本斯的收费标准似乎是 50 英镑,虽然他有时也提出不同的条件。他并不是总要求支付现金,伊丽莎白·邦德(Elizabeth Bond)告诉牛顿,她曾看见吉本斯把杰克逊夫人带进"隔壁一个带床的小屋中",当他们出来时"杰克逊夫人脸色苍白,手和下巴颤抖着"。她可能只是受到恐吓,但特别提到那张床则意味着可能还有别的事情发生,而在证人的叙述中,性敲诈的暗示是很普遍的。① 在最得势时,他对几乎所有受到官方注意的伪币制造者都进行过勒索,包括查洛纳本人。吉本斯曾吹嘘说查洛纳"因制造伪币和手枪被追捕过,但是因为我的保护而安然无恙"。②

牛顿没有参与和容忍他手下人的放肆行为,但是那时和现在一样,整顿任何暴利的非法行业,腐败往往是不可避免的副产品,他曾利用盗窃犯、诈骗犯和伪币制造者来抓捕他更急于抓捕的人,这一事实对他来说关系并不大,这个问题是可以自我矫正的:他手下那些人中的最坏者往往会作恶过头,到一定时候他可以视需要来收拾他们,而那些他要抓的歹徒也得到了报应。到 1697 年年初时,

---

① "a certain pension", Mint 17, document 198,玛丽·汤森的证词,未注明日期;"in company with one Mr. John Gib-bons", Mint 17, document 240,玛丽·汤森的证词,31 August 1698; "Gibbons corresponds", Mint 17, document 31,爱德华·艾维的证词,22 August 1698; The eighty-pound price, Mint 17, document 38,玛丽·霍布斯(Mary Hobbs)的证词,2 July 1698; "a little adjouning room", Mint 17, document 44,伊丽莎白·邦德的证词,15 July 1698。关于约翰·吉本斯经常向女人——制造伪币者本人或为其亲属或爱人求情的女人——索要性服务的线索来自牛顿 1698 年夏天记录的一系列证词。除了邦德对杰克逊夫人的证词,还有其他一些类似的对此类行为的间接描述。但显然,目击者一次又一次目击此类行为证明了吉本斯完全控制了其受害者:他们若不交出吉本斯所要的东西,就会被送进新门监狱或遭受绞刑。通过阅读大量材料,我们可以清楚地看到,吉本斯不仅贪财,而且好色。参见 J. M. Beattie, Policing and Punishment in England, 1660-1750, pp. 241-242。Beattie 的记录表明当局知道吉本斯不值得信任。

② "The Examination of Elizabeth Ivie of Liccabone street in Holbourn Widdow 13 October 1698", Mint 17, document 104.

牛顿手下的线人、便衣和街头打手的网络已使牛顿成为伦敦有史以来最有效率的刑事侦查员。

在必要的时候牛顿也会亲自出马。1699年10月他向财政部提交了另一个账单，要求给他120英镑"以支付他雇用马车、在酒馆和监狱及其他地方的小支出"。① 他把那笔钱用于自己在伦敦进行的搜索，为线人买酒喝、买通合谋者等——总之，为了需要他会潜入资本世界最深、最肮脏之处。

他也不回避工作中粗暴的一面，他会亲自审问他自己和手下人抓住的那些人——必要时出现在新门监狱的牢房中，在可能的情况下，则把嫌疑人带入伦敦塔造币厂的狭窄私密的小房间中。通常牛顿会提问题并做笔记，一位办事员择要记下坦白者的证言，在审问结束时让他签字。但那些文件大多失踪了，这或许有可疑之处。牛顿在皇家造币厂的继承人，也就是他的侄女婿约翰·康迪特（John Conduitt）曾报告说，他协助牛顿烧毁了"几箱子他亲笔写的材料"。②

康迪特没有解释为什么牛顿要销毁那些材料，一个推测是牛顿过分耽迷于他作为提审人的角色，按照这一说法，为了获取所需的坦白和告密，牛顿看起来愿意甚至急于采用那个粗野的时代所能容忍的残暴手段进行恫吓。在牛顿进入皇家造币厂的半个世纪之前，在正式场合的刑罚还不是审讯手段。伊丽莎白一世面临不断的反叛，常常由那些天主教徒为夺取她的新教徒王位而引发，她是英国批准采用刑罚最多的君王，在档案记载的81项许可中，她批准

---

① 牛顿于1699年10月1日致财政部的信，参见 Correspondence 4, document 617, p. 317。
② John Conduitt, Character, Keynes Ms. 130.7, p. 3r, 参见"牛顿项目"网站：http://www.newtonproject.sussex.ac.uk。

了 53 项。① 肢刑架②是最常用的刑讯逼供手段，但有时伊丽莎白时代的审讯者变得更富于创造性。1577 年 11 月 17 日，托马斯·舍伍德（Thomas Sherwood）被置于一个老鼠肆虐的牢房中，1591 年 1 月 10 日刑警把危险的乔治·比斯利（George Beesley）和他的同谋者关在被称为"稍安"（Little Ease）的狭小牢房中，在那里比斯利既不能站着也不能坐着，完全不能动弹。③

英国的最后一个刑讯案发生于 1641 年春季，那是在坎特伯雷大主教位于兰贝斯（Lambeth）的官邸发生 500 人的暴乱之后。有一个人被辨认出来后逮捕——年轻的手套贩或手套贩学徒约翰·阿彻（John Archer）。在混乱之中，他拿起了一面鼓敲击起来，鼓动人们奋勇向前。这使得周一夜里的狂野聚会变成犯罪的骚乱，因为"按着鼓点行进被认为是向国王宣战"。④

阿彻拒不供出主谋，国王查理一世遂于 5 月 21 日发布了英国最后的刑讯许可令，许可令要求监狱队长先向阿彻展示肢刑架，但他看了以后仍保持沉默，拒不供出任何人。这种缄默使得审问者不得不执行许可令的第二部分：审问者可"视情况采取必要肢刑架拷问"。⑤ 此时伦敦塔的刑讯人员迫使阿彻躺在肢刑架的下面，将其手腕和脚腕绑在两个轮子上，两个助手按照命令压动与每个轮子相连的杠杆，阿彻的身体被抬得与肢刑架一样高，刑架紧拉他的四肢

---

① John H. Langbein, *Torture and the Law of Proof*, p. 82.
② rack，旧时一种以转轮牵拉四肢使关节脱离的刑具。——译者注
③ John H. Langbein, *Torture and the Law of Proof*, p. 85. 老鼠并没有在托马斯·舍伍德身上产生当局想要的效果，因此两周后，当局加强了对他的拷问，将审讯安排在肢刑架上进行。
④ 英国历史在线（British History Online），"兰贝斯：兰贝斯宫"条目，参见 http://www.british-history.ac.uk/report.aspx?compid=45290。
⑤ David Jardine, *A reading on the use of torture in the criminal law of England before the Commonwealth*, pp. 57-58.

第五章　冲　突

使骨头脱臼，威胁要伤及手指和脚趾、手和脚。或许是阿彻坚忍无比，或许他只是只身混入暴徒中的又一个闹事者，的确无人可供。不管怎么说，他没有开口。①审讯者终于放弃了，第二天阿彻被处以绞刑。

但是尽管刑讯会带来痛苦和惩罚上的满足——众所周知，詹姆斯一世曾向对暗杀者盖伊·福克斯（Guy Fawkes）施刑的人员赐福道："上帝加速了你们的善举"——官方认可的刑讯，至少是作为刑事审判逼供的手段，逐渐被舍弃。英国采用陪审团制度以后也促使人们对这种做法失去了兴趣，陪审团可以根据他们所选择的任何证据判决，因此不必通过犯罪者痛苦的号叫来逼供。人们甚至也意识到，通过刑讯所得到的供词或证据也不一定完全可靠。②

尽管官方的刑讯不再受欢迎，但审讯者仍然知道如何在必要时动粗。牛顿懂得很多撬开那些不愿吐露实情的犯人嘴皮子的手段，并且也不吝于使用，它们大多也在通常的刑拘界限以内：以恐吓而不是痛苦做交易。他向丈夫发出恫吓，对妻子和情人许以奖赏。但是在他没有烧毁的档案中有一次——仅有的一次——提到了更为残酷的方法。1698年3月牛顿接到查洛纳亲密的合谋者之一托马斯·卡特（Thomas Carter）从新门监狱写来的信，那是卡特连续发出的他要检举其前合谋者的信件之一，但这封信上有一个附注。"明天他们要拿烙铁烙我"，他写道，"如果大人您不加以制止

---

① L. A. Parry, *The History of Torture in England*. 对肢刑架的描述参见第76—77页；对约翰·阿彻刑讯案的叙述参见第60页。在英国停止使用刑讯很久后，刑讯在苏格兰依然合法。值得注意的是，在1693年，威廉三世利用他掌管两个独立王国的便利，将Henry Neville Payne 从伦敦带到爱丁堡进行刑讯。

② 参见 John H. Langbein, *Torture and the Law of Proof*, pp. 134-139。

的话。"① 换句话说就是：求求您，别让我受苦，我说，我这就说。

难堪的时刻。戴铁枷锁与采用肢刑架不同，但所施的痛苦是显然的。一些历史学家谴责牛顿，他们将他们所认为的牛顿在追查伪币制造者过程中所使用的残忍手段，作为牛顿思维变态和心地不善的证据。例如牛顿颇有影响的传记作家之一弗兰克·曼纽尔（Frank Manuel）认为，他所见的牛顿以追捕和最终处死伪币制造者为乐，那是1693年时把他逼得发疯的愤怒和失落感的发泄。"这个人有着无尽的愤怒，"曼纽尔写道，"而通过在伦敦塔的那些斥责和规训，他似乎获得了某种重负的开释。"他还写道："在皇家造币厂，牛顿可以对人施加痛苦和宰杀而不损及他作为清教徒的良心，伪币制造者和硬币切削者的血滋养了他。"②

这种说法几乎可以肯定是没有根据的。没有证据显示牛顿以折磨他的受审人为乐，或在威胁采用体罚逼供时在场。相反，他是一个大家熟悉的人物，他只是做他的工作，采用当时通常可利用的手段照章办事。每个参与刑事司法管理的人都会借助监禁、使受审人缺乏生活必需品、必要时关小屋以恐吓等通常使人感觉痛苦的手段，在多数情况下，仅恐吓就能达到目的了。从留存下来的资料看，像其他官员一样，牛顿并没有进行法律意义上的刑讯。尽管如此，看来可信的是，他所看管的人中至少有一些人遭受了皮肉痛苦。他没有必要这样做，那些使国王们中止这种做法的理由对牛顿同样适用。

不管怎么说，最重要的是：在离开剑桥哲学家的生活仅几个月的时间内，牛顿以令人难以置信的速度迅速地掌握了17世纪大城市警察所需从事的各种"脏活"，使自己具有了处理任何必要工作

---

① "Thomas Carter's Letter to the Warden of the Mint Sunday Afternoon", Mint 17, document 130.
② Frank Manuel, *A Portrait of Isaac Newton*, p. 244.

的能力。

17 "要不是因为他，我早就出去了"

伦敦的大多数伪币制造者并没有意识到这位奇特的新督办所带来的危险。那些牛顿没有烧掉的文件——它们都是1698—1700年记录的——揭示了牛顿和那些做假钱生意的人之间几乎不公平的对决。皇家造币厂档案中的一个案子讲述了1698年夏季的一起阴谋活动。7月初的一天，一个叫弗朗西斯·鲍尔（Francis Ball）的男子来到位于伦敦市圣安德鲁大街的"王冠与权杖"酒馆（Crown and Scepter）。这个酒馆有着不太好的名声，在人们心目中它是某种当局不认可的工作的结算地。那里有个人向鲍尔介绍了玛丽·米勒（Mary Miller），那时正是米勒走背运的时候，但据说她曾倒卖过伪币，最近做的是用锡镴制造的先令的生意。在鲍尔看来，米勒是一个理想的同谋，虽破产了但很能干，他对玛丽说，他和他的朋友"可以……给她找个活儿，她可以为他们和她自己做些事儿，并从中挣些钱"。

鲍尔的提议是：他制作或购买了20个假西班牙皮斯托尔（牛顿的两个证人对此点有不同意见），现在要出手。他请米勒把他的货拿给她在这个行当的联系人。米勒极力抗拒这一诱惑——至少她自称是这样做的，或许是为了她自身利益考虑。她对鲍尔说她没有干这事的像样的衣服，鲍尔说他可以给她买一件不错的。她告诉鲍尔，她只认识一个可能对这事感兴趣的人，鲍尔说他打算试试运气。米勒两次起身离开酒馆，鲍尔两次把她叫了回来，米勒终于屈服了。

那天晚些时候，米勒携带两枚伪币来到位于史密斯菲尔德

(Smithfield)的一幢房子里,史密斯菲尔德有一个肉市场和一个刑场,一个世纪以前伪币制造者就是被带到这里处死的。她向一个名叫萨克尔(Saker)的女士出示了她的皮斯托尔,并留下一枚作安全保障。她约定好第二天与鲍尔在附近的一个酒馆见面。那天鲍尔和米勒都来了,萨克尔在那里等候。鲍尔尽量使自己和犯罪行为保持一定距离,他把装有伪币的纸钱包递给米勒,米勒顺从地把它交给萨克尔,而后者实际是一个圈套中埋伏的人,萨克尔的丈夫带着几个人冲进酒馆,没收了假皮斯托尔,并把鲍尔和米勒一起逮捕。[1]

先头错误地雇用了米勒的鲍尔,现在又错上加错地企图让她充当送信员。当她看来要被释放了的时候,鲍尔让她"去找一位叫惠特菲尔德(Whitfield)的先生,让他保释我……出狱"。他告诉米勒"伪造西班牙皮斯托尔的白板是在……惠特菲尔德的房子里铸造的",得赶快把那些制造伪币的工具处理掉,以免"更糟糕的事情发生"。这里的证据足以把两个人都送上绞刑架,但米勒敷衍鲍尔说,那晚上时间已晚,惠特菲尔德干不了什么事了。事实上,确实太晚了。米勒是牛顿的一个已知数。[2] 米勒告发了惠特菲尔德,或者至少有一个自称是惠特菲尔德的"特殊朋友"的女人指控她这样做了。一天或许是两天之内,这两个男人都被关进了新门监狱拥挤的牢房中。

鲍尔和惠特菲尔德坐在那里,心里充满怒气。两人在那里待了一个多月,8月中时鲍尔受够了,他把想法告诉了他的朋友,"妈的,要不是因为他,我早就出去了",他指的是牛顿。惠特菲

---

[1] Mint 17, document 6, 玛丽·米勒的证词, 19 July 1698. 玛丽·米勒在此事件发生两周后在牛顿面前做了上述供述。

[2] Mint 17, document 12, 玛丽·米勒的证词, 5 August 1698.

尔德表示赞同，惩罚他们的"是一个坏蛋，如果詹姆斯国王回来，他就会枪毙这个坏蛋"——这里他们犯了双重叛逆罪，一是伪造王家货币，二是表露出雅各比党人推翻威廉国王的梦想。鲍尔对他的双重叛逆很得意，"妈的，我还不认识这个家伙，但是我要找到他"。

在那个拥挤的牢房中至少有一个人在偷听。牛顿在展开他的工作时总喜欢设置一些偷听谈话的人，这次这个人叫邦德，塞缪尔·邦德（Samuel Bond）。

邦德是一名外科医生，原籍德比（Derby），现住在位于黑修士区（Blackfriars）的格拉斯豪斯院（Glasshouse Yard），因负债而被捕。此人对谈话的记忆极好，他的证言补充了对那两个伪币贩子的指控。除了对督办的人身威胁，邦德还告诉牛顿这两个人计划找人保释然后逃走。他还听见他们讲如何给所造的伪币镀金，他汇报说他们自称每枚硬币的镀金成本不超过六七个便士。①

事情就是这样发生的：伪币贩子（叛逆者）口无遮拦，自投罗网。牛顿自己并不出面，而是说服抑或强迫一些人充当他的眼睛、耳朵或坐探，在那些人于闲谈中泄密时抓住他们。自负的鲍尔和惠特菲尔德遭遇了劲敌，它像一个漂亮的几何演绎一样证明了一个命题：与牛顿较劲儿是自找麻烦。

对牛顿来说，对付像鲍尔和惠特菲尔德这样的夸夸其谈的蠢货并非难事，而查洛纳则是完全不同类型的人，他至今逍遥法外。他比牛顿所遇到的那些通常的乐天派的野心要大得多。"他看不起只骗几个人的小伎俩，"如他的传记作者所夸口的，"他要蒙骗的是整

---

① Mint 17, document 27, 塞缪尔·邦德的证词，16 September 1698。

个英王国。"① 是的，传记作者往往倾向于夸大其所写的人物的重要性，但查洛纳的确是在整个国家的舞台上表演的。与牛顿所遇到的其他伪币制造者不同，查洛纳的机智使他真正具有长远的眼光。1697年春季开始的阴谋活动是他前三年着手攫取皇家造币厂的某些权力时就策划好的。

像牛顿一样，查洛纳也意识到在造伪币这个行当告密几乎是难以避免的。伪币制造者不得不依靠别人把伪币投放流通领域，他知道他的一些合谋者易于被捉住，而被捉后就要自我保命而招供。但查洛纳已经知道一个可将货币投放市场而不必转手的保险方法——在皇家造币厂内部这样做。

他已经尝试过打入那个具有魔力的圈子，但牛顿没有中他的圈套，他后来的打入尝试准备得更为精心。1697年2月他在下议院的一个调查皇家造币厂舞弊传言的特别委员会做证，他提供了一个引人注目的造币厂舞弊的报告，并提出自己的看起来可行的纠正办法。在报告的开头他指控造币厂没有能力侦破造伪币案，甚至参与了在生产线上——就在人们的眼皮底下——发生的高技术的硬币切削。查洛纳向议院的调查员讲述，后来又在一个小册子中写道，造币厂主要员工的分工十分精细，这使得他们不能核查彼此的舞弊行为，"负责检查的官员们不知道金银块是否符合标准"，也不知道"熔炼工对金属块的铸模和硬度调节是否适合（硬币表面的）压印"等等，由此查洛纳宣称："故每个人的工作都是在尽量满足自己的利益。"

这种精细的专业分工所带来的结果是什么呢？按照查洛纳的说法，"皇家造币厂存在着大量的舞弊行为"，造币厂有员工把铸模

---

① *Guzman Redivivus*, p. 3.

拿到伦敦塔外出售，"现有的铸币方法十分拙劣，很容易造出劣质、欠重和假冒的产品"。①

不幸的是，在这里，查洛纳至少道出了部分实情：铸模被偷出造币厂，伪币制造者在生产伪币，一些官员没有履行职责，如查洛纳所说的，"可能主要是为了自谋私利"。腐败从顶层就开始了，厂长托马斯·尼尔在大重铸期间从所生产的每枚硬币上都搜刮了一小部分，仅1697年就捞取了1.4万英镑，而他没有为铸币做任何事情，只是把工作交给了一个收入菲薄的助手。② 沿着这个链条往下，调查委员会的官方描述带有明显的嘲讽："现任试金师和现任熔炼师娶了姊妹俩。"

两个人成为连襟为什么这么重要呢？原因在于，前一熔炼师因为按照协议价格——每投入熔炉1磅白银得报酬4便士——挣不了大钱，已经离职，而现在这个幸福的丈夫"在这一职务下却拥有了别墅和马车"。③ 这里没有明说，但明显暗示有腐败。这里只有一个方法使新熔炼师可如此轻易致富，而他的前任却做不到：试金师，也就是他的连襟，必定曾把掺有大量便宜金属的银原料不断地送到他这里来，这一欺骗手法使二人可赚得差价。

这显然埋下了祸根。如果这一现象成为人们普遍的看法，即皇家造币厂事实上在生产含银量不足的硬币，那么英国货币的价值又将成为虚构的。不过如查洛纳所指出的，这种特殊的欺骗手法却暗示着一种明显的解决方法。鉴于造币厂顶层领导——不必去细

---

① William Chaloner, "The Defects in the present Constitution of the Mint", p. 1.
② "Report of the Committee Appointed to Inquire into the Miscarriages of the Officers of the Mint"，被转引于 Rogers Ruding, *Annals of the Coinage of Britain and its Dependencies*, vol. 2, p. 468。
③ Ibid., p. 467。

究是不务正业的尼尔还是没有经验的牛顿——管不了那些彼此串通、内外合谋大捞钱财的造币厂员工,为什么不"在造币厂……增加一名官员,他懂得熔炼试金、合金雕刻、金属锻造等造币的诸种活计"?此人"将在造币过程中对有关工作和硬币成分进行监督",每月在誓言约束下汇报工作情况。①

不必明说,人们也知道他所指的完人是谁。然而,查洛纳也知道,仅凭诊断出皇家造币厂管理上的弊端,并不足以使他赢得这个设想中的监督职务。故此,为了证明自己伪币技术的不同寻常,他向议会调查人员建议对他担当这一职务的能力进行测试。查洛纳还告诉调查员们,他发明了一项新的造币技术,他对此方法的描述是:"敝人将提出……一种造币方法,它将使制造伪币实际成为一种不可能之事。"②

他提醒委员们,所有伪币制造都是"或以铸造或以冲压完成的",他有一种创意可以应对这两种方法。为了挫败那些可以制造出皇家造币厂带边缘硬币的高超模仿品的人,他提议采用一种新的技术和机器,制造出还有凹槽的硬币边缘,这一精微的技术将使以铸造法制造伪币变得完全不可能。为了证明这一点,他请委员会把他打造的一些样品拿到金匠行会去,让他们确认这种方法是无法模仿的。这就是典型的查洛纳,他从来没有参观过皇家造币厂的内部车间,尽管他努力过,但他并没有担当过监督货币的官员的角色。在过去的五年中他为了自己的利益屡次卷入制造伪币的活动,而现在他要用自己的手向议会证明,他可以随意做那些实际要判死刑的不轨之事。

---

① William Chaloner, "The Defects in the present Constitution of the Mint", p. 1.
② Ibid.

查洛纳的下一招是整个活动的关键之处。在提出了挫败铸造法的技术之后，他又提出了新的挫败冲压法的技术。他说现在流通的硬币"做工之差，使得每个雕刻匠、铁匠和制表匠都可以刻制伪币印模，并用锤子在石头上冲压"。① 皇家造币厂的无能官员敌不过铁匠，但查洛纳可以。他把他的材料拿给委员会的人看，向他们显示国家的货币应当怎样制造。所需做的事情只是将皇家造币的机器进行小小的改动，他只需几天时间就可以在伦敦塔的造币车间完成，只需给他少许钱——100英镑左右就行。改造后的制币机器"压出的印纹之深，使得用锤子和小型动力机械根本不可能仿制"。更多的优点是，他的改进方法只需要"两匹马……就能完成全部工作，而现在工厂里的雇员有七八十人"。查洛纳写道，新工具、改进的方法和几匹乐于干活儿的马，当这一切齐备时，"比现有货币更漂亮、更耐用"的新币就会出现。

取得这样可观的胜利需要什么呢？不过是一点儿现金和几个星期的时间，所提的要求实在不足挂齿，于是，"提议者被要求在皇家造币厂对其建议进行演示"②。而对查洛纳来说，长久以来，他眼睛所盯着的是那最终的奖赏：进入皇家造币厂，接近那些工具以及那股贵金属的热流。

查洛纳证词的用意人人都看得很清楚，牛顿当然更是如此。他在给议会的答复中写道："查洛纳先生在议会最后会议上对调查委员会做证时，对皇家造币厂极尽诬蔑和诽谤之能事。"这里牛顿的答复是自我辩护式的，这与他通常惯用的绝对权威的语调很不一

---

① William Chaloner, "The Defects in the Present Constitution of the Mint", p. 1.
② Ibid., p. 2.

致。他在一个内部通报上用软弱的措辞写道，试金师和熔炼师的行为不是他本人的过错，因为他们造伪币的事发生在"本督办对此等事情有所风闻的三个星期或一个月之前"。他接着抱怨说，他本人的一些证词在调查委员会的报告中被忽略了，这里牛顿好像只是在提出程序上的异议。①

尽管查洛纳显得很有胆识地论证了一个真有本事的造币者所能做的事情，然而他并未能使调查委员会的委员们完全信服。不过他还是给委员们留下了深刻印象，他们的结论是："威廉·查洛纳先生无可否认地向本委员会证明，存在着比当前使用的铸币方式更好、更安全、更有效的方法，只需花费国王陛下很少的资金，就能防止印有花边的硬币被非法铸造和伪造。"② 这样，1697年2月调查委员会指示牛顿"筹备或责人筹备下列事宜"——在皇家造币厂内——"俾查洛纳先生可进行……与几尼金币有关的试验"③。这也就是说，如果服从调查委员会的命令，牛顿就要把那个刚刚大肆宣传造币厂督办是一个傻瓜或盗窃犯或兼而有之的人迎入皇家造币厂。

牛顿决定并不服从，他可以援引法律的根据来拒斥这一命令。他宣誓就职的誓词要求他恪守不让外人见到皇家造币厂硬币轧边机的原则。反之，牛顿要求查洛纳告诉他，他的方法是如何奏效的。而在要求遭到查洛纳的拒绝后，牛顿自作主张"指示工人们（在他不在场的情况下）给一些半克朗、一先令和六便士的硬币开槽。他

---

① 牛顿的备忘录，未注明标题及时间，参见 Mint 19/1, f. 496。
② "Report of the Committee Appointed to Inquire into the Miscarriages of the Officers of the Mint"，被转引于 Rogers Ruding, Annals of the Coinage of Britain and its Dependencies, vol. 2, p. 467。
③ Mint 19/1, f. 516. 被转引于 Correspondence 4, pp. 231-232。

亲自把这些硬币带到调查委员会，向委员们证明查洛纳的想法是不可行的"。此事就这样被搁置了，至少在官方程序上是如此。① 即使下议院对牛顿不服从命令有所不满，也没有阻止调查委员会在终审报告上逐字发表了牛顿的一长段证词。②

但是查洛纳指控的事实仍然是一个公开的污点。到1697年春季时，查洛纳仍在坚持他的要求，仍寄希望于议会的压力可使他进入皇家造币厂。但事与愿违，他误算了，虽然此时后果的严重性还不明显。在一年前出现了伦敦塔印模失踪的烦心事后，牛顿差不多要把查洛纳的事完全忘却了，但是议会的报告，以及它对查洛纳的公开赞扬，像是一个开裂的脓疮。一页又一页的批驳，密密麻麻草就的小字，一块块粗大的墨迹，抒发着牛顿内心的愤怒，他斥责查洛纳"发表的……诽谤"是对他的"造谣中伤"。③ 但在公开场合他保持着缄默，他在等待，在观察，他和他的密探们睁大眼睛、竖起耳朵在整个伦敦进行搜索。

18 "一种危险的造币新方法"

与牛顿的两次小冲突丝毫没有减损查洛纳的自信，尽管有牛顿的抵制，但他仍然怀抱希望，他早晚会在伦敦塔的造币车间中获得

---

① Isaac Newton, "An Answer to Mr. Chaloner's Petition"（手稿）, Mint 19/1, f. 499. 也可参见 John Craig, "Isaac Newton and the Counterfeiters," *Notes and Records of the Royal Society of London* 198, no. 2 (December 1963), p. 141。

② "Report of the Committee Appointed to Inquire into the Miscarriages of the Officers of the Mint"，被转引于 Rogers Ruding, *Annals of the Coinage of Britain and its Dependencies*, vol. 3, pp. 533-542。

③ Isaac Newton, "An Answer to Mr. Chaloner's Petition"（手稿）, Mint 19/1, f. 499 及无标题的备忘录 Mint 19/1, f. 496。

一个有权势的职位。他向妹夫格罗夫纳夸口说,他"曾哄骗财政部官员和国王,赚了1000英镑",他不会离开议会,"我要和他们开同样的玩笑"。①

这种自信一定使他对后来发生的事情极度失望。牛顿证明自己可以坚持抗拒调查委员会的命令,查洛纳不管以什么借口都无法进入皇家造币厂,这使他不能使用造币厂的机器证明自己的想法。他没有被邀请到造币厂担任任何职务,更不用说担任监督。据查洛纳传记的作者说,调查委员会最终看穿了这个能说会道的造币者,尽管他"指责皇家造币厂督办、可敬的牛顿先生和厂里的其他一些官员(至少是)纵容了许多滥用职权和欺诈行为",结果是,"被指定对此事进行审查的委员会……在对事情做了完整的听证后,驳回了……查洛纳的指控"。②

但事实并不完全是这样,为了维持道德的外衣,"有礼貌的谎言"成了一种必然。事实上,调查委员会公开报告中对查洛纳反伪币制造措施的支持掩盖了一个隐藏的政治实情,即该委员会实际是蒙茅斯伯爵查尔斯·莫当特及其朋友策划的,他们要找一个盟友做皇家造币厂厂长。不光是牛顿,甚至连甩手掌柜托马斯·尼尔都看出了这一调查的目的:它是一个更大、更长远的政治博弈的一部分。但他们二人都是英国当权派中声誉良好的人。委员们知道政府绝不可能损害其朋友的利益,而承认造币厂管理得很糟糕会给议会中的反对派提供口实。调查委员会没有谴责查

---

① "The Information of John Peers taken upon Oath ye 18th day of May 1697", Mint 17, document 86. 此处的证词并非由牛顿亲自采集,而是由法官 Francis Negus 采集的。牛顿曾听说很多相似的言论,它们很可能是查洛纳的亲密伙伴托马斯·霍洛韦告诉牛顿的。在"An Answer to Mr. Chaloner's Petition"(手稿), Mint 19/1, f. 499 中,牛顿写道,查洛纳说他将要"如他曾经耍弄国王和银行一样耍弄议会"。

② *Guzman Redivivus*, p. 6.

洛纳说他是一个撒谎者和盗贼——实际它所做的正相反。但委员们或其他任何人也不愿意花费政治资本,强迫一心想把查洛纳拒之门外的牛顿接受他。

1697年春末,事情到了不得不解决的时刻,议会的会议结束了,没有举荐查洛纳的提议。这个消息使他受到很大打击,而更糟糕的是他几乎破了产。他最后一次到新门监狱的走访照例一定是花了很多钱,而他在骗取议会信任的长期征战中看来曾避免从事造伪币的行当。那年冬末的时候,"他的钱快光了"。他承认说:"如果议会不打算提拔他,他只好重操旧业了。"3月10日或11日,他向以前一起工作过的一位雕刻师定制了"一块一先令的压模",如果他不能骗取政府的信任使他致富,他就要用他熟悉的方法发财,即牛顿本人所称的"一种危险的造币新方法"。①

于是查洛纳开始重建他以前的作坊。他找到他的长期合谋者霍洛韦,二人又搭起伙来,查洛纳提供创意和计划,霍洛韦负责具体操办。由于查洛纳迫不及待地要弄到大笔的钱,他让霍洛韦"在乡间弄一所适于造币的房子","他自己去寻找原材料"。②

霍洛韦迅速行动起来,在位于伦敦西南约20英里的萨里郡(Surrey)的埃格姆(Egham)找到一间房子。要以使查洛纳满意的规模工作需要有很大的空间,因为原材料、制成品和人员的不停流动会产生很多噪声。在伦敦,这种喧闹是不可能不被注意的,在首都的每次造币计划都要依赖数十名目击者的"故意无视"——通过

---

① Isaac Newton, 无标题备忘录, Mint 19/1, f. 496 及 "An Answer to Mr. Chaloner's Petition"(手稿), Mint 19/1, f. 499。

② Isaac Newton, 无标题备忘录, Mint 19/1, f. 496 及 "An Answer to Mr. Chaloner's Petition"(手稿), Mint 19/1, f. 499。也可参见 "Chaloner's Case", Mint 19/1, f. 503。

收买或恐吓，或二者兼施。但这种"沉默法则"（Omertà）是难以无限期维持的，牛顿在他的诉讼档案和新门监狱的档案中记载了大量邻居或被抓住的小人物的目击报告，他们看到有人在租来的房间或堆满东西的房子中制造硬币，看到造币设备运来运去，那些人手里拿着一大把一大把的克朗或几尼。有钱人的房子，不管是在城镇还是在乡下，也不合适，高墙大屋可以减少陌生人的好奇，但是任何一定规模的铸币活动都难以对那些有钱人家雇用的仆人们保密。

选择一个乡间的房子就避免了这两个缺陷。它很隐秘，避免了过多当地人的好奇。它们不是那么大，不需要雇仆人，新的租户可以自己照顾自己。更重要的是，查洛纳和霍洛韦看来还认为，它离伦敦有相当远的距离，避免了督办的直接注意。

在霍洛韦谋划新地点的细节的同时，主谋在处理他的事情。查洛纳的"新行当"基本上是传统伪币制造方法的改进，但是他对高质量铸币要求的了解看来引起了牛顿的重视，牛顿把从众多线人那里听来的有关其劲敌的工艺的每个环节都记录了下来。成功制造伪币的关键在于印制硬币正反两面花纹的印模或模具的高质量。为了保证所制的模具符合要求，查洛纳先把正反两面的花纹雕刻在木板上，然后把它交给霍洛韦，后者把木板雕刻转交给一个叫希克斯（Hicks）的金属加工工人。牛顿注意到了下一步的关键点：普通模具的操作是打开后灌入熔化的金属，然后闭合印出硬币上下两面的花纹，这种做法容易留下可疑的痕迹。因此查洛纳指示希克斯制作一个带槽口的铜铸模，使得熔化的金属可以灌入模具内，这样从理论上可避免在成品上留下浇铸缺陷或疑点。

铜模从希克斯又转到第三个人约翰·皮尔斯（John Peers）手里，他的任务是把表面打磨光滑，这一环节将提高所铸造的印纹的质量，使其表面基本上与皇家造币厂机械压制的硬币区分不出来。① 最后，查洛纳坚持只制造先令，这就使得新模具"体积小……可藏于任何地方"。②

在其职业生涯的早期，查洛纳对制造伪币的知识保守得很严紧，以使他从每枚伪币中获得最大收益，而现在他关注的是使自己远离与伪币的实际接触，他同意把他的"快速和有利可图的新方法"告诉霍洛韦兄弟。③ 约翰·霍洛韦是一个平庸的学生，而托马斯·霍洛韦则显示了自己的能力。查洛纳还需找一个人把假先令投放流通领域，根据这种分工，"三人就可以分享利益"。

这是一个周密的计划，原本是可以成功的，但是不出几个星期，整个计划就开始破产。5月18日，约翰·皮尔斯——查洛纳选来为新铸币模具抛光的人——因为一起与造伪币案无关的指控受到治安官的审问，在审讯者的逼迫下他招了供，主动供出了他所知道的所有与查洛纳计划有关的情况，他做证说查洛纳团伙中有一个人曾让他制作造伪币用的边缘压制工具。他说他看见查洛纳的妹夫格罗夫纳的住所内有"造币用的切割刀及其他工具"。皮尔斯承认自己有过错，为格罗夫纳造伪币的活动提供了某些必要的工具，他称曾亲眼看见查洛纳"伪造带有边缘纹样的先令"。他说查洛纳曾强迫他的妹夫往埃格姆运送所需的设备，威胁说否则就使其面临死刑的审判。最后，可能最有杀伤力的是，皮尔斯做证说，他曾听过查洛纳那句著名的夸口话，即他以前曾哄骗过国王和财政部，现在要同样地"哄骗"议会。④

---

① Isaac Newton, "Chaloner's Case"（未注明日期，可能写于1697年年末），Mint 19/1, f. 503. 此论述的某些部分在多份手稿中重复出现，特别是 Mint 19/1, f. 496。
② Isaac Newton, "Chaloner's Case"（未注明日期，可能写于1697年年末），Mint 19/1, f. 503.
③ Ibid.
④ "The Information of John Peers taken upon Oath ye 18th day of May 1697," Mint 17, document 86.

遗憾的是，皮尔斯透露的信息花了相当长时间才被最想听到它的人获悉，在皮尔斯初次宣誓做证三个月后，牛顿才从一个偶然的机会获知了这些证言。8月初他到某位大臣的办公室审讯与查洛纳案子无关的另一个伪币制造者，在那里，有个人最后提到了皮尔斯说的这些话，这些消息使牛顿感到震惊，他立即采取了行动，8月13日逮捕了皮尔斯并把他带到伦敦塔进行审讯。但牛顿意识到一个明显的事实，皮尔斯的供述并没有直接涉及查洛纳制造伪币，重要的情况还未显现。牛顿需要更多的情报，他知道如何做才能得到它们。他释放了皮尔斯，给了他5先令作为跑腿费，交换条件是他要向牛顿报告查洛纳一伙人的活动情况。

皮尔斯很快就遇到了麻烦。牛顿的那些犯罪对手看来已注意到他在皇家造币厂审讯嫌疑犯的习惯，有谁从伦敦塔东门进出的信息已成为高价的商品。不出一天，一个不明就里的人知道皮尔斯和督办谈了话，不知道是谁向"擒贼人"举报他是伪币制造者，后者立即把皮尔斯送进了新门监狱。然而牛顿有自己的街头情报线，皮尔斯被逮捕的消息很快传到他的耳朵里，第二天他自掏腰包把自己的人保释了。①

皮尔斯归来之后，牛顿又像往常一样继续他的追踪，对那个犯罪团伙从下到上地搜寻，尽力编织一张围绕他的主要目标的尽可能确凿的证据之网。他的运气不错，霍洛韦由于负债的事4月份已被拘留在王座法院监狱。皮尔斯去探访他，告诉他格罗夫纳也曾指导

---

① 他获得了补偿。参见 John Craig, "Isaac Newton—Crime Investigator", *Nature* 182 (1958), pp. 150-151。牛顿的叙述记录了他自掏腰包共付了两笔钱，为"粉碎1697年夏天查洛纳及其同伙用新方式制造伪币的谋划，并逮捕其部分成员"。这两笔钱共23英镑18先令，尽管牛顿没有详细列举他的支出，但资助约翰·皮尔斯寻找情报及将其从监狱保释的费用均属其中。这些费用被记录在 Mint 19/1, f. 577。

他如何使用查洛纳的新的铸币方法。未加怀疑的霍洛韦把他派到在埃格姆工作的那伙人那里，皮尔斯造了18个假先令，以证明自己愿意承担风险。查洛纳听说新来的人后很生气，大骂不谨慎的格罗夫纳是"自作主张把技术传授给别人的笨蛋"。但祸已酿成，牛顿逮捕了霍洛韦。这次是因为伪造货币，在判处绞刑的威胁面前，查洛纳最信任的合谋者的开口就是情理之中的事了。①

他没吐露实情，至少开始的时候没有，但此时牛顿得到一个机会。对于埃格姆计划迟迟不能产生收益，查洛纳已等得不耐烦，他于是和另一个叫奥布里·普赖斯（Aubrey Price）的人策划了一个新的招数。8月31日两人自愿来到上诉法院法官面前提交证据，指控雅各比党人有企图攻占多佛尔城堡（Dover Castle）的阴谋。他们自荐为情报员打入对方内部，以截获阴谋策划者的往来信件。

这实在是一个愚蠢的构思，无论是所策划阴谋的凭空幻想还是查洛纳和普赖斯充当"擒贼人"的条件，都难以让人信服。查洛纳要么是太缺钱了，要么是太自信了。或许他幼稚地认为，法官们最多不过是拒绝而已。如果不是因为碰巧特别不走运，结局很可能就是这样。

就在查洛纳兜售他的计策的同一天，牛顿也在那里，他正在为是否要处死另一个不相干案子中的伪币制造者而提供建议。他认出了查洛纳，并向上诉法院法官指认了他。命令很快就传达了下来：他要逮捕查洛纳并准备提起诉讼，那将会使查洛纳的伪币生涯画上最终的句号。② 于是，1697年9月4日，皇家造币厂督办的侦探将查洛纳和普赖斯逮捕并关进了新门监狱。

---

① Isaac Newton, "Chaloner's Case"（未注明日期，可能写于1697年年末），Mint 19/1, f. 503.
② John Craig, "Isaac Newton—Crime Investigator", *Nature* 182, no. 4629 (July 19, 1958), pp. 150-151.

牛顿执行了自己收到的指令,但这并没有使他感到特别高兴。他知道他目前所收集的有关查洛纳的证据十分单薄。事实上,他告诉上诉法院的法官说,他的可信证据最多只能以轻罪拘留查洛纳。没关系,他被告知:让陪审团去搜寻查洛纳轻罪的那些骇人细节,无论与实际指控有没有关系。在这样的思想准备下,法官们让他放心,伦敦陪审团即使根据不十分严密的证据也会判以重罪。这样牛顿按照给他的指示开始着手案件审判的准备工作。

与此同时查洛纳也在为反击做准备。① 开始他只是设法把水搅浑:他指控普赖斯是那些可被起诉的阴谋的策划人。普赖斯则反告他,另有两个同案小喽啰也出面做证,所引起的混乱堪与调查皇家造币厂印模被盗案时的混乱相比。不过查洛纳并没有只寄希望于混淆视听,他接着对牛顿案的核心展开了攻击。

对查洛纳来说最危险的证人是那个最接近他的人,托马斯·霍洛韦。在查洛纳被关押时,霍洛韦已被释放,可能是以在即将进行的审判中做证作为交换条件。然而新门监狱是一个筛子,任何一个聪明人都可透过它的围墙与外界接触。查洛纳开始与位于查令十字街(Charing Cross)的啤酒馆掌柜迈克尔·吉林厄姆(Michael Gillingham)取得联系,他以前曾为查洛纳的行当办一些需要小心谨慎的差事。

10月7日那天或前后,吉林厄姆在他的酒馆里会见了霍洛韦,向他提出了一个条件:查洛纳将给他的老朋友一笔数目不菲的费用——20英镑,足以支付他几个月的消费——只要他愿意到英格兰法律够不着的苏格兰去待一段时间。霍洛韦没有立即接受,吉林

---

① John Craig, "Isaac Newton—Crime Investigator", *Nature* 182, no. 4629 (July 19, 1958), pp. 150-151.

厄姆继续施压，以胡萝卜加没有明言但双方都明白的大棒：过去查洛纳曾背弃对他构成威胁的人，至少把两个人送上了绞刑架。为了促使霍洛韦下决心，吉林厄姆充当起施主的角色，为他的家属租住处，并答应照顾他的孩子五到六个星期，然后把他们送到苏格兰与父母团聚。当霍洛韦要求需要有担保条件时，吉林厄姆提出牛油经销商亨利·桑德斯（Henry Saunders）做担保人，那是两个人都认识并信任的人。

霍洛韦终于同意出去避一下，吉林厄姆不容他多想，当即拍给他9英镑。他又付了3英镑给劳斯（Lawes），后者是日后把霍洛韦的孩子送到苏格兰去的一位船长。几天以后桑德斯作为查洛纳的代理人陪同吉林厄姆前来，霍洛韦交给桑德斯一份文书，委托他收回欠他的债务，然后他与他的妻子跨上为他们租来的两匹马，向北方驰去。

还有最后一件事情需要处理。霍洛韦曾对马主说那晚上他会把马还回去，但吉林厄姆知道这又是一个信口开河的欺骗。吉林厄姆回到位于哥里门街（Coleman Street）的马房，"对马房的主人说马要两三天以后才能还回来"，当然这样他要多花租马费。他为什么要自找麻烦呢？因为他"不想让马房主人为了马追寻霍洛韦"。

这样，在每个线头都仔细编织好了以后，吉林厄姆来到新门监狱向他的委托人报告，照旧带着充当帮手的桑德斯。查洛纳"问他霍洛韦是否走了"，吉林厄姆说走了——就像所希望的那样。桑德斯后来说："这时查洛纳显得非常高兴，并随口骂了一句。"①

---

① "The Information of Henry Saunders of Cross Lane in ye parish of St. Gyles in the Fields in the County of Middx, Tallow Chandler 25 augt. 1698", Mint 17, document 98. 托马斯·霍洛韦逃往苏格兰的详细内容来自上述证词及 Mint 17, documents 80, 81, and 107。Document 80 包含 "The Information of rob Brown Joyner at the Turk's head near the Hermitage Bridge in Wapping 13 December 98"。Documents 81 和 Documents 107 是来自伊丽莎白·霍洛韦的证词。

牛顿对于挫败结局的预感得到了证实。随着霍洛韦的失踪，另两个证人也开始打退堂鼓，而牛顿对被告使了什么手段使这两人突然"失忆"还不清楚。案子根本没有被提交到陪审团，首席法官驳回了指控。10月底或11月初，在被关押了七个星期后——他声称一直被戴着镣铐——查洛纳走出了新门监狱的大门，他又一次成了自由人。

第六章
牛顿与伪币制造者

19 "指控和诽谤皇家造币厂"

查洛纳自由了,但他已焦头烂额。1697年12月时他几乎身无分文,在议会面前强撑的体面使他破费了不少,新门监狱七周的监禁更使他囊空如洗。

冬天逐渐接近,靠监狱看守留给他的那点东西勉强度日的生活把他逼得不顾一切了。对于他捏造的指控案,那个英格兰首席法官不是连陪审团都没有送达吗?在新门监狱他不是被戴上手铐,饱受肮脏污秽和赤裸裸的腐败之苦吗?对于他的这种无妄之灾,难道某人不应负赔付之责吗?

1698年2月19日,查洛纳在一份向议会提交的申诉书中把自己描述成一个"忠而被谤"的形象,他还将申诉书印刷出来准备向公众散发。"本申诉人,"他写道,"在前次议会开会期间告发皇家造币厂若干渎职行为。"而他对君王的这番尽忠得到了什么回报呢?"皇家造币厂的某人威胁要通过某种手段起诉他,在下次议会会议召开之前结果他的性命。"那些指控他的人甚至伙同社会渣滓以行贿手段企图给他定罪以置他于死地:"造币厂的某些人施以好处,指使一些人印铸伪币……所做之事皆在构陷他,以期以私造伪币之罪判其死刑。"

然而通过司法手段"杀掉"查洛纳的计划失败了,而查洛纳自称他所关注的只是"查出那些对国王和王室的反叛和阴谋活动",此外"今年要写一本有关皇家造币厂的现状及其缺陷的书……希望此书会对公众有些用处",查洛纳指控说,皇家造币厂当然不会容忍这些,所以"他们把我关进监狱,使我不能揭露他们"。

牢狱之灾使得他"痛苦无比,经济破产","自己和家庭生活无着"。总有人要对此负责,或用查洛纳的话说,"以法官的智慧和正义予以昭雪"。①

在查洛纳的小心措辞中,"皇家造币厂的某人"所指是很明显的,牛顿是唯一既有手段又有公报私仇之心的人。牛顿本人对此当然心知肚明,他亲手抄下了查洛纳的申诉书,这些稿纸上还留有他的四个答复方案,其中显示了他的愤怒,同时也夹杂着不屑。"如果他不干干预货币和政府的事而去干他给金属涂漆的老行当,"牛顿在他的第一个答复方案中写道,"他就不会这样破产,他就依然会生活得不错,就像七年前他离开那个行当开始以造伪币谋生之前那样。"②

然而在每个答复方案中也都透露着一种奇怪的、不得不认可的态度,问题是查洛纳所说的多少也是实情:没有可做证的证人,没

---

① William Chaloner, "Petition by Chaloner", 写于 1697 年年末, 由牛顿抄录, 参见 Mint 19/1, f. 497。也可参见 *Correspondence 4*, document 580, pp. 259-260。
② Isaac Newton, "An Answer to Mr. Chaloner's Petition", early 1698, Mint 19/1, ff. 497-498, 被转引于 *Correspondence 4*, document 581, pp. 261-262。

有证据显示埃格姆的造币贼窝与查洛纳本人有什么联系,有关的指控——如牛顿所担心的——单薄得可笑。他告查洛纳的罪名"费尽心机地指控和诬蔑皇家造币厂"看起来就像是在确认查洛纳的逮捕令源自某人的自尊心受了伤害的说法,他所称的"不同的人证明查洛纳曾在去年夏天和秋天制造伪币"是事实,却起不了作用,因为那些人中没有一个人愿意出庭做证。他在没有证据的情况下控诉被告人有某种收买证人行为,"干扰起诉,威胁起诉人",在比他更为老到的对手面前,这些指控显得虚弱无力。

更糟糕的是,牛顿还写道:"我不知道也不相信皇家造币厂曾有人给任何人以好处或指示,借以拉拢查洛纳或其合谋者。"① 这些措辞可以说是此地无银三百两,因为他确实曾亲自给了皮尔斯钱,并派他潜入在埃格姆的那伙人中,甚至还把皮尔斯从新门监狱中保释出来去做这件事。这里他似乎是在找可信的证明此事与自己无干的说辞,如果皮尔斯或任何他的密探果真出面对查洛纳的事情做证的话。

查洛纳的申诉引发了另一轮官方调查,只是这次角色发生了转换:牛顿站在被告席上,为针对自己的指控进行辩解。② 一个由政府高层人士组成的小组对事情进行了调查,虽然小组里有很多牛顿的朋友,如查尔斯·蒙塔古、威廉·朗兹和詹姆斯·弗农(James Vernon)这样的可靠盟友,但在开始的时候小组所听取的证据包括查洛纳本人的证词,它使查洛纳的说法看似可信。然而听证小组没有轻易动摇,后来其他证人出面做证,使得原告的说法中出现越来

---

① Isaac Newton, "An Answer to Mr. Chaloner's Petition", early 1698, Mint 19/1, ff. 497-498, 被转引于 *Correspondence 4*, document 581, pp. 261-262.
② John Craig, "Newton and the Counterfeiters", *Notes and Records of the Royal Society of London* 18, no. 2 (December 1963), p. 141.

越多的漏洞。① 最后调查员们提交了一份报告，否决了查洛纳的说法，但只是仓促地一带而过，没有满足牛顿彻底解脱的渴望。②

如果说牛顿对他感觉到的这种轻视感到愤愤不平——对差点儿被抓了反面典型或许更觉冤枉，他知道是谁真正使他感到恼火。他确信查洛纳犯了欺君之罪，仅这一项罪行就够了。而此人现在却建立了一个"反督办联盟"。

这是一个新现象：通常而言，查洛纳只是又一个匿名的犯罪者，而那些同样轮流上台的官员们对付他的办法就是采取必要的手段制止其犯罪活动。但这次有所不同，这个罪犯只瞄准了一个特殊官员：督办。而身为皇家造币厂督办的牛顿，在这些年送到新门监狱和绞刑架上的伪币制造者当中，对查洛纳也青睐有加——他不但要制止他的活动，还要彻底击垮他。

后来牛顿在追剿查洛纳时显示的无情，不仅仅是由于他不得不在公开场合自我辩护所感到的羞辱，还有更深层的原因。牛顿曾默认上诉法院法官的建议，设法使陪审团产生偏见以使轻罪按重罪论处，这显示了他为达目的不择手段的态度。但是在他后来与查洛纳的较量过程中所显示的凶狠态度说明，驱动牛顿的不仅仅是"国家利益"。查洛纳是不会知道的，在他对牛顿的挑战中有着某种隐秘的刺激因素，它触及了牛顿最私密的信仰。

那的确是一种信仰，因为任何伪币的制造都有着一种宗教的含义，把一块金属板转换成合法货币的魔力来自硬币表面上国王的头像，国王赖上帝的恩泽以统治，盗取他的肖像就是亵渎君主的行为，就是对神圣的君主的冒犯。伪币制造为死罪是因为它给国家带

---

① *Calendar of State Papers Domestic*, 1697, p. 339.
② Isaac Newton, 未注明标题与日期, Mint 19/1, f. 503。

来了危险，它被提高到叛国的重罪是因为它对王权的侮辱。

这适用于一切伪币制造者，然而查洛纳不仅冒犯了威廉三世国王，还冒犯了艾萨克·牛顿，而且是现实、具体的冒犯。1698年时牛顿已不再进行炼金术的实际操作，但不管怎么说，查洛纳的伪币制造是对炼金术士无限增殖黄金的梦想的亵渎和模仿，就像是一场黑弥撒，用蟾蜍和芫菁来献祭撒旦。当然任何伪币制造者都是如此，但唯有查洛纳要对牛顿对于金属的掌控进行直接的叫板。

牛顿的个人因素影响了他的工作吗？如果牛顿没有自身炼金的历史，他会那样执着地追剿查洛纳吗？这是无法知道的。牛顿对他的猎物的追捕动机显然是多种因素决定的，职责、个人所受的冒犯以及对信仰的暗中守护都混杂在一起。

然而，重要的是要记住，记述牛顿的许多不同作家描绘了牛顿的多种不同形象——魔法师、数学家、实验天才、作为遁世教授的青年牛顿、作为皇家学会的掌门人，以及与欧洲大陆知识界的敌人展开持久战的老年牛顿——但真实的牛顿是过着某种生活的一个人，他在人生中所扮演的不同角色与他的整个人生是协调的。这种统一性体现在他扮演的每个角色中、他所做的每项工作中、他给自己提出的每个问题中，他一生的不变主题就是渴望与上帝进行沟通。

这个人懂得这样一个令人不安的事实：新科学如果掌握在错误的人手里，其作用就不是引导人去"相信神"，而是损害人们的信仰。查洛纳就是掌握了这种知识的人，他的每个行为都散发着无神论的味道：如果一个足够熟练的操作者可以生产神的造物的可用模仿品，那么要"上帝"有什么用？

不管真正的原因是什么，事实是，自查洛纳2月份被释放以后，牛顿感到前所未有地愤怒。从那一刻起，皇家造币厂的督办就全身心地、执着地追剿着那个曾以各种手段加害于他的人。

20 "照这个速度,整个国家都会被骗了"

不管牛顿如何有着隐秘的愤怒,1698年春天,查洛纳有着更紧迫的问题,或者他自认如此。他仍旧十分贫困,这或许是他上次在申诉书中所说的唯一实话。他的犯罪活动给他带来实际收入已经是一年多以前的事情了,去年夏天他网罗的那帮人已经散了伙,其成员或被关进监狱,或远遁他乡,他在议会中的盟友也辜负了他。不管此外还发生了什么,查洛纳承认,支持皇家造币厂现有管理者牛顿的一派战胜了支持他以攫取权力的那些人。

使问题变得更加严重的是,即使伪币制造者也需要靠钱去生钱,而查洛纳的本金已经没有了。6月份的时候他决心使自己摆脱困境,开始制造一些原始的先令,数量或许应足够支持他野心更大的计划。整个做法的简陋显示查洛纳的犯罪活动已经沦落到多么低下的程度。骑士桥的房子早就没有了,他现在租住在大怀尔德街(Great Wild Street)的金色莱昂茶叶店(Golden Lyon)上方的房子中,这里距离考文特花园不远。此时他已经无法使自己远离铸币活动的现场了。他在自家的炉火上做着力所能及的事情,一个证人报告说,他看见查洛纳"从储物柜中拿出两块生面团一样黏度的白泥巴,有点像陶土制的烟斗",他的做法是把一枚先令夹在两块白泥中,"分开后取出先令,把两块黏土在火边烘干……最后放在火上彻底烤硬,待冷却后其响声听起来就像是陶器"。

这是名副其实的小孩子的玩意儿,这种粗制滥造的东西往往使那些业余新手在刚一出道时就被抓获。查洛纳当然不会这么笨,但他实在没有财力制作出以前那种使他免于查获的做工精细的伪币。事实上他只能恳求以前的合作者托马斯·卡特赊给他三枚先令,"加上白镴和粗锌在一个铁勺里熔化,然后用陶模铸造出几十个先令"。这是一项麻烦的操作,"他一次只能铸造一枚,常常又是坏的,他只得重新扔回铁勺里"。用这种方法是难以致富的。

即使在这种逆境中,查洛纳也尽量避免自己去兜售这种做工粗糙的伪币,卡特也不愿要它们,"害怕把它们带在身上"。①第二天卡特去试探金属商约翰·阿博特(John Abbot),早先好日子的时候,他并不避讳出售查洛纳的银币和金币,但是新的伪币对他来说也不合标准,因为"它们太轻了"。②一个星期过去了,卡特最后同意去尝试一下。他让他的佣人玛丽·鲍尔(Mary Ball)去取了六个样品,查洛纳把伪币交给了她,并告诉她说,如果卡特"不喜欢它们,他会做得更好些"。③之后他便很快转向了一个更容易来钱的机会。

威廉国王那似乎无限期的战争给他带来了这次的机会。战争的费用加上硬币混乱造成的税收短缺,迫使政府几乎要尝试每一种增加资金的招数,不管是谁提出来的。有六万多名在佛兰德斯漂泊的军人,不论是英格兰银行的纸币和支票,还是政府以前发放的被称为"国库券"的债券,都凑不出足够的资金。为了填补空缺,聪明的人四处搜寻各种越来越新奇的财政创意,其中最奇特的大概要属"麦芽彩票"(Malt Lottery)了。

"麦芽彩票"利用的是英国人喜爱小赌一把的心理,但这并不是首创,而是深谙人们贪图暴富心理的皇家造币厂厂长托马斯·尼尔三年前的发明。1694年,尼尔的"百万大冒险"(Million Adventure)活动发行了十万张票面售价为10英镑的彩票,中奖率

---

① "The Examination of Thomas Carter Prisoner in Newgate 31 January 1698/9", Mint 17, deposition 118.
② "The Deposition of John Abbot of Water Lane in Fleet street Refiner 15th day of February 1698/9", Mint 17, deposition 119.
③ "The Examination of Thomas Carter Prisoner in Newgate 31 January 1698/9", Mint 17, deposition 118.

为 20 中 1，可获得 10—1000 英镑不等的奖金。更多的好处是优惠的利息支付，不管有没有中奖，从次年到 1710 年，每年返还 1 英镑，也就是每张彩票至少可以保证 16 英镑的"大冒险"返还。

对于这笔交易，尼尔没有亏待自己，他自留了一成收益，这按当时的标准来说是不高的，那时一次在威尼斯发行的类似彩票，发行人抽取了三分之一的收益。尼尔使彩票的价格保持在低位，以便吸引"成千的有钱但不多、暂时不够买股票的人来参加这项集资"。① 事实上 10 英镑一张的彩票对于大多数人来说也还是太贵了，但足以吸引一些投机家来购买，然后拆成更小的份额卖给前来投资的散户，而这正是尼尔所期待的。

在一段时期里，一切看来都很顺利，"大冒险"彩票购买者的范围比以前任何一次自愿把钱贷给国家的集资活动的参与者都更加广泛，根据某些估计，参加者达数万人。据日记作家纳齐苏斯·勒特雷尔（Narcissus Luttrell）的记载，一个叫吉布斯（Gibbs）的石匠和他的三个伙伴中了 500 英镑的彩奖，一个叫普罗克特（Proctor）的文具商和一个叫斯金纳（Skinner）的针织品商中了另一个 500 英镑的彩奖。这些人通常是不参加这种大规模复杂融资的，但他们现在来了，男人和女人们用这些奇特新颖的方式来碰运气，偶尔也真撞了大运。在彩奖发放之后，这种"风险"融资的进一步发展进入了未知领域，那是一种非正式的债券市场，一些等到彩票奖发放了之后才参与进来的交易商以低价购买了彩票———张彩票付 7 英镑，即票面价值的 70%——以期获得最佳的资金回报。②

但结局很不幸。政府错算了总数，"大冒险"彩票有着过高的

---

① Thomas Neale, *A Profitable Adventure to the Fortunate*, p. 2.
② 参见 Anne L. Murphy 的分析："Lotteries in the 1690s: Investment or Gamble?", *Financial History Review* 12, no. 2 (2006), pp. 231-232。

回报率，远远高于彩票中奖者的奖金总和，这样一来，原本缺钱的财政部自然无法支付回报。早在1695年，也就是彩票债券假定的16年期开始不到一年，就已出现了资金短缺的迹象，1697年时用于偿还债务的基金已有近25万英镑的资金缺口。① 愤怒的债券持有者们向议会请愿，要求政府维护"国家的诚信和荣誉"，但资金的缺乏使得支付根本无法进行，直到1698年战争结束时。②

而在此之前，战争在延续，威廉国王需要越来越多的钱。再发售一次彩票是可行的，至少在尼尔看来如此。为了平息对"百万大冒险"彩票抱有的不满，尼尔把新的彩票与麦芽消费税（实际上就是啤酒消费税）挂上了钩。1697年4月14日"麦芽彩票"开了张，财政部发行了14万张彩票，每张的票面价值为10英镑，面向公众销售。那些设想能带来140万英镑收入的彩票实际是一种功能的混合体，它部分相当于债券，部分相当于赌签，部分相当于纸币。像以前的风险彩票一样，新彩票也许诺兑奖和支付滚动利息，但它不仅仅是债券，像其他任何投资一样可以买卖，它们自流行到伦敦大街上的那刻起，既是可交易票据和现金，也是法定的偿付货币。③

至少它们被设想是有这些功能的。尼尔显然认为，游戏本身的刺激，加上新的彩票可以视为现钞，将可以打消人们对负债越来越沉重的政府的不信任。财政大臣、牛顿的老庇护人蒙塔古对此表示怀疑，"没有能够或愿意了解这些彩票，商人们将会裹足不前"。④

---

① 参见 Anne L. Murphy 的分析："Lotteries in the 1690s: Investment or Gamble?", *Financial History Review* 12, no. 2 (2006), pp. 231-232。
② 来自不知名的请愿者，被转引于 ibid., p. 231。
③ 托马斯·尼尔："彩票总值共140万英镑，这14万张彩票每张价值10英镑，根据国情需要进行发售，由机遇决定支付情况，只可用来支付利息、奖金和其他费用"，1697年。
④ Anne L. Murphy, "Lotteries in the 1690s: Investment or Gamble?", *Financial History Review* 12, no. 2 (2006), p. 233。

蒙塔古不幸言中了，没有人相信这种怪异的新票证，彩票最后只向公众售出了1763张。

但是政府迫切需要这些彩票预计募集的资金，这使得政府干脆把剩余的13.8237万张彩票当作10英镑的纸币，付给那些可迫使其接受的人。让人惊讶的是，这在一定程度上居然奏效了。皇家海军在其1698年的记述中报告说，他们持有价值将近45000英镑的麦芽彩票，用以支付海员和海军陆战队士兵的薪水，他们正是那些在此事上受束缚而没有更多选择的债权人。①

事情就这样发生了，虽然财政部没有承认，但它发明了一种与可相互转手的金属片相平行的英国货币，这种纸票与真正的法定货币不同，它们与某种资产——麦芽消费税的税收——相关联，使其具有了现金和有担保的债务的混合特征，但它们仍然与现代的纸币不尽相同，与英国人有史以来所知的任何货币更有着根本的不同。

事情的发展暂时就到此为止。在"麦芽彩票"发行受挫之后的那些年，彩票在英国政府的融资中没有再起重大的作用。但是一个明显的事实是，英国的金融体制已经跟不上其经济生活中实际发生的变化了。对于国王的银行家们，或者其他任何人，如石匠、女佣、针织品商等，莫不如此。查洛纳比大多数人更快地意识到，硬币——由白银或黄金构成的物质实体——不再是货币所具有的唯一，甚至是最重要的形式了。

就学术界以外的男女大众而言，科学革命正在影响人们对正在成形的货币世界的理解。纸币、可交换的支付承诺、债券、贷款都是其抽象形式。对它们的理解、接受，甚至非法获取，需要一种数

---

① "The fourth parliament of King William: First Session", *History and Proceedings of the House of Commons*, vol. 3, pp. 91-106, http://www.british-history.ac.uk/report.aspx?compid=37657.

学推理能力。此时数学推理能力正开始应用于各种新的思想，包括新的物理学。例如要计算出一种债券当前的价值或者政府拖欠的风险（可能性），过去和现在都需要一种量化的、数学的思维，正如以前和现在在计算出彗星轨道所需要的那样。查洛纳说不上是一个科学革命的参与者，但是他意识到在他的周围正发生着一场革命，而他有足够的智慧抓住这种思想和实践的根本变革所带来的机遇。

1698年6月，查洛纳开始盘算如何从"麦芽彩票"中赚些钱，而又不使自己去冒过多的风险。想重新与政府角力，他需要某些工具：不出差错的雕版、正确的墨水和恰当的纸张，这比他以造假硬币获利的犯罪活动所需的设备要少得多。但是残酷的贫困束缚了他的手脚，即使建一个印刷铺子所需的少量资金他也拿不出来。他需要帮助，但他已像挥霍钱财一样地挥霍了他的朋友。他最信赖的朋友霍洛韦早就不在了，被他赶到了苏格兰，在17世纪90年代富庶日子里和他一起工作的那些朋友只有少数人还在。最后他决定向他们中的一个透露自己的想法，他就是那个偶尔的合作者和不情愿地接受了假先令的托马斯·卡特。

卡特告诉查洛纳他认识一个有钱人愿意资助他的伪造活动，查洛纳听了感到一阵紧张，他知道而且比谁都更清楚，以出卖合谋者为生是多么容易，但他别无选择。他告诉卡特，他可以和这个人联系，但在商谈中请不要透露他本人的名字。

将近6月底时，卡特遇到了那个名叫戴维·戴维斯（David Davis）的人，他正在皮卡迪利（Piccadilly）大街上闲逛。他们谈了一会儿，显然就是在大街上公开地谈，谈话末尾卡特告诉他要干的事。戴维斯说，卡特告诉他"他认识一个雕刻技术高超的人"，他的朋友"有意刻制'麦芽彩票'的印刷版"，只是需要一些资助，卡特许诺说，他和他的朋友都会成为富人。

卡特很好地完成了查洛纳交给他的任务，他警告戴维斯说"别再问什么问题"，但戴维斯仍坚持追问："从铜模中印出像样的纸票，除了查洛纳我没听说还有其他人能干这事。"卡特回答说："如果你知道我的朋友是谁，你就会承认他是与查洛纳同样级别的大师。"这倒是一句实话。最后他们同意，戴维斯将把钱和"麦芽彩票"的样本交给卡特，以给那个神秘的雕刻者提供示范，卡特则向戴维斯保证说将每天向他提供印版完成的情况。

查洛纳用几个星期的时间完成了很漂亮的活儿，在用戴维斯的本钱购买的一块钢板上雕刻了彩票两面的精美图案，卡特则信守了他的合约保证，"每天提供印版的进展情况，直到工作完成"，不过他确也犯了一个错误，他有一次不小心让戴维斯知道了这一计划中第三人的身份。戴维斯后来吹嘘说："我早就知道雕刻印刷版的人是查洛纳，不会错的。"

戴维斯果然是查洛纳所担心的犹大。[①] 戴维斯的上司是一个查洛纳过去曾打过交道的人：不是牛顿，而是国务大臣詹姆斯·弗农。戴维斯的身份是一个受雇的线人和擒贼人，他告诉弗农查洛纳已经制作好了印刷版，并提醒说时间是至关重要的。他向弗农要100英镑，要求马上支付，说这是为了"阻止伪造彩票的发行……给那些执行任务的人的资助"。他告诉弗农说他将把那些印出的彩票都买下来，"直到抓住查洛纳和缴获印刷版"。为了自身的利益他尽力向弗农保密，没有告诉他在哪儿遇见的卡特以及查洛纳住在哪儿。

---

① 犹大，耶稣最初选的十二使徒之一，因为贪图30枚银币而向祭司们出卖了耶稣。——译者注

又经过两次谈话戴维斯才说服弗农把那100英镑交给了他。钱到手之后，戴维斯告诉卡特说他已找到了200张彩票——面值共2000英镑——的买主，因此买主要求戴维斯"把已印出的所有假彩票都给我"，作为交换他将陆续地向卡特"和他的朋友提供资助，直到把其余的彩票都印出来"。

卡特上了钩，交出了一捆彩票，"这样我就知道一共印出了多少彩票"，戴维斯说。他把这些彩票带到了詹姆斯·弗农处。所做活计的精美足以使当局为之震惊，弗农命令戴维斯"要全力找到查洛纳"，还有更重要的是，找到犯罪的源头，查获那块精心制作的铜版。幸运的是，卡特现在已对买主感恩戴德，以至无话不说，戴维斯由此得知，在两次印制的间隙查洛纳把印刷版藏在一面墙壁中，然而是哪一面墙壁呢？

戴维斯发现自己处于弗农的压力和查洛纳的自我保护意识的夹板之中，他能打的唯一一张牌就是像身穿的衣服一样紧紧地抓住卡特不放，只有当他到合作者那里送资助和取成品时例外。查洛纳则始终埋头于他的工作，卡特向他的合作者报告说，查洛纳打算一直干下去，直到印刷版磨损得不能用为止，于是就形成了这样的局面：弗农向戴维斯施压，戴维斯缠住卡特，卡特乞求查洛纳让他看看印刷版，查洛纳断然拒绝。

几个星期的追索搜寻就卡在了这个关头。官方的监控被困在一个老问题上：右手不知道左手在做什么。一方面戴维斯在沿着他的线索追寻，另一方面在伦敦塔外，一个完全没有联系的搜索也在进行，牛顿没有忘记查洛纳，一刻也没有。戴维斯独自把持告密人卡特，使得有关"麦芽彩票"的消息无法为伦敦塔的人所知，但是牛顿依然在跟进中断了的埃格姆铸币案。他对该案的起诉因霍洛韦逃到苏格兰而搁浅，虽然督办的命令在边界那边没有什么效力，但他可以采用说服手段。1698年秋初，查洛纳探得了一些使他深感不安的消息：牛顿找到了霍洛韦，他的老伙伴准备和督办合作。查洛纳对可能的危险立刻采取了行动，以防万一，他关闭了"麦芽彩票"生产线，想等待能够看清霍洛韦回来后可能带来的风险后再说。

戴维斯知道所发生的事情，他是从卡特那里得知的，但他没有告诉弗农，把消息透露出去会使他减小对其主子的价值，对他是不利的。这样，弗农和牛顿都不知道他们的调查撞了车。弗农这边的进展比牛顿快，这是由于戴维斯一直能够使卡特蒙在鼓里，但那块印版的下落一直无法探知，也找不到那个知道如何使用它的人。

更糟糕的是，弗农的职员走漏了风声。查洛纳从一个叫爱德华兹（Edwards）的人那里得知，戴维斯曾与国务大臣碰头，许诺要缴获伪造的印版。卡特终于对那个过于热心的买主起了疑心，而查洛纳则把一切罪证实物藏匿了起来。由此调查又一次面临搁浅。

戴维斯尽力安抚起了疑心的联系人，对卡特说他的一些钱被爱德华兹骗走了，这激起了卡特的愤恨，他竟对戴维斯又相信起来。但时间一星期一星期过去，眼见已到10月末，戴维斯不得不如实对弗农说他仍然不知道查洛纳把作案工具藏在哪儿了。弗农听了这个消息很生气，"十分恼怒地说，照这个速度，整个国家都会被骗了"。

戴维斯明白，他向弗农保证说他将在一个星期内在查洛纳活动的时候将其抓获，否则的话搜索活动（连同其利益好处）将"听任阁下的处理"。然而查洛纳又先行了一步，卡特报告说查洛纳现已把印版转移到了当地的一个接生婆那里，后者把它带到了距离伦敦30英里以外，那是戴维斯鞭长莫及的地方。

许诺的一个星期已经过去了四天，戴维斯急切地向卡特打听消息，而他所得到的是一小时一变的消息。查洛纳说他将自己去取印版，而且很快就会去，但接着又说要派一名通信员去取，后者第二天早上将到伦敦，一旦取回印版有可能马上就开始印制。

但突然间一切都改变了。事实上卡特说他把查洛纳印制的彩票都交给了戴维斯并不是实话——更可能的情形是查洛纳欺骗了天性轻信的卡特，把一些彩票通过旁门卖出去了。不管是哪种情况，就在同一个星期，一个叫凯兹米德（Catchmead）的男人用10英镑抵押了一捆彩票，那是查洛纳制作得最精美的一批。那个当铺老板又设法转售这些假彩票，但就在卡特告诉戴维斯印版马上就要拿回来的当天，这位当铺老板被逮捕了，戴维斯写道："这个消息着实让我感到惊讶。"从他未了解实情所付出的代价来看，他说的多半是实话。为了掩盖他的失职，他急忙赶到国务大臣的办公室。

弗农出去了，几个小时以后两人才见面。见面晤谈后，弗农赶紧着手收拾和控制局面。戴维斯已经不能再保守秘密了，眼见伦敦城被数千英镑的假"麦芽彩票"充斥是不能想象的。弗农对戴维斯总算不错，允准他去逮捕不太重要、价值较小的人物托马斯·卡特。① 而那个主谋现在成了人人觊觎的猎物，国务大臣为查洛纳的人头悬赏了可观的数目：50英镑——这可是一笔不小的数目，足够一个家庭过上一年富足的日子。这笔钱将给予最早把他捉拿归案的人，有没有印版都不要紧。

偌大的伦敦城有时也会成为一个很小的市镇。整个春季和夏季查洛纳都设法使自己销声匿迹，但他仍不免要吃喝、买啤酒、找住

---

① 所有此处的引用及关于戴维·戴维斯追捕查洛纳的叙述来自戴维斯的证词，他在证词中叙述了他为国务大臣詹姆斯·弗农提供的信息，参见 Mint 17, document 85。

处，因此总还是有些人对他有所听闻，一旦找到他本人成为有利可图的香饵时，他的被捕也就是哪个擒贼人能够捷足先登的问题了，报酬的丰厚保证了这不会用太多的时间。戴维斯最后输了，遗憾的是查洛纳的被捕记录没有显示他是怎样和在哪儿被抓住的。我们所确知的只是，在弗农悬赏并逮捕了查洛纳之后，查洛纳被一个叫罗伯特·莫里斯（Robert Morris）的人带到了新门监狱，而莫里斯以前是为皇家造币厂追捕罪犯的侦探。①

在弗农将他要抓捕的人送入监狱之后，牛顿才知道有两个并行的追捕，虽然皇家造币厂督办的职责使牛顿不必为"麦芽彩票"担心，那是财政部的问题，但他说服了弗农让他接管这个案子。就此，所有中间人都退去了，游戏聚焦在了其核心部分：艾萨克·牛顿对决威廉·查洛纳。

21 "他完成了他的差事"

在第二轮的较量中，牛顿格外小心谨慎，设法确保看守们严密监视他的犯人。1698年11月到12月查洛纳发现自己被狱方尽可能地隔离，这位被控告人在牢房中抱怨说他唯一允许会见的就是他年幼的孩子，他悲叹道："我不知道为什么我要受到这样严格的限制。"②

但是囚禁并没有消磨他的信心，"麦芽彩票"的印版并没有被发现，查洛纳声称自己与这事没有任何关系。他被逮捕时身上没有

---

① John Craig, "Newton and the Counterfeiters", *Notes and Records of the Royal Society of London* 18, no. 2 (December 1963), p. 142.
② William Chaloner, "Letter to the Warden of the Mint", 未注明日期，Mint 17, document 133。

彩票。还需考虑的是卡特的证词,但是忠实而话多的卡特——他现在也被关在新门监狱——是被指控的犯罪活动中唯一已知的拿了报酬发送彩票的人。查洛纳确信如果什么人因此事遭殃,那将不会是他本人,在牢房中"他对这事显得满不在乎,声称他还有招数"。①

牛顿很高兴查洛纳能这样想。督办从前一年的挫折中吸取了教训,甚至在弗农的悬赏导致查洛纳的被捕之前,牛顿就已经开始勾勒他的对手的犯罪生涯,虽然他所掌握的大多是背景材料而非可采取行动的证据,但仍然是有用的。例如1698年5月爱德华·艾维向牛顿发誓说,他掌握大量货币犯罪分子的直接材料。艾维是约翰·詹宁斯(John Jennings)的心腹,后者是蒙茅斯伯爵的男仆之一,曾倒卖有质量很高的伪币。艾维称他认识"经常发送一些假几尼"的爱德华·布拉迪(Edward Brady)。他又举报白厅有名的看门人、邪恶的约翰·吉本斯,说他有时伙同布拉迪拦路抢劫。他认识约翰·希克斯(John Hicks)和玛丽·希克斯(Mary Hicks)两口子和他们的女儿玛丽·于埃特(Mary Huett),他们一家人干着切削旧硬币的行当。他自愿地揭发出一个又一个人:"有个叫雅各布(Jacob)的",以及塞缪尔·杰克逊(Samuel Jackson)、乔治·埃默森(George Emerson)、约瑟夫·霍斯特尔(Joseph Horster),"还有爱明特(Emint),一个造伪币和切削硬币的人"。

在艾维的名录中查洛纳只是一个不起眼的角色,他对牛顿所关心的目标只提过一次。他在证言中说他有一次问詹宁斯,他的假几尼是否有查洛纳的那样好,詹宁斯说当然,"查洛纳做那样的几尼在他看来就像是个傻子"。艾维又说他相信——他显然不愿意发誓

---

① *Guzman Redivivus*, p. 7.

说他知道——布拉迪从查洛纳那里收取过一些假几尼。①

牛顿收集了几十份类似艾维的这种证言，开始时他所注重的是数量而不是质量。1698年的春天和夏天，他所收集的证言大部分是传闻，其中许多被归并到证人所能记忆的所有伪币制造人和犯罪活动的清单中。它们中有的涉及也有的没有涉及查洛纳，但牛顿从中勾勒了伦敦伪币制造生态体系的概貌。他收集那些人的名字，记录他们之间的联系，那是一个查洛纳本人必定要在其中周旋的犯罪活动的关系网。

几个月过去了，越来越多和那些名字有关系的人出现在他们自己的证言后面，也就是说，他们实际已经在新门或其他监狱中恭候牛顿的大驾了。②那些零散的证言引出更多的证人，后者又引出新的证人，所获得的材料构成了一个信息的绞刑架，而牛顿计划着由此将查洛纳绞杀。

1699年1月，牛顿的所有工作日都是在皇家造币厂度过的，他在进行着审问，以期能构成起诉的核心。2月份时他更是全身心

---

① "The Examination of Edward Ivy als Jonas late of [sic] in London Gentl[eman] taken before me the 17th day of May 1698", Mint 17, document 31.

② 参见 Mint 17, document 99, "The Information of Mary Townsend of the p[ar]ish of St. Andrews Holborn in the County of Midd[lese]x Widdow taken this 31 day of Augt. 1698", 上述证言中，玛丽·汤森指认了约翰·吉本斯和爱德华·艾维。两个月后，在 document 104 中，爱德华·艾维抱怨了吉本斯、约翰·詹宁斯、爱德华·布拉迪——这些人后来都列入了她丈夫的名录——及被汤森遗漏的瓦伦汀·科格斯韦尔（Valentine Cogswell）。虽然如此，但牛顿早已了解科格斯韦尔的情况，因为在5月，一位不知名的举报人在其证词中提及了由布拉迪介绍成为伪币制造者的"科格斯韦尔先生"。这份证据很不错，它列举了切削硬币、制造伪币及参与 document 91 中其他犯罪行为的18位罪犯，包括对"Tuthill 船长"拥有"a Rape Mill"的可怕指控。这份资料确实提及了以"钱德勒"为假名的查洛纳，报告了查洛纳在约翰·吉本斯的保护下进行伪币制造活动——但在这里，查洛纳又一次仅仅是名单上的一个名字。正如牛顿的助手所记录的，这份证据的重点是描绘一幅资本泛滥和伪币制造者来自各个阶层的简图。

地投入，有一个阶段连续十天对证人进行讯问。有关的档案记录很不齐全，但是从现存的 140 份起诉书就可以看出他日程的繁忙。①

牛顿进行审问的形式通常是类似的，大多数开始是确认证人身份，按行业、职业或教区来区分，女人的身份则只作为被调查对象的妻子或伴侣。牛顿所提的问题没有现存的样本，但看起来他大体是采用按时间顺序提问的方法：宣誓做证者是什么时候见到查洛纳的，亲眼见到或听到了查洛纳的什么犯罪行为，先后顺序是怎样的。证人们都开了口，常常是很详细地讲述了在过去十年的大部分时间里查洛纳所进行的违法犯罪活动，讲到依记忆所及的各个细节，有些人或许还编造了一些内容来取悦那个刨根问底的审问人，而牛顿对每个词都不放过。提问结束时，牛顿会为所听到的内容做一个口述总结，由办事员记录下来，然后由他本人或办事员把这篇文字读给每个证人听，后者可以补充或修改其证词。双方都满意了之后，牛顿和证人在文件上签字，办事员则将定稿存入皇家造币厂的档案中。②

经过一段时间的审问，牛顿发现最好的线索来自原本是查洛纳的合伙者后又被查洛纳背叛了的那些人的妻子或情人。只以"寡妇"——可能是爱德华的妻子——身份做证的伊丽莎白·艾维（Elizabeth Ivy）称，她在查洛纳造伪币活动一开始就知道他所干的事。另一个更重要的知情人是凯瑟琳·科菲，她是最初向查洛纳传授铸币基本知识的金匠帕特里克·科菲的妻子。

陪审团最愿意听的是这样的证言：某个人目睹了正在进行中的犯罪活动。凯瑟琳·科菲发誓说："七八年前，她看见现在被关

---

① Mint 17 包含明显的疏漏——在某处丢失了近一百条资料。我赞同 John Craig（"Isaac Newton — Crime Investigator", p. 151）的结论，即近一半的相关资料丢失了。
② 证词所示的牛顿的审问过程非常清晰，John Craig 向我指出了此处牛顿的取证方式，参见 "Isaac Newton — Crime Investigator", p. 151。

押在新门监狱的威廉·查洛纳在紧邻诺布尔街（Noble）的奥特巷（Oat Lane）的四楼上用印模和锤子打制法国皮斯托尔金币。"① 卡特的妻子凯瑟琳·马修斯（Katherine Matthews）用对细节的记忆补充了她丈夫的叙述，她说她亲眼看见查洛纳"在威斯敏斯特修道院后面的克拉克斯（Mr. Clarkes）先生的住处由她所租的房子中"为假几尼镀金，不仅如此，她还出示了那些假金币，"大约有十枚从查洛纳那里得到的假几尼金币，当时每枚给了他 8 便士"。②

证人的队伍越来越长，揭发罪行的证言记录也不断增长。一名叫汉弗莱·汉威尔（Humphrey Hanwell）的人补充了皮斯托尔金币一事的细节，他说查洛纳用锤子和白银把它们打造出来，然后由科菲和"一个叫希契科克（Hitchcock）的人"给它们镀上金。他还揭发说，17 世纪 80 年代末期他看见查洛纳切削硬币，而在那之后不久查洛纳曾向他展示制造先令的反向压印机，以及"制几尼或者半克朗的印模，但具体是哪一种，证人现在记不清了"。③

最后这个故事可能只是证人的想象，或更准确地说是为了讨好审问者而编造的。在受逼迫的情况下，汉威尔或许还会把查洛纳与蒙茅斯起义④、火药阴谋⑤，甚至射穿撒克逊国王哈罗德（King

---

① "The Information of Katherine Coffee wife of Patrick Coffee Goldsmith late of Aldermanbury by Woodstr[eet] 18 day of February 1698/9", Mint 17, document 124.
② "The Information of Katherine Matthews [aka Carter] of Earles Cour in Cranborn ally in the p[ar]ish of St. Anns Westm[inste]r", Mint 17, document 116.
③ "The Depostion of Humphrey Hanwell of Lambeth p[a]rish in Southwark 22d Feb 1698/9", Mint 17, document 123.
④ 1685 年 6 月，在萨默塞特郡和多塞特郡西部、德文郡东部等纺织业比较发达的地区，信奉新教的纺织工人和其他城市中下层人民，拥戴信奉新教的蒙茅斯（Monmouth）公爵起而反对詹姆斯二世，起义者人数达数千人，声势浩大。——译者注
⑤ 火药阴谋（Gunpowder Plot），发生于 1605 年的一次未遂事件，一群亡命的英格兰乡下天主教极端分子试图炸掉英国议会大厦，并杀掉正在其中进行议会开幕典礼的英王詹姆斯一世及大部分的新教贵族。——译者注

Harald）眼睛的弓箭手①联系起来。而对牛顿来说，他的经验已告诉他不能对所讲的每件事情都相信。在他的调查总结卷宗中有一份题为"查洛纳案"，其中他把科菲与查洛纳的联系视为重点，并把皮斯托尔金币的制造认定为犯人的第一起货币伪造罪行，而对汉威尔不着边际的故事则不予理睬。②

牛顿坚持不懈，这时他把注意力集中到查洛纳最近的犯罪活动的一个关键证人身上。卡特告诉牛顿，在他参与"麦芽彩票"案的过程中，金属商约翰·阿博特曾与查洛纳策划制造更好的白镴先令，原先做的那些前一年6月被查出来。两星期后牛顿把阿博特带到了伦敦塔，后者把他所知道情况都吐露了：查洛纳曾向他展示过一套铸币硬模；查洛纳曾从他那里购买白银，作为制造假几尼金币的原材料；查洛纳曾告诉他，他和他的妹夫曾在短短九个星期内制造出价值600英镑的假金币。③

故事的发展是这样的：伊丽莎白·霍洛韦最后讲述了她的家庭苏格兰之行的曲折故事，那次出走使查洛纳逃脱了牛顿的第一次起诉。她揭发说，查洛纳直到最后还在欺骗，他骗了她的丈夫，只给了他十几英镑而不是许诺的20英镑。此外，据伊丽莎白讲，那个受雇把霍洛韦的孩子们带往北方的船长只得到11先令的船费，而原来所说的是3英镑11先令，但给他的英镑是假的。

牛顿穷追不舍，几乎是不加区别地狼吞虎咽。塞西莉亚·拉伯丽（Cecilia Labree）在新门监狱等待被处死，一个朋友告诉她"为

---

① 1066年10月14日，哈罗德国王的盎格鲁—撒克逊军队和诺曼底公爵威廉一世的军队在黑斯廷斯地域交战，战争中哈罗德的眼睛被一支弓箭射中，因伤势过重死去。——译者注
② "Chaloner's Case", Mint 19/1, ff. 501-504.c
③ "The Deposition of John Abbot of Water Lane in Fleet street Refiner 15th. day of February 1698/9", Mint 17, document 119.

了救自己的命，都说了吧"，也就是要她连不是自己的罪行也坦白。于是"为了让她的坦白更感人"，她的朋友告诉她查洛纳和一个同谋"当时在奇西克（Chiswick）有一个硬币铸造所"，他们"在那里合伙伪造几尼金币"。① 拉伯丽听从了他的指教，向牛顿编造了这个故事。这一招数并没能救她，她后来在1699年被处死，但类似的故事使牛顿的卷宗越来越厚。

牛顿的策略逐渐形成了：某个证人提供的细节并不那么重要，重要的是确认有一大群男人和女人都准备做证说，他们七年，或五年，或三年以前，或去年夏天曾看见、协助、听到过查洛纳制造先令、半克朗、克朗、皮斯托尔、几尼。牛顿力求使任何一个陪审团信服到这种程度，以致严格地确认发生了什么和什么时候发生的这样的细节已经不是重要的事情了。

22 "如果阁下愿意……"

当然，就在牛顿为自己的起诉充实材料的时候，查洛纳为给自己做辩护也没有闲着。他知道牛顿正在给同一囚室的犯人卡特施压，而卡特知道自己基本上已经完了，他被捉了现行，证人把"麦芽彩票"直接交到他手里，显然他的唯一希望在于拿一条比他更值钱的人命来换他的命。查洛纳和卡特都关在监狱的高等犯人一侧，很难避免两人不时地有所交谈，查洛纳便充分利用这种机会促使卡特做有违他自己利益的事情。

查洛纳一开始劝说卡特"和他联手进行辩护，说如果他们联合

---

① "The Information of Cecilia Labree 6th Feby 1698/9", Mint 17, document 143.

起来就能使自己得救"。① 查洛纳不断地对他施压，这使得卡特不得不要求监狱看守"禁止他和我接触"。查洛纳的意思很清楚：以前的事情过去就过去了，但现在他们是一个团队了，或者如查洛纳对卡特所说的，"过去我们由于彼此不了解而互相愚弄，现在如果你和我联手就没有人能伤害我们，而他们所有人将被我们耍弄"。

这是胡萝卜，查洛纳还有挥舞着大棒的一手。他给国务大臣弗农写信，揭发卡特是一个屡犯，以前曾因造伪币、入室盗窃、伪造罪等在英国"不少监狱"中被关押过。② 卡特发现查洛纳贬低他作为证人的价值的企图后极为气愤。"我质问他，"卡特写道，"为什么向法官阁下报告我是一个犯法的人。"——答案很显然——"他说我不应该举报他。"③ 查洛纳以为这样一来就可以削弱他以前的朋友做证的效力，使"麦芽彩票"案的指控破产。

他误判了他的对手，牛顿已经先他一步在那里等候了。自查洛纳重回新门监狱的那刻起，他从来不缺室友——与他同居一室的犯人。他的室友中至少有三个人是为牛顿效劳的，为首的就是托马斯·卡特。

卡特尽其所能以博得牛顿的好感，除了"麦芽彩票"案之外，他又补充了在过去几年中自己参加过的五六起伪币铸造活动的细节。④ 但牛顿想得到比这更多的东西——对查洛纳迄今为止未受怀

---

① "The Examination of Thomas Carter Prisoner in Newgate 31 January 1698/9", Mint 17, document 118.
② "Chaloner's letter to Mr. Secretary Vernon", Mint 17, document 126.
③ "Carter's Letter to Mr Secretary Vernon"，未注明日期，Mint 17, document 130。托马斯·卡特的罪行包括其在1696年伪造英格兰银行纸币，这使查洛纳希望在审判前揭发卡特。1696年12月9日的审判参见 The Proceedings of the Old Bailey, http://www.hrionline.ac.uk/oldbailey/html_units/1690s/t16961209-59.html。
④ Thomas Carter 的论述参见 Mint 17, documents 83, 84, 118, 123, and 130。

疑的犯罪行为的指控，比犯罪团伙中的互相揭发更有说服力的东西。而卡特不借助外来帮助是无法提供这些的。

这里约翰·惠特菲尔德出现了，他最后被人偷听到的话是凶狠叛逆地发誓，"如果詹姆斯国王重新掌权"①，就要处死艾萨克·牛顿。这话的转述人是为了博得督办信任的债务人，外科医生塞缪尔·邦德。现在轮到惠特菲尔德要用偷听的手段获得牛顿的开恩了。按照牛顿的要求，由卡特管理惠特菲尔德。牛顿的指示很简单：尽可能近距离地接触查洛纳，探听他可能说些什么，特别是那块失踪的"麦芽彩票"印版的下落。2月初的时候惠特菲尔德写信给牛顿道："这事我已经设法去办了，我相信所有听到它的人都会满意的。"但他拒绝把所听到的东西写在纸上，而是留下悬念，以求与主事者见面。把他带出新门监狱，之后"如果阁下愿意和我在道格酒馆见面……我毫不怀疑我是值得阁下跑一趟的，因为有人发现了那个宝贝隐藏在一个根据推理难以发现的洞穴中"。②

事情就这样发生了，皇家造币厂督办阁下屈尊来到了道格酒馆，让人把惠特菲尔德带来和他相见。惠特菲尔德告诉牛顿查洛纳把那块印版藏在一个建筑物墙壁的洞中，在这一阴谋活动的最后一个星期左右他曾去过那里。但是他不知道皇家造币厂的人应当到哪里去搜查，甚至不知道从哪一幢房子开始搜查，他所能告诉牛顿的只是，"这样空旷的无人处从来没有被搜查过"。③

这次会见牛顿没有留下记录，因此无法确知他对这种"诱饵

---

① "The Deposition of Samuel Bond of Ashbourn in the parke in the Count of Derby Chyrugeon 16 October, 1698", Mint 17, document 27s.
② "John Whitfield's Lettr to the Isaac Newton Esqr Warden of His Maj^{tys} Mint Febry 9th 98/9", Mint 17, document 134.
③ Ibid.

调包"①的恼怒。后来事情的发展表明他保持了耐心,惠特菲尔德回到了新门监狱,显然得到指示继续获取查洛纳的信任。但他没有做到,查洛纳在伦敦仍有一些没有被抓的联系人,卡特向牛顿报告说,"惠特菲尔德先生与您在道格酒馆见面之后,查洛纳开始对他有所怀疑"。②

一场猫捉老鼠的游戏开始了。一向爱发表意见的查洛纳现在不得不学会闭嘴了,而他的确也在一定程度上做到了。卡特原来的汇报中称惠特菲尔德暂时受挫,但实际上他是完全被拒斥了。卡特向牛顿坦白说,"惠特菲尔德先生努力从他嘴里套出更多的东西",但是查洛纳拒不上钩,"他只对卡特说,希望他是一个有道义的人,其余的一概不谈"。③这对惠特菲尔德来说是个坏消息——与所尽的力相比,牛顿更看重的是结果。对于卡特也是如此。卡特恳请他的抓捕人再给他一次机会。惠特菲尔德既已无用,他对牛顿说:"我希望我又有了一个可以替代的人,如果您愿意相信的话,我将通过他从查洛纳嘴里套出所有他做过的和想做的事情。"④

牛顿同意了。卡特所说的新人是约翰·伊格内修斯·劳森(John Ignatius Lawson),他原是一名内科医生,目前因造伪币被关押在新门监狱,事实证明他是完成这一任务的理想人物,更重要的是牛顿从头到脚控制了他,有几个人准备做证:他们看见劳森使用铸币工具,躬身在一个熔炉边中,铸造几尼和皮斯托尔,用金属剪床剪切过大的硬币。他掌握的人中甚至有一个准备做证劳森说过他

---

① bait and switch,一种诱售法,以廉价品招徕顾客,诱使其上门后再兜售高价同类物品。——译者注
② "Thomas Carter's Letter to the Warden of the Mint Sunday afternoon",未注明日期,Mint 17, document 130。
③ Ibid.
④ Ibid.

能"耍弄二十个像督办这样的人"。①

现在劳森不再夸口了,被逮捕和在新门监狱几个星期的关押使他精神崩溃了。他告诉牛顿说,他以前的同伙背弃了他,"卷走我所有的东西潜逃了,我的一个孩子饿死了,其余的不得不靠乞讨度日",他在忍饥挨饿,"1便士的面包要吃四天"。他乞求帮助,他在给牛顿的第一封信中写道:"我匍匐在您的脚下。"而在最后的信之一中再次乞怜:"我希望善心能够促使您施恩……我的余生将为您效忠。"②

牛顿满足了劳森的乞求,而回报也随之而来。劳森像一块海绵,吸吮着他在狱中所听到的一切。他的监视对象不仅限于查洛纳一人,牛顿从劳森最初提供的情报中得知了鲍尔和惠特菲尔德密谋制造伪币的过程,包括这样的逸闻细节:"鲍尔把他的马卖给了萨瑟克(Southwark)的一个帽商,以筹钱制造假皮斯托尔。"一个帽商!好,现在有了一个说服陪审团的证人,他愿意就完整的细节做证,让十二个诚实的人相信,他曾亲眼看到了他所说的事实。

劳森接连不断地提供着这样的情报。③按照他的讲述,一些伪币制造者碰巧在他在场的情况下暴露了犯罪行为。1698年4月一

---

① "The Information of William Johnson Farrier at the Barbers Pole near the Watchhouse in Radcliff highway taken this 8th day of February 1698/9", Mint 17, document 145. 更多牛顿可用来威胁约翰·伊格内修斯·劳森性命的证据参见 document 146, "The Information of Ann Duncomb of Black cheek ally in East Smithfield Spinst[er] 8 Feb: 1698/9",以及 document 148, "The Examination of the Josiah Cook of Eagle Str[eet] of St Gyles in the fields in the County of Midd[lese]x Chyrurgeon 14 February 1698/9"。
② "Letter sent to Is[aac] Newton Esqr. From John Ignatius Lawson Sunday night and Munday morning",未注明日期,Mint 17, document 132,以及"The Information of John Ignatius Lawson Vizt",3 April 1699,Mint 17, document 199。
③ 此段中的每个事件都来自"The Information of John Ignatius Lawson Vizt",1699年4月3日,Mint 17, document 199(此文件还包含1699年1—4月约翰·伊格内修斯·劳森寄给牛顿的一系列报告)。

个叫约翰·迪肯（John Deacon）的人到位于利登豪尔（Leadenhall）市场的天鹅酒馆来找他，要求修复一个几尼压印机。凯瑟琳·科菲曾在"圣詹姆斯市场旁边的市场巷的'红牛'（Red Cow）招牌旁边的一个房间中"仿用查洛纳的一种铸币技术，在场的有劳森等六位目击者。金属匠珀金斯（Perkins）也无所顾忌，"一天早上我到他的铺子里去时，他正和一个叫汤姆（Tom）的人用铸模压印威廉国王先令的头像面"。出于某种原因，珀金斯感到有必要告诉劳森是谁订购的——一个名叫伍德（Wood）的擒贼人，而劳森忠实地把这一情报报告给了渴求信息的牛顿。

劳森就这样讲述了一个又一个事件，牛顿的档案上记满了一页又一页，劳森显然有意把他的所见所闻甚至仅仅是认为可能的事情巨细无遗地加以报告，细节的描写如：凯瑟琳·科菲用"一个像小圣经盒子那样大的黑色皮口袋"[①]装着她的铸币工具。但这些都是无关痛痒的皮毛，牛顿需要的是有骨头有肉的真货，也就说劳森必须设法突破查洛纳的自我防范意识，让他开口。

在这方面，他比此前的两个线人有更大的优势。像查洛纳一样，他曾在伦敦造伪币人的圈内活动，认识类似的人：金银原材料供货商、制造和修饰造币工具的雕刻师和金属匠、提供会面地点和偶然使用的工作小屋的酒馆老板。更重要的是，他和查洛纳从未共过事，两个人的案子不是交叉的，劳森不会告发他，由此他突破了查洛纳的戒心，两人成为过从密切的伙伴，在狭小的牢房中一同起居和谈话。[②]

[①] 此段中的每个事件都来自"The Information of John Ignatius Lawson Vizt", 1699 年 4 月 3 日, Mint 17, document 199（此文件还包含 1699 年 1—4 月约翰·伊格内修斯·劳森寄给牛顿的一系列报告）。

[②] "The Information of Jno Ignatius Lawson now Prisoner in Newgate 3^d. April 1699", Mint 17, document 165.

查洛纳似乎对这样一个新室友感到由衷的高兴，他终于有了一个不会对他造成伤害，又能由于共同的行业而赏识他的技艺的人。他向劳森吐露真情，吹牛夸口，接受一个充满渴望的聆听者对讲述人的一再恭维。一旦开了口，那些他对卡特和惠特菲尔德这样明显的密探三缄其口的秘密就都吐露了。在每次漫无边际的长谈之后，劳森都会向伦敦塔进行报告。这样，1月底的时候，牛顿在一天——最多两三天——之内就能解了查洛纳所担心、所希望和正在计划的所有事情了。

　　因此，当查洛纳透露他担心卡特手里是否还有剩余的"麦芽彩票"可用来在审判时揭发他时，牛顿便知道查洛纳心里仍然在惦记着那个错误的指控。当查洛纳告诉劳森，帕特里克·科菲和托马斯·泰勒——十多年前协助查洛纳掌握铸币手段的金匠和雕刻师——还没有被抓住，牛顿便知道被他关押的人最担心的是什么。查洛纳对劳森说，凯瑟琳·科菲会有同样的威胁，但认为"她在交代之前就会被控制和处死"。① 这不是臆测，查洛纳已经在监狱外找到了一个人——一名叫豪恩特（Hount）或亨特（Hunt）的男子——监视她。牛顿赶紧对凯瑟琳·科菲进行取证，她在证词中认定查洛纳与伪造法国皮斯托尔金币有直接的联系。

　　查洛纳告诉劳森他最为担心的人是伊丽莎白·霍洛韦②，已经和她谈过两次话的牛顿知道这是实话。此外还有一个叫杰克·格罗夫纳（Jack Gravener）的人，他是查洛纳的妹夫约瑟夫·格罗夫纳的兄弟，曾和科菲一起为查洛纳制造的第一批假皮斯托尔和几尼镀金。约瑟夫已经上了绞刑架，杰克还活着，查洛纳对劳森说杰克会

---

① "John Ignatius Lawson's Letter to Is: Newton Esqr"，未注明日期，Mint 17, document 131。
② "Letter sent to Is[aac] Newton Esqr. From John Ignatius Lawson Sunday night and Munday morning"，未注明日期，Mint 17, document 132。

把他送上绞刑架,因为他"看见他制了几千个几尼,每个卖10便士"。①

牛顿没有去追查或者无法追查那个活着的格罗夫纳,但劳森的情报不断传来。查洛纳对劳森吹嘘说,他总共制造了三万个假几尼金币,即使按15000英镑的街头黑市价,这也是一笔可观的财富,相当于今天的几百万英镑。查洛纳为自己的技能而自豪,他向劳森炫耀说:"麦芽彩票"的印版是他刻制的,还打算刻制100英镑面值的彩票印版,他用四五个小时就能雕刻一块印版,英格兰没有比他雕刻得更好的人。②他向这位心腹吐露了他的一些常用技巧,比如"如何给锡纽扣镀上银",用这种方法一个造币人一天可赚1000英镑。③

他还坦露了他的一个小的犯罪行为,他让代理人吉林厄姆给船长的3英镑是伪造的,这位船长就是那个把霍洛韦的孩子们用船送到苏格兰的人。就是这一欺骗行为惹怒了伊丽莎白·霍洛韦,她把自己所知道的情况都报告给了牛顿。④

所有这些都是很有用甚至关键性的情报,但劳森真正值得奖励的是设法从查洛纳嘴里套出了他为使对他的审判破产所采用的计策。那年2月份时查洛纳获悉,他不但面临"麦芽彩票"案的巨大威胁,牛顿实际上掌握了他更多的犯罪行为。因此他知道他必须找

---

① "Letter sent to Is[aac] Newton Esqr. From John Ignatius Lawson Sunday night and Munday morning",未注明日期,Mint 17, document 132。
② "The Information of Jno Ignatius Lawson now Prisoner in Newgate 3^d. April 1699", Mint 17, document 165. 此处的日期无疑参考了牛顿整理劳森提供的信息的日期(参见下一条脚注),因为此处的证词逐一出现在2月采集的证词中,且其包含的内容显示:在3月1日开始的刑事审判期之前,牛顿就已经在准备他的案件了。
③ John Ignatius Lawson 的报告,1698年2月25日,无标题,1699年4月3日由牛顿副署,Mint 17, document 184。
④ John Ignatius Lawson 的报告,无标题及日期,Mint 17, document 192。

出一种方法，以推翻越来越多的对他以前的犯罪行为的证言。查洛纳的第一个策略相当直接，劳森在给牛顿的第二份报告——看来是2月份提交的——中说，查洛纳的"朋友们今天晚上向他传话说，他们已结交了一个陪审团中的六个人以及另一个陪审团中的八个人，以便推翻指控"。① 换句话说，他准备贿赂大陪审团以否认起诉书中所述的一些细节。

与此同时，查洛纳还制定了第二道防线：如果不能通过贿赂的方法逃离新门监狱，或许可以通过手中还剩下的另一个真正有价值的东西——失踪的"麦芽彩票"印版——来赎身。国务大臣弗农已经对他说了，"不把那块印版交出来……就没有他的好果子吃"，这使查洛纳开始衡量坦白交代的利弊。他告诉劳森他的宝物存在一个同谋者老婆的儿媳手里，他显得摇摆不定：如果他认为对自己有好处，他准备把东西交出来。

几周过去了，查洛纳依然待在新门监狱里，在那里思索着对策，劳森监视着他。自查洛纳被捕以来，牛顿已经让两期刑事审判过去了而没有开庭，下一期将于1699年3月1日开始。

查洛纳意识到他的时间不多了，他不知道腐败的陪审团是否能继续被收买，他知道至少有几个对他极为不利的证人会在公开法庭上做证，这是他无法阻止的。他能想到的最后的唯一策略是给牛顿写信，告诉牛顿为什么应当给他留一条命，这在几个月前对他来说还是不可想象的。这也是两人交恶三年以来，其中一个人与另一个人的第一次直接对话。

---

① "Letter sent to Is[aac] Newton Esqr. From John Ignatius Lawson Sunday night and Munday morning"，未注明日期，Mint 17, document 132。

查洛纳保证说，他将讲出全部实情，"遵从阁下的指教，我将就我记忆所及作尽可能全面的讲述"。① 他打算把他认为牛顿已知的那些犯罪行为的参与者的名字和同谋都讲出来，"还有很多很多，但我现在没有时间作完整的讲述"，因为下一期开庭的日子很快就到了。但是只要有空间、时间和自由，"我将乐于尽自己所能为政府效劳"。

23 "如果我死了，那就是谋杀"

牛顿打算听取查洛纳的讲述，或更准确地说，打算留意一下查洛纳想说什么。在查洛纳的档案中有四封信，三封是给牛顿的，一封是给刑事法庭的一位法官的，牛顿把它备份到了档案中。一封又一封的信记载了查洛纳不断增长的恐慌情绪，它们合在一起构成了查洛纳的最后一搏，他想凭借言辞之力迫使牛顿接受他所希望的事实。

起初查洛纳还保持泰然，尚未意识到他所面临的危机，在一封写给牛顿的由两段话组成的信中，他显示的遗憾多于愤怒，"我没有犯任何罪"。不，没有犯：他只是一个旁观者，因别人的过错而被卷了进来。"先生，我想让您知道，是居心不良的皮尔斯和霍洛韦把我带入了巨大的麻烦，以逃脱他们自己所干的坏事。"

五年前查洛纳曾逃脱了惩罚，当时他坚持说是他以前的合作者布莱克福德背叛了他以自保其身。和那时一样，这次查洛纳所说的的确有不少是实话，他最近确实指责过督办无能和包藏祸心，是的，督办不会因为一个人所犯的这个遗憾的错误就把他处死。"您

---

① "William Chaloner Letter to the Warden of the Mint", Mint 17, document 133.

对我最近在议会上的行为甚为不满",但是就像以往一样,那都是别人的错,我查洛纳是"被某些人违背意愿地"强迫在议会上露面的。①

牛顿读了他的这封信,没有任何回信。

查洛纳有些紧张,于是再次写信。这次他注意使自己的讲述更多地针对那些指控他的证据。督办认为自己了解查洛纳早期的生涯吗?不,他并不了解,他查洛纳不是什么主谋,只是一个中间人而已。他的已故妹夫约瑟夫·格罗夫纳这下有了用场,他说他才是"大宗硬币切削和铸造生意"的主使人,是他租了"马克巷(Mark Lane)中的犹太人房屋","以铁条加固,楼梯上的门也加了铁皮使之变得坚固","二十个人在一个小时内进不去"。在那里"他们制造了几百枚皮斯托尔金币"。查洛纳在这其中起了什么作用呢?"因为是我妹夫,这些事我都知道,但我没有参与。"他得到的全部报酬只有每周40先令,作为跑腿费和封口费。

查洛纳知道他不能只是谈过去,把多年前的犯罪活动的罪责推到死者身上。还有卡特需要交代,以及他身后的那个两面人戴维斯。查洛纳称"麦芽彩票"印版只不过是一个玩笑,或许只是为了显示他的雕刻技术,"如果我真的想伪造'麦芽彩票'的话,让上帝惩罚我下地狱吧"。至于是什么人参与了这事呢?戴维斯显然参与了整个事件的密谋,查洛纳写道:"我从卡特那里得知,戴维斯曾给过他一张彩票,让他照着做。"——这又是一个十分有用的真实供述。但此后戴维斯本人"到政府有关部门去报告,说他发现有人正在进行这种活动,并得了钱去做进一步调查",卡特闻此言甚感惊慌,查洛纳于是毁了那块印版以使他的朋友放心。这样,查洛

---

① "William Chaloner Letter to the Warden of the Mint", Mint 17, document 133, 第一封信。

纳的结论是："任何一个不带偏见的人都可明显看出，是戴维斯策划了这起阴谋，以从政府手里骗钱。"

那么卡特揭发说是查洛纳策动了这一计划并雕刻了印版，这又如何解释呢？那都是谎言，是虚假的证言，是被买通了的："戴维斯经常到新门监狱来找卡特，要他坚持自己的说法，说如果我们能把查洛纳送上绞刑架，我就能得到500英镑……然后我设法把你弄出来。"查洛纳问道，你牛顿难道还看不出来吗，被冤枉的人面临险境："我可以明白地说，彩票这事是戴维斯为了从政府手里骗钱而制造的闹剧和骗局。"①

牛顿的选择依然是不作答复。

牛顿的沉默使查洛纳苦于思索，如果他不能使督办答复，如果他不能使人相信他对自己的揭发者的说法，那么他最后的武器——劝服人的本事——就失去了价值。

他又一次地努力，这次是先给一位与他的案子有关的法官雷尔顿（Railton）写信。在那封冗长的信中，他先向该法官讲述了在过去几年里他所见到一些违法事件。他曾向英格兰银行报告过怎样防止伪币，使该行董事会听取了他的建议（并就以前侵害查洛纳利益的犯罪案寻求他的原谅，虽然并没有得到）。还有有关皇家造币厂内部的制造伪币活动。人们不应忘记，雅各比党人印刷工曾被他的证言送上绞刑架。

他告诉雷尔顿说，现在他正为他对王国的效劳而付出代价，"由于我的努力，卡特身陷囹圄，因为我发现了他和他老婆制造伪币之地"，如今"他们怀恨于我，向政府暗示我与'麦芽彩票'有

---

① "William Chaloner Letter to the Warden of the Mint", Mint 17, document 133, 第二封信。

牵连"。他请求该法官不要忘记他曾经对政府的效力。如果他这样做过，"法官大人和法庭就不应相信那些卑劣小人对我的诬陷"。①

现有档案中未见雷尔顿的答复，或许根本就没有答复。现在查洛纳的命运取决于皇家造币厂的督办高兴与否，于是他不得不使出最后一招。2月底的时候，他的厄运看起来已不可避免了，他又给牛顿写了两封信。信中说指控他的证言不但是假的，而且是不可能的，他根本不可能犯所指控的那种罪。为什么不可能呢？他现在的说法是，因为他没有那种技能，不可能完成铸币行当的关键操作。"我记得我对你说过我懂得雕刻，"他写道，"但是不管我说过什么，这个世界上没有人会说我能够或曾经能够进行平缝雕刻。"②（这种雕刻需要使用端头带细槽的平口刀具，用于雕刻平行线，增加字母或纹章的深度。这是一项要求很高的技能，对于制造以假乱真的"麦芽彩票"是十分关键的。）"对雕刻我略知一二，"他承认说，"但从未用平缝雕刻的方法刻过一个字母，和其他任何人一样，我除了让雕刻师见笑以外不会别的。"查洛纳知道这里有些小问题，"不过我记得我曾对你说过我会雕刻和铸币，"他承认道，但他并不打算让牛顿按照字面意思来理解，"我只是泛泛地说说而已，我从泰勒那里学过雕刻图章的方法，但请你去问一下泰勒我是否能用平缝雕刻法刻制什么东西。"

也就是这个人几个星期前曾对劳森吹嘘说："凡是铸造或在纸上印制的活儿，对我来说都轻而易举。"③查洛纳总是把他的技能作为武器一样炫耀，他对铸币理论和实践的掌握，使得他在公开发表

---

① "A Copy of a Letter directed from Will Chaloner to Justice Railton", Mint 17, document 133, 第四封信。
② "William Chaloner Letter to the Warden of the Mint", Mint 17, document 133, 第三封信。
③ John Ignatius Lawson 的报告，无标题及日期，参见 Mint 17, document 192。

的言论中声称，他比督办技高一筹。在每次策划中，他利用自己所掌握的高超知识技能迫使一个又一个合谋者分担更大的风险。即使在新门监狱他仍然用自己的名声作为钓饵，用威胁和利诱——许诺一旦总是能够化险为夷的威廉·查洛纳再次逃脱了刑事惩罚将有丰厚回报——的手段使证人们屈从他的说法。

  现在他把这一切都否认了，在审判前的最后一封信中他写道"我一生从没有在金匠行业干过"，他不会铸造硬币，他的菲薄能力只能为那些会铸币的人跑腿："那些皮斯托尔金币是科菲和格罗夫纳造的，我所负疚的就是为他们搞到了压印机。"他头脑既不聪明，手指也不灵巧。他再次重申："我一生从未用平缝雕刻法雕刻过东西，即使现在能救我的命我也不会。我没有模具，万能的上帝能为我做证。"如果说他以前曾被引诱而犯罪，现在那种冲动已经没有了："议会上展示的我的那些工具早就磨蚀损坏了。"①

  就像牛顿以前收到查洛纳的信一样，我们知道牛顿收到了这封信，因为它现存于皇家造币厂的档案中。我们基本上可以肯定地说，牛顿根本没有想过要给查洛纳回信。当他真想为某封信作答时，他往往留下画线、草稿或修改痕迹，对敏感的信件他会四五遍地重写，直到把他头脑中的思想作完美的表述。而对于查洛纳的信件，我们没有找到任何回复的痕迹。

  查洛纳知道他的对手难以撼动的沉静，在他的犯罪生涯中，他曾在监狱里度过了不少的日子——加起来大概有一年的时间——但他从未被真正审判过，这次看来他已无法逃脱了，而且所犯的罪行已够把他送上泰伯恩刑场的大树上绞死。终于，他崩溃了。劳森向牛顿报告说，查洛纳疯了，"半夜里把衬衫撕碎，赤裸着身子在牢

---

① "William Chaloner's Letter to Isaac Newton Esq", Mint 17, document 174.

房中一口气跑半个小时"。

他间歇性地发狂,时而清醒和伴有轻度幻觉。在他第一次发疯时劳森写道:"人们把他连手带脚捆在床上,但他现在好像清醒了一些。"当牢房里恢复平静的时候,查洛纳向劳森述说他平静下来的原因,劳森汇报道:"他听到了一个好消息,说他不会被起诉了,不再审判他了,他逃脱了……以前这样有过五次。"①

劳森似乎认为查洛纳的昏话中有一些真实的东西,旁观的人中至少也有一个人这样认为。他的传记作者写道:"对自己的下落的担心,使他一阵阵犯病,给他的头脑造成很大刺激,有时变得神志昏迷",当他发起疯来的时候,"他不断地喊叫魔鬼抓他来了,脑子里充满了这样古怪可怕的念头"。②

与此同时人们毫不怀疑,查洛纳在看到可利用的诡计时他会马上意识到的——不久他就开始尝试利用自己的疯癫。劳森报告说,他两次听查洛纳说过,"当开庭期到来时,如果他感觉自己有危险就会装病,如果没有危险,他就不称病而上法庭"。③他的传记作者也有这种看法,他写道:"他在精神失常的间歇期设法使自己的病情发展到可以拖延即将到来的审判的程度,并尽可能地装疯卖傻。"④

24 "简单而老实的辩护"

查洛纳的诡计没有成功,他无法阻止牛顿的进程。下一期庭

---

① "John Ignatius Lawson's Letter to Is: Newton Esqr",未注明日期,Mint 17, document 131。
② *Guzman Redivivus*, p. 7.
③ John Ignatius Lawson 的报告,1698年2月25日,无标题,1699年4月3日由牛顿副署,参见 Mint 17, document 184。
④ *Guzman Redivivus*, p. 7.

审将于1699年3月初在同业公会会所举行，这个中世纪的大厅自1411年起就成了伦敦的市政厅，伦敦和米德尔塞克斯郡的大陪审团都在这里进行庭审。这些陪审团不是听从哪位狂妄的公诉人指令的橡皮图章，相反，它们的任务是确保人们不会因君权或某位有权势者的怪诞念头而受审。在起诉之前，原告需将他打算提交法庭的充足证据向由英国人组成的陪审团展示，后者享有撤销他们认为轻率的或无根据的指控的不容置疑的权力。

牛顿以前打算把查洛纳送上庭审的努力就曾在这个障碍前搁浅了，这次他为了避免重蹈覆辙，终于改变了长久以来所采用的策略。王国政府3月2日向听证米德尔塞克斯郡所辖案的陪审团提交了报告，报告没有提"麦芽彩票"事件，这无疑出乎查洛纳的意料，因为他一直在极力否认他的雕刻技能。相反，牛顿准备了三个完全不同的指控。

为给将向刑事陪审团提交的案子节省一些弹药，牛顿只使用了他未来要召唤的六名证人中的两个，在他们的证词中补充了在审问过程中发现的新证据。那两个证人——托马斯·泰勒和凯瑟琳·科菲——向陪审团提供了据他们所称的对查洛纳参与伪造法国皮斯托尔金币活动的直接信息。其次，通过从伊丽莎白·霍洛韦那里获得的信息，牛顿得以提出支持他的第二项指控事实的宣誓诉状，即查洛纳曾唆使托马斯·霍洛韦逃往苏格兰，以阻挠先前的那次起诉。在由他的大量证言所支持的第三项指控中，牛顿揭发查洛纳曾伪造从六便士到几尼金币的各种英国货币，伪造活动达到为所欲为的程度。他指出，仅在1698年5月的一天里，查洛纳就铸造了皮斯托尔和几尼金币以及近一百枚银币：20枚克朗、40枚半克朗、20枚先令、10枚六便士等。

最后这项指控表面看来有些荒谬，没有铸币者会建立这样浪费而又低效的生产线——六种不同的硬币，不区分金币和银币。① 查洛纳本来会告诉他——事实上他在他发表的有关铸币方法和工具的书中提到过——熟练匠人使用铸模、锤子或压印设备铸造硬币，每个模子或印模用于一种面值，在一天中不时地更换大小、面值和金属料，会使程序变得十分混乱。聪明的铸币者一般只设立一种面值的生产线，一直到工作完成。这个牛顿当然也知道，但他仍面无表情地照直陈述。查洛纳贿赂陪审团的各种企图都未能得逞，米德尔塞克斯郡大陪审团 1699 年 3 月的庭审正式宣布了三项裁决，对督办提出的对查洛纳的各项指控予以支持。

在被要求对起诉表态时，查洛纳沉默不语地站着，这是他拖延审判的最后伎俩。英国法律的做法要求被控告人做出确定性的表态：认罪还是不认罪，沉默地站着可把审判拖到休庭。不过也有劝服顽固者的方法，即"强力惩罚法"（peine forte et dure），被控者被带到牢房中锁铐在地板上，看守会把铁块压在犯人的身上，直到其认罪或死亡。就查洛纳的案子来说，起诉中的头两项就够使用这种惩罚，而对第三项，法官可以认定沉默为认罪表示。② 在不可避免的事态面前查洛纳只得屈从，但他最后的表态是"无罪"。

第二天，也就是 3 月 3 日，牛顿与查洛纳展开了最后的较量。17 世纪末期时英国的审判快速简洁，没有律师，大多数重罪案由刑事受害者本人起诉，如受害人不能为自己申诉，如谋杀案等，则由案件所在地当局起诉。对王国政府的犯罪案要求国家的某个

---

① 我在 John Craig 的论文中首次发现了这项指控的细节，我此处的论述源自 John Craig, "Isaac Newton — Crime Investigator", *Nature* 182 (1958), p. 151。Craig 使我注意到现存于伦敦城市档案馆（London Metropolitan Archive）的 1699 年的米德尔塞克斯郡治安法庭目录（Middlesex Sessions Roll），我所参考的 Craig 的论述源自这份材料。

② J. M. Beattie, *Crime and the Courts in England*, 1660-1800, p. 337.

代理人——如皇家造币厂督办或其指定的代言人——作为受害方代表。

查洛纳只能自己为自己辩护，没有无罪推定，他只能做肯定性辩护——或者直接证明自己无罪，或者以某种方法证明起诉方的证人和证据在很大程度上是篡改过的，从而使案子成为未经确定的。由于被告可享有从某个懂法律的人那里得到咨询的好处，这种安排仍然不受欢迎。18世纪早期有影响的法律学者威廉·霍金斯（William Hawkins）著述说，应"不需要任何技巧性的东西而做直白和诚实的辩护"。①

审判在"老贝利"刑事法庭进行，地点就在伦敦城墙的西侧之外，离圣保罗大教堂约200码，离新门监狱不远。该建筑是1673年修建的，以替代在1666年伦敦大火中烧毁的老法庭，建筑的一层有一个露天审判庭，为的是避免患有斑疹伤寒的犯人传染法官和陪审员（这种危险确实存在，1737年时法庭是封闭的，在1750年庭审后发生的一次最悲惨的事件中有60人死亡，包括市长大人在内）。上面的两层楼耸立在法庭天井的上方，使它在白天的大部分时间被笼罩在阴影里。审判日的那天被告查洛纳站在阴影下的一个台子上——那个背负着恶名的被告席。在律师席围栏的后面，犯人面对着法官和证人席，根据权利他要与那些针对他做证的人对质。坐在他左右两侧有隔断的席位中的是陪审团，陪审团席的上方，在两侧的看台上坐着的是有身份的旁听者，他们俯视着下方，这使法庭的底部看起来就像是一个角斗场——男人和女人们在那里面对死亡威胁的一个洞窟。

---

① William Hawkins, *A Treatise of the Pleas of the Crown*, vol. 2, 被转引于 J. M. Beattie, *Policing and Punishment in London, 1660-1750*, p. 264。

那些低级别的旁听者拥塞在法庭敞开一端后面的院子里，对他们许多人来说，"老贝利"的开庭日提供了一个假日——一场马戏表演，但是人群中也夹杂着（或者当局是这样抱怨的）尚未抓住的罪犯，为他们自己面对审判的那一天做些准备。① 查洛纳的进场会在人群中带来一阵骚动，因为他的知名度已足够吸引17世纪类似著名记者的群体。其中一位记者草草记下了查洛纳受审的描述，它至今仍是这位牛顿的对手的一幅最生动的——即使不是完全客观的——画像。

　　当查洛纳的案子开审的时候，他没有时间思索，"老贝利"法庭平均一天要审十五到二十个案子，许多从开审到结束只有几分钟时间。案子开审后，查洛纳的境遇变得更糟了，在那个没有人为被告辩护的时代，有一个假定就是：法官"应在法律制度允许的情况下尽可能为犯人辩护"。②

　　但是这次情形不同，查洛纳孤零零站在被告席上，眼望着性情暴躁的伦敦刑事法院首席法官萨拉蒂埃尔·洛弗尔（Salathiel Lovell），这位以坏脾气著称的审判者有着绞刑法官的名声。在一个有关被废黜国王詹姆斯的支持者的著名案子中，他不顾其他法官同事所顾虑的法律复杂性，"对司法难解的症结快刀斩乱麻……指示陪审团对那个支持者作有罪判决，结果他们就这样判了"。他也有一些低层次的朋友，这些人和擒贼人串通起来，既是犯罪的解决之道，也是犯罪之源。丹尼尔·笛福就不太喜欢他，笛福在《习俗改革》（*Reformation of Manners*）一书中写道：

---

① 参见"History of the Old Bailey Courthouse", *The Proceedings of the Old Bailey*, http://www.oldbaileyonline.org/history/the-old-bailey/.
② 1783年的新闻评论，被转引自 J. M. Beattie, *Crime and the Courts in England, 1660-1800*, p. 345。

> 与罪犯串通一气，
> 保护赃物，分享收益；
> 他的手段是以包容做交易，
> 上了贡的便可宽大处理。

照笛福的说法，洛弗尔最恶劣的做法是拿司法处罚做买卖：

> 按照法律，本不能上诉，
> 但交够了钱就可找到门路：
> …………
> 他有一个尽人皆知的账簿，
> 每个犯人的生命都价有定数。

笛福是一个杰出的辩论家，但他所说的并不一定是事实，由于缺乏确凿的证据，人们最多只能说如果洛弗尔没有做过以保护为名进行敲诈的事，他确实有时为了某种目的而睁一只眼闭一只眼，以缓解他冷酷调查员和罪犯严惩者的名声。

所有这一切意味着在有条件的情况下，有着像洛弗尔这样名声的法官是查洛纳这种乐于行贿的人的理想目标，然而目前查洛纳穷困潦倒，无力贿赂任何人，更不用说像首席法官这样的富贵人。在这种情况下，查洛纳对洛弗尔的唯一价值就是：判刑能够提高自己作为伦敦犯罪斗士之魁首的美誉。查洛纳也算是一个名人，有一帮言辞夸张的公共评论者尾随着他，这使他的受审为众人所瞩目。但他现在举目无友，因此洛弗尔也不必担心自己的利益遭到反击。更重要的是，有权有势者——牛顿，这是当然的，弗农，以及他们身后的辉格党人当权派——想消除查洛纳。洛弗尔知道讨好那些能够奖赏他的人的重要性。(三年后他曾为对伪币制造者的卖力追剿,向国王索要地产奖赏。)对查洛纳来说,摊上这样的法官是再糟糕不过的事了。①

审判一开始首席法官就显示了他的倾向性,在法官席上一位法官——档案上没有记载名字,但几乎可以肯定讲话的就是洛弗尔——在宣布审判开始时,将被告称为"恶名昭彰的",这明显是在向陪审团吹风。而当牛顿的六名起诉证人鱼贯而入时,认定有罪的倾向性就更加明显了。②

随着这些人的进场,查洛纳得以估摸他要反驳的是哪些方面的证言。但是不容他仔细思量,审判已经开始了。

起诉程序很可能是在有意将事实模糊化,牛顿看来把一年以前某人的一个建议记在了心里,即可通过揭露老底让陪审团相信查洛纳肯定是干了某些坏事。起诉证人大多没直接针对指控的中心内容,没有集中于证明查洛纳曾在一天里就铸造了一百多枚大小不同、图案各异的硬币,甚至同时有金币和银币,而是引导陪审团一览查洛纳在过去八年生涯中的种种劣迹。

托马斯·泰勒和凯瑟琳·科菲重述了查洛纳早期的违法行为。科菲揭发查洛纳在 1691 年就掌握了用印模和锤子制造法国皮斯托

---

① 此处关于萨拉蒂埃尔·洛弗尔的职业及性格的描述来自 Tim Wales 的所写的词条,参见 "Lovell, Sir Salathiel", *Oxford Dictionary of National Biography*。洛弗尔在建议赦免的过程中所扮演的角色比上述简略的描述更复杂一些。正如 Wales 所述,洛弗尔对行政赦免权的武断使用(这使人们怀疑他涉及腐败)使他至少两次与伦敦市议员产生争执,他并没有绝对的自行决定权。在 1699 年,他虽然身陷争议,但还是在审判上拥有重要权力。

② 参见 John Craig, "Isaac Newton and the Counterfeiters", *Notes and Records of the Royal Society of London* 18 (1963), p. 142。不幸的是,没有更多洛弗尔对查洛纳的抨击保存下来;现存资料仅记录了起诉书、证人名单和部分在庭审中呈递的证据。1699 年 3 月季审法庭的证人陈述及其他庭审记录已经遗失。

尔金币的方法，她还举出另一个证据并做了细致解释，她说她曾看见过"据说是查洛纳制造的英国几尼金币，但没有实际见过制造的过程"。①

泰勒提供的情况为科菲的揭发提供了佐证。查洛纳的眼睛盯着他昔日的供货人，他知道泰勒会向法庭报告，他曾给查洛纳提供过两套模具，一套用于制造皮斯托尔金币，也就是科菲女士前面提到他用那把锤子打造的硬币，另一套模具用于制造几尼金币。②尽管这些不是查洛纳此次审判原定要审判的罪行，而是比那早七年发生的事情，但是在这里，他的那些叛国罪行被人们重新记起，而且都是亲历其事的人。

另外四个证人也宣了誓并依次很快做了发言。伊丽莎白·霍洛韦看来并没有就她到苏格兰躲避做证，而是和凯瑟琳·卡特一样讲述了她们所知道的——或者愿意说的——有关查洛纳高超铸币技术的情况。另外一个证人赞同卡特女士的说法，说在起诉中所提到的那天亲眼看见查洛纳制造先令。几乎可以肯定二人都在撒谎，至少在细节上是如此。③在牛顿前四个月的所有听证中，有几个证人说查洛纳6月份曾试验用模具制作白镴先令，但没有人提到他曾在8月份铸币。

但即使这样，查洛纳又能说什么呢？争辩说他是在比牛顿的证

---

① "The Information of Katherine Coffee wife of Patrick Coffee Goldsmith late of Aldermanbury by Woodstr[eet] 18 day of February 1698/9", Mint 17, document 124.

② 关于托马斯·泰勒在制造皮斯托尔金币和几尼中扮演的角色的论述幸存于某些传闻证据中；参见 Katherine Carter1698/1699 年 2 月 21 日提供给牛顿的证词，参见 Mint 17, document 122。牛顿积累了大量证词，并在他的总结文件"查洛纳案件"中肯定地指出泰勒于 1690 年和 1691 年制造了两套法式模具，在 1692 年制造了一套制造几尼的模具。参见 Mint 19/1。

③ John Craig, "Isaac Newton and the Counterfeiters", p. 143.

人所说的日期早两个月制造的伪币,说他的制品都很拙劣,而不是像那些证人所说是高质量的赝品,这于事又有何补呢?

证人中最后一个发言的是约翰·阿博特,就是1月份卡特向牛顿告发的那个由金属商转而造伪币的人。阿博特发誓说查洛纳在1693/1694年曾和他接触,想借用他的账房,他没有同意,他不想让查洛纳在他的房院内乱搞,"因为他把那些黄金、白银带到那里"。但他对牛顿说,他最后还是腾出了一间隐秘的房屋,并把他锁在了里面。半小时后他转回来,开了账房门,"走进去后发现查洛纳身穿衬衫正在锉几尼金币的边缘,锉完了以后又用一个中间有一道长槽的铁工具对边缘进行加工"。

阿博特接着报告说,1695年查洛纳曾让他看了几个与几尼模具差不多大小的空白印模,并说它们"可以用伦敦塔的模具压印,安装后可像几尼一样两面压印,但尺寸要宽一些。他说这些活儿帕特里克·科菲可让伦敦塔里的熟练工人在任何一天的中午做"。这当然这不过是谣传,而查洛纳随后特意"对发誓做证的人说,他的任务完成得不错",这里若不是陪审团特别小心,很容易被查洛纳迷惑。

这里伦敦塔之谜最后有了着落,而阿博特还没有说完。他说查洛纳曾向他夸口说,他在市场巷的一间房子里,九个星期就制造了总面值600英镑的半克朗硬币。他还做证说查洛纳曾到他的铺子里来买造币所需的白银,并且企图用伪币付款。阿博特说,当伪币被发现时查洛纳竟厚颜无耻地说要起诉他没有按时交货。阿博特拒不退缩,查洛纳只好让步,用牛顿造币厂里造的钱付了账。后来为了结此事他还请阿博特美餐了一顿——"在伍德大街三桶酒餐馆吃了一顿"。[①]

[①] "The Deposition of John Abbot of Water Lane in Fleet street Refiner 15th. day of February 1698/9", Mint 17, document 119.

查洛纳可以看到他两侧的陪审团成员，他可以猜测出法官的用意，他肯定已经了解了起诉的意图。让法律的细节见鬼去吧：他的敌人已经将他置于足以判绞刑的众多罪行的关联核心，即使那些并不是他被指控的罪行。

最后一个证人的最后一个问题回答完了，起诉结束了，法官转向被告人。他能做什么辩护呢？牛顿的精心设计几乎没有给查洛纳留下什么选择的余地。他不知道有哪一位以前的朋友会为他做证，他没有可咨询者，没有法律顾问，他必须立即在现场回答问题，没有机会去思索、梳理答辩和为自己寻找证人。

即便如此，查洛纳也不是完全束手无策。他气愤地说道，法庭应当看出有些证人是在做伪证，对他所做的事情的揭发不真实，为的是掩盖他们自己的罪行——这话至少部分说的是对的。一位旁听者写道，查洛纳"在法庭上很粗鲁，多次侮辱首席法官（洛弗尔）"。① 但是显然，无论法官还是陪审团都不认为查洛纳对做伪证的指摘比他以前的合伙人对他的罪行的揭发更重要。

查洛纳还抱着最后一线希望。他对指控他的做证没有准备，但他仔细听了那些细节，他注意到所揭发的他伪造皮斯托尔、克朗、半克朗、先令的地点：阿博特店铺的地址在伦敦，伦敦塔在伦敦市区，弗拉斯克酒馆也是在伦敦。所揭发的一个又一个耸人听闻的罪行都发生在伦敦，但他现在所面对的是米德尔塞克斯郡大陪审团提出的指控，旁听的是米德尔塞克斯郡的一个审理陪审团。查洛纳问道，一个法庭怎么能对在其管辖区以外的刑事案进行审判呢？

这个问题问得有道理，事实上法律是站在查洛纳这边的。在每个刑事审判期开始时，米德尔塞克斯郡和伦敦的大陪审团都来

---

① *Guzman Redivivus*, p. 10.

到"老贝利"的同一个大厅,听取各自的被提交的起诉。据一份留存下来的某一天的详细日程记载:法庭开庭时先由伦敦陪审团听取了两个伦敦的案子,然后是对八个米德尔塞克斯郡刑事嫌疑犯的审判,都是按规定由米德尔塞克斯郡陪审团听审的。这十轮审判到午餐休息时结束。① 这种频繁的变动是经常发生的事情,它反映了司法传统与不断扩展的大都市的适配问题,都市的扩展造成了伦敦老城原有边界以外的刑事犯罪的连续地界。

因此查洛纳的质疑并非没有根据,在那之后的同一年里,他的宿敌约翰·劳森在被米德尔塞克斯郡陪审团审问时采用了同样的策略,结果获得了成功,虽然他坦白的罪行已够判十人以上的死刑,但因起诉中所述的罪行——这本应是牛顿提出的指控——是在伦敦作的案,因而法官的判决是该案非米德尔塞克斯郡法庭所管辖。结果劳森作为一个自由人步出了法庭,这只能被解释为牛顿为他的效劳所做的回报。②

一个富于同情心的法官可能会做出同样判决而释放查洛纳,一个只是想吓唬一下尚有油水可榨的犯人的起诉人可能会说服法庭开恩。但这次不是这样,法庭中没有人打算对查洛纳开恩,洛弗尔和其他法官都对他的异议不予理睬。

法庭的匆忙,那一天待审的十几个案子的压力意味着,洛弗尔要抓紧讲话,尽快结束。他这样做了,而他的发言被旁听者们认为"只是无关痛痒的辩护","证据清楚而确凿"。③ 这样,在查洛纳发

---

① 此数据源自1678年12月"老贝利"法庭的庭审记录,载于 J. M. Beattie, *Policing and Punishment in London, 1660-1750*, p. 262。

② *Proceedings of the Old Bailey*, 11 October 1699, p. 3. 可见于以下网址:http://www.oldbaileyonline.org/images.jsp?doc16991011003。

③ Ibid.

言之后，法官们把案子提交了陪审团。那一时期只有对复杂的案子陪审团才回避到隔壁的一个房间里，对若干被告的定罪与否给出结论。而对简单的案子他们只当堂凑在一起议论几分钟。

他们没有让查洛纳久等，忽略了那些不太重要的指控，陪审团"很快就对他做出了叛国罪的裁决"。①

次日，1699年3月4日，查洛纳又站到了"老贝利"的审判台前，这次是听候审判。

绞刑处死。

查洛纳的审判就此结束。

25 "哦，我希望上帝能够感动你的心"

查洛纳并没有默然地走向为他安排好的命运。他的传记作者写道，"死刑宣判之后，只听查洛纳不停地喊叫，说他遭人谋杀"，"证人在做伪证，他受到了不公正的待遇"。他反抗，他愤怒，他悲鸣。就像一个真实的犯罪故事通常的结果描写一样，一名传记作者嘲讽他的恐怖行为，说他"就像一头中了捕鲸镖的鲸鱼，又撞又跳，垂死挣扎"。②

他尚存的一线希望是：首席法官需将每个庭审期判死刑的案子报请国王和他的大臣们审查，而法庭可能建议宽恕——但是洛弗尔不会这样做，至少对这个案子不会。3月19日国务大臣弗农将庭审的九个死刑案上报给了威廉三世，其中两个死刑犯获得了王室的宽恕，保全了性命。但是查洛纳"名声太大，难以宽免"——对那

---

① *Guzman Redivivus*, p. 11.

② Ibid., p. 12.

些处理上述案的人来说肯定如此。事实上，不论对查洛纳的审判有怎样的缺陷，他所犯的罪行对圈内来说是太熟悉了，因此"他的名声促成了他的灭亡……死刑批准证已经签署，他身处钦定的被处死者之列"。

查洛纳在新门监狱里接到了这个消息，他仍受到一些人的监视，但现在主要是为看热闹，而不是为司法的目的。卡特向牛顿报告道："查洛纳……自始至终坚持说处死他是多么地冤枉。"① 他的传记作者补充了——或许是编造出了——细节：当听说国王签署了他的死刑批准证时，他"比爱尔兰妇人在葬礼上更狠命地咆哮哭号。谋杀！纯粹是谋杀！啊，我被谋杀了！人们听见他这样喊叫着"。但没有人能劝解他，"无法让他平心静气地接受这个事实，但不管他愿意与否，他都不得不接受这个事实"。

查洛纳无疑为恐怖所包围。他在写给牛顿的最后一封信中，开始时他显得脾气很暴躁，似乎还有什么可争论的事情："虽然你也许不这么认为，但我的确是被谋杀了，以司法名义进行的最恶劣的谋杀，只有您慈悲的手才能解救我。"他重述了对他的"前所未有的审判的"缺陷：证人中没有一个人对法庭说他亲眼看见他铸币，伦敦的刑事案不应由米德尔塞克斯郡陪审团审理，大多数证言中的日期与起诉中所述的日期不相符，证人出于恶意和自己的利益而做伪证。

在信的末尾，查洛纳似乎意识到，对于一个精心策划了把他带到灾难边缘的起诉的每个细节的人，这种语调很难有说服力。于是在信的最后一页，他完全没有了争辩的意思。"是我惹怒了您，才

---

① "Carter's Letter to Is: Newton Esq", Mint 17, document 130.

使你如此对我。"他写道。但是他的敌人会发慈悲吗?"大人,不看我的面,请看在上帝的面上发发慈悲吧,使我免被谋杀吧。"

随后又写道:"哦,大人,除了您,没有人能挽救我,哦,我希望上帝能够感动您的慈悲和怜悯之心,救救我吧。"落款是:

您的
即将被谋杀的忠实仆人
W. 查洛纳①

对此,终获胜利的牛顿没有费心作答。

3月22日早晨,查洛纳紧张而惊恐。一两天前他最后一次鼓起勇气,把久寻不见的"麦芽彩票"印版让人送交到伦敦塔——作为送给皇家造币厂督办的一份礼物。但是现在,当监狱看守来要把他带走时,他挥舞着一纸申诉状,要求把它印刷出来,被拒绝了。②

他被带到监狱旁边的一个小教堂,在那里与其他即将被处死的犯人会合。被处死者的座位前有一张桌子,上面已摆好了一口棺木,他预计应坐在那口棺木的前面。③教堂牧师让他显示悔过之心,但他拒绝了,"恼火而不是虔诚"地喊叫。教堂牧师尽力让他安静下来,但他叫嚷不已。"尽管死囚忏悔牧师尽力劝导,但很难使他恢复所有基督徒应有的慈悲和宽恕意识。"④终于,他的情绪稳定了下来,接受了圣礼,被判死刑的祷告者列队从教堂里走到外面。

---

① "William Chaloner's Letter to Isaac Newton Esq.", Mint 17, document 205.
② *Guzman Redivivus*, p. 12.
③ David Kerr Cameron, *London's Pleasures*, p. 144.
④ *Guzman Redivivus*, p. 12.

护送队正午时分出发，去向位于泰伯恩的传统刑场，即现在的大理石拱门（Marble Arch）。一些死囚一路毫无惧色，臭名昭著的劫匪约翰·阿瑟（John Arthur）安闲地坐在马车上，沿途在酒馆歇脚时，有许多人奉上送行酒，到绞刑架前时他已如愿醉得不省人事了。

查洛纳可没有这样的闲适。在议会把造伪币定为一种叛国罪后，伪币制造者将像参与盖伊·福克斯火药阴谋的那些人一样被残酷地处死，作为叛国者的查洛纳没有心绪喝杜松子酒，也没有人呼喊他的名字，他被用一个简易的没有轮子的雪橇送往刑场。17世纪的伦敦还没有地下排污管道，只有一些路边的水沟把污水排到河里，当雪橇在路上颠簸时，污水有时会溅出来，人和动物的粪便会落到他的衣服、胳膊和脸上。一路上他不断地喊冤，"向旁观者呼喊他是被伪证谋杀的"。他到泰伯恩刑场时一定是浑身脏臭，又湿又冷，清醒地意识到了残酷的现实。对叛国者的处死方法自爱德华一世处死起义者威廉·华莱士（William Wallace）时就确立下来，判死刑者"被绞索套在脖子上施绞刑，但不等到死去……又被取下，在人还活着的时候取出内脏，当场焚烧，躯体被切割成四块，头颅和躯块由国王处置"。① 伪币制造者略有宽免：他们被允许在绞索上断气致死，因此相关的肢解都是在尸体上进行。

在轮到查洛纳上绞刑架时，他又一次呼喊"我是被以法律的借口……谋杀的"。一个牧师走近他，吩咐他像垂死者那样忏悔和求得宽恕，这次他认了命，停息了片刻，"殷切地祷告"。

绳索从一个木制的三棱柱——泰伯恩绞刑树——的正中垂下

---

① 参见 V. A. C. Gatrell, *The Hanging Tree*, pp. 315-316。

来，囚犯们登上一个梯子，把头伸进索套里，能够快速致死的陷阱门绞索在英国的普遍使用还是六十年以后的事情。当最后时刻来临时，行刑者把梯子撤除，使处死者悬空、抽搐和跳动——进行一场"绞刑人之舞"，直到断气，通常也就几分钟的时间。

在最终的时刻，查洛纳显示了勇气，他登上梯子，"把帽子拉到他的眼睛上，屈从于法律的裁决"。有钱人常常付给行刑人小费，让他们拽自己的腿以加速死亡，现已是穷人的查洛纳做不到这一点，他只能抽搐到咽气，使围观者有热闹可看。

查洛纳被埋在一个默默无闻的坟墓中，不过有一块墓志铭，履历的最后几行字是在他被执行绞刑后几天刻印的：

> 此处埋葬之人，倘其才能为法律德行所匡正，本会成为联邦有用之才，然因其只任邪恶驱使，终成被处斩的堕落之人。①

---

① *Guzman Redivivus*, p. 13.

终曲
"他计算不出人们疯狂的程度"

牛顿没有去参加查洛纳被执行死刑的集会,甚至没有迹象表明他曾有这样的念头。他还有其他伪币制造者需要追捕,他要在伦敦塔狭小的房间中继续他的工作。

但是自查洛纳被处死之后,牛顿对伦敦的犯罪活动显然没有以前那样关注了。在调查的高峰期他曾在几个月的时间里编录了200多份审讯记录,而在后来的一年半时间里只编录了60多份各种案子的记录,他或许是耽迷于"货币重铸"所取得的业绩吧,纯粹从制造工艺的角度而言,英国货币比以前任何时候都更加完美,皇家造币厂的出纳员霍普顿·海恩斯说:"在这位先生的关怀下,我们看到了以前任何执政期从未有过的整齐有序。"[1]

由于这些业绩,1699年年底牛顿终于有了回报。庸碌无能的皇家造币厂厂长托马斯·尼尔于该年12月病危——他以前从未这么会选择时机。在庇护与恩惠之网支配的英国政治中,造币厂厂长

---

[1] Hopton Haynes, *Brief Memoirs*,被转引于 G. Findlay Shirras and J. H. Craig, "Sir Isaac Newton and the Currency", *Economic Journal* 55, no. 218/219, p. 229。

之职是个肥差，除了每年500英镑的薪俸外，对于造币厂铸造的硬币，按照每磅金属还有一定提成。这样在货币重铸期间尼尔又获得了2.2万英镑的额外收入，虽然活儿是牛顿干的。牛顿不是一个政治上受宠的人，但他成为史上唯一由督办直接升任厂长的人，这显然是要回报他在挽救英国的货币铸造中所起的作用。1699年圣诞节牛顿57岁时，他担当起这一职务。

这便为他开启了财富之门。皇家造币厂的工作一直相当忙碌，这使它不时地有大笔硬币需要铸造。第一年牛顿收入了3500英镑，这足以使他最终放弃屡未赴约的、年薪只有100英镑的剑桥教授职务。实际他有时远远挣不到第一年那么多，但是据理查德·韦斯特福尔的计算，牛顿在任厂长的27年中，平均每年的收入约为1650英镑。① 虽然他从未真正贫穷过，但他现在却走上了真正的富裕之路。

在新的世纪里，牛顿也重新开始探索一些年轻时曾为之耗费心力的自然哲学问题。1703年年底，在他的另一个老对手罗伯特·胡克去世之后，他成了英国皇家学会的会长。不出几个月，他便向学会提交了他的两卷本巨著《光学》（*Opticks*）的第二卷。

《光学》中记录了他对光和颜色的研究结果，就是这些研究曾在17世纪80年代引起皇家学会对他的注意。该书还第一次完整地提出了在他献身研究的这一整个领域，他认为正确无误的东西。他提出人类智力的有限性，在一篇导言的草稿中他论述道："任何一

---

① Richard Westfall, *Never at Rest*, pp. 606-607. Westfall指出，在牛顿任厂长的初期，继续进行的英法战争制约了对造币厂的金银供给，因此也制约了牛顿在造币过程中获得的收入。这是一个不获利即饿死的工作，但牛顿能长期坚持下去，最终合法地获得财富并过上他喜欢的生活。

个人乃至任一个时代要对整个自然作出解释,这是很难做到的。更好的方法是一个时期弄清楚一点,让后来者去完成其余部分,而不是在对事物没有了解时就通过猜想去解释一切。"① 但是他在论述超距作用的观念时,主张自然现象的统一:"人们都知道物体靠引力、磁力和电力的吸引而相互作用,这些例子显示了自然的要旨和进程",如他在一个精辟论断中所指出的,这是因为"自然是恒常和保持自我一致的"。② 因此,他指出,在整个自然界还会发现同样的隐秘之力。

或许最重要的是,他最终公布了他多年前得出的一个私密结论,他承认机械论的思想倾向使上帝变得没有必要,他写道:"后来的哲学家们在自然哲学中不再考虑这一动因(cause)","假借猜想,机械地解释一切事物,把其他动因归于形而上学"。但他认为,这是方法上的错误,他宣称他的做法是"从结果推导出动因,直到导出第一动因",而他的目的不仅仅是要"展现世界的机械一面",而且要了解"是什么原因使得自然所做的一切都是因果相连的,是什么原因造成了我们所见的秩序和美"。

牛顿知道问题的答案。"这无限的空间难道不是一个无实体、有生命、有智慧的存在的感官系统吗?它以自身的直接在场而密切地看到事物,彻底地感知事物,完全地理解事物……"③ 三十五年前牛顿曾考虑离开剑桥,因为他不能发誓信守圣公会的主张,那是他的反应,对一个信条他可以毫无保留地坚守。

---

① Cambridge Add. Ms. 3790.3, f. 479,被转引于 Robert Westfall, *Never at Rest*, p. 643。
② 参见《光学》(*Opticks*)第 31 问,此句被增添进拉丁文版本和之后重印的每个版本。被转引于 Robert Westfall, *Never at Rest*, p. 644。
③ 参见拉丁文《光学》及第二版《光学》第 28 问,Westfall 对拉丁文的原始翻译版进行了校订,参见 Robert Westfall, *Never at Rest*, p. 647。

尽管《光学》的眼界宏大，但其中所包含的科学内容是陈旧的，其所记述的最新的实验也是二十年以前的，而大多数实验在那之前十年或十多年就完成了。牛顿在18世纪初或更早十年就基本不是一个自然哲学家了，在后来的年月里，他关注的是从历史和宗教的角度获得对上帝更全面的理解。他思索基督身体的真正本质①；他猜想在"天启"（Apocalypse）之后上帝在地球上的代理人的生活（他把自己也算在了其中）；他用《圣经》来计算末日浩劫，他认为2060年之前不会出现基督再临。他所写的有关这些问题的著作在他死后发表了一些，但在生前只是他私下的癖好。虽然确信其科学、数学和历史研究也倾向于这种终极真理，但牛顿知道这是些"人们难以消化的食物"②，因此，如他一生的习惯那样，对自己的一些最大胆的思想，他都秘而不宣。

不过，牛顿仍然扮演着重要的公共角色。皇家造币厂仍然占用他大量的时间和精力，特别是在"大重铸"的结局变得清楚以后。像他预计的那样，尽管重铸币在工业上很成功，但在货币政策上是一种失败。重铸币而不贬值导致了预计的结果：银子继续从英吉利海峡流失，商人们按比银先令和金几尼兑换率低的价格从大陆购买黄金。到1715年时，1699年铸的新银币大多消失了。③而对这种状况的多少带有偶然性的应对是：英国货币的基础从银本位转为了金本位。

---

① 牛顿对基督的身体的思考参见 Betty Jo Teeter Dobbs, *The Janus Faces of Genius*, pp. 214-215。牛顿所思考的天启之后的天使命运问题参见"Newtonian Angels"第32页，此文献为 Simon Schaffer 即将出版的著作中的一章。牛顿预言了近两百年之内的大事年表，提出了基督再临的几个可能时间。参见 Robert Westfall, *Never at Rest*, pp. 815-817。
② 此句出现于牛顿的探讨诞生于基督纪元早期的教会的宏观发展史的手稿，被转引于 Simon Schaffer, "Newtonian Angels", p. 33。
③ G. Findlay Shirras and J. H. Craig, "Sir Isaac Newton and the Currency," *Economic Journal* 55, no. 218/219, p. 229.

牛顿密切注视着这种变迁，开始是出于必要，后来则更多是有意地这样做。在这一过程中，他发现自己与在《原理》一书中展开推理方式时一样，探索着同样来自全球的数据网络，只是与研究潮汐的数据、彗星的观测、地球上不同地点的钟摆运动不同的是，他所研究的是他很快意识到的发生于世界范围的黄金贸易。1717年他对这一贸易的发展做了一番详细的总结。牛顿向财政部报告说，黄金在中国和印度比在欧洲要便宜得多。这种不平衡不但吸纳英国的白银，而且吸纳着整个欧洲大陆的白银，而那些白银大多数是从"新大陆"开掘出来的。① 这是其自身的一种"超距作用"：亚洲遥远的、近乎神秘的黄金市场把欧洲的白银带入了一个可预测的轨迹，它可用一种同样的思维习惯来解释，正是它三十年前促成了革命性的引力研究的最终完成。

与此同时，牛顿对把金属视为唯一货币的观点的局限性一直很警觉，他坚持这样的看法：纸币——政府按一定利息借钱——可以弥补纯金属货币的不足。实质上，他赞同通货膨胀的政策，认为此前十年政府在借债方面的试验——"麦芽彩票"、英格兰银行的纸币、国库券等——是对硬通货短缺的可行的和谨慎的应对措施。他在一段听起来颇具现代意识的评论中写道："如果利息不够低，将不利于贸易和促进穷人就业的措施……降低利息唯一有效的方法就是发放更多的纸币，直到通过贸易和商业我们可以得到更多的钱。"他甚至更加激进地写道："只是因为人们的观念，（金属）货币才有了价值……我们重视它，因为人们可以用它购买各种商品，我们也可以赋予纸币同样的价值。"

---

① G. Findlay Shirras and J. H. Craig, "Sir Isaac Newton and the Currency", *Economic Journal* 55, no. 218/219, pp. 228-236.

在这方面，牛顿的观点是少数派，甚至他的在货币方面的老同盟者朗兹也不同意他对货币中信用所起作用的这种包容性的看法。① 然而牛顿的看法是对的，他的观念与现代的货币观念很接近，但是人们对这种货币观念仍然缺乏了解，即使那些与他有同样分析能力的人也是如此。后来在他人生的最后十年中，牛顿将能看到人们多么容易为那些奇特纸片上印写的承诺所折服。

但在当时看起来，这是一个好主意。1711年，西班牙由于王位继承战争无力控制它在拉丁美洲殖民地的商业活动，英国投机商人利用这一机会成立了"南海公司"（South Sea Company），企图利用政府的资助与这片殖民地进行垄断性的贸易以获利。为这一垄断所付出的代价是：南海公司同意接收一部分英国官方的债务——那些为支持国家战争而发行的各种稀奇古怪的债券、证券和彩票。南海公司把这些债务重新资本化为向政府提供的250万英镑贷款，然后把所收到老旧债券转化为公司的股份。

预期的贸易根本没有实行，公司的业务开始变为近乎纯粹的银行性质，这在当时倒是一种创新。1719年议会通过了一项法案，允许南海公司购买更多政府债券，然后再次把各类公共债务转换为同一的易于交易的形式：可以在伦敦交易巷（Exchange Alley）的雏形市场进行买卖的公司股票。

所创造的这种永久性的、易转换的债务——股票——被证明是一种很有价值的工具，一些历史学家认为，就是这一创造提供了金融支柱，使得英国在后来一个半世纪中一跃而成为统治全球的大英

---

① 牛顿的观点及朗兹的回应参见 G. Findlay Shirras and J. H. Craig, "Sir Isaac Newton and the Currency", *Economic Journal* 55, no. 218/219, pp. 230-231。

帝国。① 不过这场金融革命的出现也不无挫折，其中最声名狼藉的是南海公司泡沫的破碎。

该泡沫起于 1720 年 1 月流传的谣言——这是所谓的公司知情人透露的，自从有市场就有这种把戏——传说南海公司的贸易业务将有大发展。这使交易巷上了钩，上当不浅，它使南海公司的股票在一个月内从每股 128 英镑涨到 175 英镑。随后在公司接管了更多国家债务的新交易宣布之后，股票价格跃升为每股 330 英镑。

这还只是开头，能够轻易挣大钱的想法使投机活动变得更为火热。5 月份南海公司的股票价格突破了 550 英镑，而仅在一个月之后，当有消息说夏季中期将可分发 10% 的红利时，公司的股票更暴涨到每股 1050 英镑。

随后开始暴跌，快速暴跌。不管是怎样开始的，到了后来南海公司渐渐演变成了一种"金字塔计划"，一个典型的锥体，其中后来投资者的钱被付给前面押赌的人，而许诺的回报看起来——实际上也是——过于好了，以至于根本不可能实现。终于，这些计划因为不能再吸引新的押赌人而开始崩溃。7 月份公司的股票开始下跌，不过在 8 月时还能撑住，保持在每股 800 英镑。此后就掉了底，不到一个月的工夫跌至每股 175 英镑，这使得那些争相涌入的投资人几乎全部退出了几个月前看来还是万无一失的赚钱机器。

在那些最后滞留、最先遭殃的人当中就有牛顿。他实际是该公司最早的一批，因而理论上说是相当保险的投资者之一，早在 1713 年在他所购买的股票中就有相当一部分是南海公司的股票，1720 年 4 月市场高涨时他很明智地抛掉了一部分。然而股票在继续上涨，看到那些胆子大的投资者继续持有股票，以期获得（纸

---

① 参见 Fernand Braudel, *The Wheels of Commerce*, pp. 525-528。

面上的）三倍收益，牛顿第二次卷入。6月份在市场处于最高位时，他让他的代理人又购买了1000英镑股票，一个月后他又买入了一些，而此时股价已经开始下滑。① 他的外甥女凯瑟琳·康迪特（Catherine Conduitt）说，当崩溃的时刻最终来临时，他的损失超过了2万英镑，大致相当于他当皇家造币厂厂长四十年的薪俸。

在所有人当中，牛顿最应该看穿南海公司骗局的数学把戏，那是每个"金字塔计划"的核心所在。审视一下这一计划随时间的进程所许诺的回报，把这个级数展开——这正是牛顿1665年较早解答的那类问题之一——立即可以看出所许诺的回报总额超过了可能支付给投资者的总钱数。然而对于那些期待20%以上诱人回报的项目，人们往往趋之若鹜，牛顿也未能免俗。

这一损失无疑伤及了牛顿，虽然他并没有把全部积蓄都押在这个泡沫上，他仍然是东印度公司股份较大的个人拥有者之一，他仍然用1.1万英镑投资着自1724年起的稳定贸易，若干年后除了在林肯郡的地产外，他的房地产价值超过了3.2万英镑。② 因此，无论从哪一角度说，他仍然是一个富人。但是想起这场灾难，牛顿就心痛，据说他不允许人们在他的耳边提起南海公司。最使他恼怒的或许不只是钱财的损失，而是他眼见自己被人们当作毫无分析能力的傻瓜来要弄。南海公司最疯狂的时期，有一次在提到股票着魔似的暴涨时，他对拉德诺伯爵（Lord Radnor）说他"计算不出人们的疯狂程度"。③

---

① 牛顿卷入南海公司的事件详见 Richard Westfall, *Never at Rest*, pp. 861-862。
② Ibid., pp. 862, 870.
③ 参见 Joseph Spence, *Anecdotes, Observations, and Characters, of Books and Men*, p. 368，被转引于 Robert Westfall, *Never at Rest*, p. 862。对南海公司泡沫案的经典叙述参见 Charles Mackay, *Extraordinary Popular Delusions and the Madness of Crowds*, pp. 55-104。哈佛商学院保存了此泡沫案的大多数资料，其网站提供了对当年所发生事件的简要介绍：http://www.library.hbs.edu/hc/ssb/index.html。

不管牛顿如何懊悔，他的朋友在回忆他的最后年月时认为，他总体上是满足的，性情温和，不再是早年那种凶猛的知识界斗士。尽管很富有，但他仍过着节俭的生活：早餐吃黄油面包，通常只在正餐时喝一点葡萄酒。①据他侄女说，他十分痛恨对动物的残忍行为。他对朋友和蔼可亲，尽管曾经长期独居，但他此时表现得像一个大家庭的家长。他是婚礼上的固定人物，"在那种场合他不再严肃正经，而是显得随意和轻松愉快"，不仅如此，作为家庭的长者，"他通常给女士们 100 英镑作为礼物，并资助男士们创业立足"。②

到了 80 岁以后，他的公共生活的步伐减缓下来。他对皇家学会不再那么感兴趣，他在那里的一些讲话所透露的更多是对昔日的回忆，而不是对当前学术活动的关心。③对皇家造币厂的事他也很少过问，后来把管理权交给了他侄女婿约翰·康迪特，后者最终接替他做了厂长。1722 年起他的健康状况开始恶化，中风和讨厌的呼吸系统疾病终于使他被说服于 1725 年移居到肯辛顿（Kensington），当时那个地方被认为是"乡间的一个好去处"④，空气清新，不似伦敦市区一般污浊不堪。那年及次年他仍在读书、写作和思考，但他的研究大多仍然只是与《圣经》中所述的历史有关。

1727 年 2 月有一位客人到访。⑤他看到牛顿正在为他行将付梓的《古代王国年表》（*Chronology of Ancient Kingdoms*）进行润色，

---

① Robert Westfall, *Never at Rest*, p. 850.
② William Stukeley, *Memoirs of Sir Isaac Newton's Life*, pp. 68-69，被转引于 Richard Westfall, *Never at Rest*, p. 856。此处对牛顿的回忆来自牛顿死后不久，Stukeley 于 1727 年 7 月 15 日写给 Richard Mead 的信，参见 Keynes Ms. 136, part 3, p. 11, 可在"牛顿项目"网站中找到：http://www.newtonproject.sussex.ac.uk/texts/viewtext.php?id=THEM00158&mode=normalized。
③ 参见 Richard Westfall, *Never at Rest*, pp. 863-864。
④ James Stirling 的回忆，被转引于 ibid., p. 866。
⑤ 来自 Zachary Pearce 对其拜访牛顿的回忆，参见 ibid., p. 869。

他为客人阅读了其中的章节，直到正餐时间。几天以后牛顿参加了皇家学会的一个聚会，次日他感到腹部剧痛，后来诊断为膀胱结石。病情延续了两周。[1] 之后他突然感到疼痛缓解了，但这一恢复迹象实际上只是一个幻觉，3月19日他失去了知觉，最终于20日凌晨撒手人寰。在生命结束之际，牛顿拒绝领取英国圣公会的圣餐。

在去世之前牛顿拟就了自己的墓志铭，在这一或许是他最著名的反思时刻，他写道：

> 我不知道世界如何看我，但我自己感觉我就像一个在海边玩耍的男孩，为不时地发现一个光滑或漂亮的贝壳而沾沾自喜，而在我周围绵延着的是有待被发现的广阔海洋。[2]

但那些了解牛顿的人对此有不同的看法。1730年康迪特考虑如何设计牛顿在威斯敏斯特修道院的墓碑，他接到了一封来信。作者曾对牛顿的思想做过深刻的研究。尼古拉斯·法蒂奥·德迪勒回忆起《原理》一书在人们眼里曾是像预言或天启一样的圣书，因此他建议把下面这句铭文刻在牛顿的墓碑上："Nam hominem eum fuisse, si dubites, hocce testatur marmor."这句话可译为："若你怀疑曾有这样一个人存在，此碑可资为证。"[3]

---

[1] 对牛顿晚年生活的详尽叙述参见 Richard Westfall, *Never at Rest*, pp. 863-870。
[2] 参见 Joseph Spence, *Anecdotes, Observations, and Characters, of Books and Men*, p. 54。此处的叙述在关于牛顿的文学作品中多次出现，也被转引于 *Never at Rest*, p. 863。
[3] 17、18世纪的人们将牛顿视为天使般的人物，认为其是沟通上帝与其所创造的宇宙的媒介，Simon Schaffer 在其著作的草稿章节 "Newtonian Angels"（该章整体讨论的是更为宏大的问题）中对此给出了漂亮的分析，其中法蒂奥与康迪特的通信见第8—9页。

参考文献

牛顿的通信及手稿

艾萨克·牛顿几乎所有已知的往来书信被收录于 H. W. Turnbull、J. F. Scott、A. R. Hall 和 Laura Tilling 所编的七卷本 *The Correspondence of Isaac Newton*, Cambridge: Cambridge University Press for the Royal Society, 1959—1977。（另有少许信件最近才被发现，包括牛顿与法蒂奥关系破裂许久后于 1693 年的通信。）

牛顿的手稿分散于各处。对本书而言最重要的档案保存于英格兰邱镇的国家档案馆。牛顿手书的文件被收入六册对开本大小的文件夹，参见 Mint 19/1-6。牛顿在场的情况下所采集的宣誓证词载于 Mint 17。

其他存有牛顿相关资料的重要地点包括：剑桥大学国王学院、剑桥大学图书馆、位于耶路撒冷的犹太国家和大学图书馆（Jewish National and University Library，牛顿的许多神学手稿保存于此）、牛津大学博德利图书馆（Bodleian Library），以及伯恩迪图书馆（Burndy Library）的藏品，它们于 2006 年转到美国帕萨迪纳市的亨廷顿图书馆（Huntington Library）。我通过文献目录及网站检索来寻迹这些收藏，如有本书所需的文献，则通过两个主要的远程途径来查阅。

一个途径是借助"牛顿项目"所做的工作，它们可在以下网站查阅：http://www.newtonproject.sussex.ac.uk/prism.php?id=1。此项目发布了牛顿的多种原始手稿，题材广泛，并在必要时增补了翻译。于我而言具有特殊价值的是，牛顿所有存世的早期笔记的誊录文字（有原文和正常化之后的文字可资对照）。同时，牛顿项目的资料还提供了与牛顿同时代或近乎同时代的观察者对牛顿的有价值的记述。牛顿作为皇家造币厂厂长所做的一些关于银本位转向金本位的重要性的报告可在网站上查阅，参见：http://www.pierre-marteau.com/editions/1701-25-mintreports.html#masters。

另一个途径是哈佛大学图书馆保存的 Chadwyck Healy 公司的微缩胶片版 *Sir Isaac Newton, 1642-1727: Manuscripts and Papers*，其中包含 Peter Jones 所写的使用指南 *Sir Isaac Newton: A Catalogue of Manuscripts and Papers*。这套胶片如今存世不多。此文献包含了 1660 年以来牛顿大多数手稿的照片。虽然并不完整，但它最接近于现存最全面的资料集。由于照片画质参差不齐，此文献使用起来并不方便，但我认为它是一份非常珍贵的资料。

牛顿已出版的著作

The Principia: Mathematical Principles of Natural Philosophy. 译者为 I. Bernard Cohen 和 Anne Whitman，Julia Budenz 进行了协助翻译。Berkeley: University of California Press, 1999.

Opticks. New York: Dover, 1952 (I. B. Cohen 作序，c. 1979).

Cohen 和 Whitman 版的《原理》仍然是供英语读者选择的权威版本，其理由有三点。该版本对牛顿论述的翻译十分清晰易懂，其设计尽一切可能地使读者更易理解这部深奥的著作，最重要的是，Cohen 对牛顿文本的导读极有价值，此导读本身就具有一本书的体量。此后，其他译本多有问世，但仍难取代此版。我所使用的《光学》则包含了爱因斯坦对牛顿简要、迷人的颂词。

牛顿的传记

Brewster, Sir David. *The Life of Sir Isaac Newton*, revised and edited by W. T. Lynn. London: Gall & Inglis, 1875.

Craig, Sir John. *Newton at the Mint*. Cambridge: Cambridge University Press, 1946.

Fara, Patricia. *Newton: The Making of a Genius*. New York: Columbia University Press, 2002.

Gleick, James. *Isaac Newton*. New York: Pantheon Books, 2003.

Hall, A. Rupert. *Isaac Newton: Adventurer in Thought*. Oxford: Blackwell Publishers, 1992.

Manuel, Frank. *A Portrait of Isaac Newton*. Washington, D.C.: New Republic Books, 1979.

Westfall, Richard S. *Never at Rest*. Cambridge: Cambridge University Press, 1980.
White, Michael. *Isaac Newton: The Last Sorcerer*. New York: Basic Books, 1999.

在写作本书的长期过程中，我参考了大量传记。同大多数 1980 年以来有关牛顿的写作者一样，我深深受惠于 Richard Westfall 所著的博学、通俗、全面的牛顿传记。对于本书的成稿，Westfall 是提供肩膀的巨人之一。James Gleick 所著之书则堪称关于牛顿的生活与工作的最佳简明读本，它的语言十分优美，清晰地论述了牛顿做了哪些使他至今仍如此重要的工作。同时，Gleick 也试图用最简短的篇幅来勾勒有关牛顿生平及其时代的历史脉络。Frank Manuel 的著作促成了本书的写作；他在书中引用了查洛纳写给牛顿的最后一封信，近二十年前，当我第一次读到它时，产生了一个巨大的疑问：牛顿到底为什么会联系一个被判死刑的伪币制造者？这正是本书要回答的问题。关于牛顿的皇家造币厂生涯，唯一一部研究专著出自 Craig 之手，它只是简要地提及了牛顿的督办任期，但该说的也都说了。Fara 和 Hall 的著作提供了许多有价值的洞见，但其读者对象是专业人士而非大众。Brewster 篇幅厚重的论述出版于 1875 年，既是关于牛顿的如今仍不过时的有用分析，同样也是一部反映维多利亚时代人对优先权判定的历史文献。Michael White 著作中的要点我并不全都赞同，但据我所知，它是第一部关注了某个一度引起学界兴趣的主题的通俗牛顿传记，这就是牛顿的炼金术工作与他更为"体面的"、如今我们称为科学的兴趣之间的联系。

其他资料

Abrahamson, Daniel M. *Building the Bank of England*. New Haven: Yale University Press, 2005.

Anderson, Michael, ed. *British Population History*. Cambridge: Cambridge University Press, 1996.

Anonymous. *Guzman Redivivus: A Short View of the Life of Will*. Chaloner. London: printed for J. Hayns, 1699.

Appleby, Joyce Oldham. "Locke, Liberalism and the Natural Law of Money". *Past and Present*, no. 71 (May 1976), pp. 43-69.

Axtell, James I. "Locke's Review of the Principia." *Notes and Records of the Royal Society of London* 20, no. 2 (1965), pp. 152-61.

Barter, Sarah. "The Mint". In John Charlton, ed., *The Tower of London*. London: HMSO, 1978.

Beattie, J. M. *Crime and the Courts in England, 1660–1800*. Oxford: Clarendon

Press, 1986.

——. *Policing and Punishment in London, 1660–1750*. Oxford: Oxford University Press, 2001.

——. "The Cabinet and the Management of Death at Tyburn after the Revolution of 1688–1689". In Lois G. Schwoerer, ed., *The Revolution of 1688–1689*. Cambridge: Cambridge University Press, 1992.

Braudel, Fernand. *Civilization and Capitalism*. Volume 2: *The Wheels of Commerce*. New York: Harper and Row, 1982.

Bricker, Phillip, and R. I. G. Hughes. *Philosophical Perspectives on Newtonian Science*. Cambridge, Mass.: MIT Press, 1990.

Brown, E. H. Phelps, and Sheila V. Hopkins. "Seven Centuries of the Prices of Consumables Compared with Builders'Wage-Rates". *Economica* 23, no. 92, new series (November 1956), pp. 296–314.

Byrne, Richard. *The London Dungeon Book of Crime and Punishment*. London: Little, Brown, 1993.

Cameron, David Kerr. *London's Pleasures*. Stroud, Gloucestershire: Sutton Publishing, 2001.

Challis, C. E., ed. *A New History of the Royal Mint*. Cambridge: Cambridge University Press, 1992.

Chaloner, William. *Proposals Humbly offered, for Passing an Act to prevent Clipping and counterfeiting of Mony*. London, 1694.

——. "The Defects in the present Constitution of the Mint". London, 1697; British Library ascription, 1693.

Chandrasekhar, S. *Newton's* Principia *for the Common Reader*. Oxford: Clarendon Press, 1995.

Charlton, John, ed. *The Tower of London: Its Buildings and Institutions*. London: HMSO, 1978.

Childs, John. *The Nine Years' War and the British Army, 1688–1697*. Manchester: Manchester University Press, 1991.

Clapham, Sir John. *The Bank of England*. Two volumes. Cambridge: Cambridge University Press, 1970.

Clark, William, Jan Golinski, and Simon Schaffer, eds. *The Sciences in Enlightened Europe*. Chicago: University of Chicago Press, 1999.

Clarke, Desmond. Descartes: A Biography. Cambridge: Cambridge University Press,

2006.

Claydon, Tony. William Ⅲ. London: Longman, 2002.

Cohen, I. Bernard, and George E. Smit, eds. *The Cambridge Companion to Newton*. Cambridge: Cambridge University Press, 2002.

Cohen, I. Bernard, and Richard S. Westfall, eds. Newton. New York: W. W. Norton, 1995.

Coleman, David, and John Salt. *The British Population*. Oxford: Oxford University Press, 1992.

Cook, Alan. Edmond Halley. Oxford: Clarendon Press, 1998.

Cragg, Gerald R. *Reason and Authority in the Eighteenth Century*. Cambridge: Cambridge University Press, 1964.

Craig, Sir John. "Isaac Newton and the Counterfeiters". *Notes and Records of the Royal Society of London* 18 (1963), pp. 136-45.

———. "Isaac Newton—Crime Investigator". *Nature* 182 (1958), pp. 149-52.

Cranston, Maurice. *John Locke: A Biography*. Oxford: Oxford University Press, 1985.

DeBeer, E. S., ed. *The Correspondence of John Locke*. Volume 4. Oxford: Oxford University Press, 1979.

Defoe, Daniel. *A Journal of the Plague Year*. Oxford: Oxford University Press, 1990.

———. Moll Flanders. New York: W. W. Norton, 2004.

Dickson, P. G. M. *The Financial Revolution in England*. Aldershot, Hampshire: Gregg Revivals, 1993.

Dobbs, Betty Jo Teeter. *Alchemical Death and Resurrection*. Washington, D.C.: Smithsonian Institution Libraries, 1990.

———. *The Janus Faces of Genius: The Role of Alchemy in Newton's Thought*. Cambridge: Cambridge University Press, 1991.

———, and Margaret C. Jacob. *Newton and the Culture of Newtonianism*. Atlantic Highlands, N.J.: Humanities Press, 1995.

Earle, Peter. *A City Full of People: Men and Women of London, 1650–1750*. London: Methuen, 1994.

Fauvel, John, et al., eds. *Let Newton Be!* Oxford: Oxford University Press, 1988.

Fay, C. R. "Newton and the Gold Standard". *Cambridge Historical Journal* 5, no. 1 (1935), pp. 1090-17.

Feingold, Mordechai. *The Newtonian Moment*. New York: New York Public Library/

Oxford University Press, 2004.

Force, James E., and Sarah Hutton, eds. *Newton and Newtonianism*. Dordrecht, Netherlands: Kluwer Academic Publishers, 2004.

Gaskill, Malcolm. *Crime and Mentalities in Early Modern England*. Cambridge: Cambridge University Press, 2000.

Gatrell, V. A. C. *The Hanging Tree*. Oxford: Oxford University Press, 1994.

Gerhold, Dorian. "The Growth of the London Carrying Trade, 1681–1838". *Economic History Review* 41, no. 3, 2nd series (1988), pp. 392-410.

Giuseppi, John. *The Bank of England*. London: Evan Brothers, 1966.

Goldie, Mark. "Edmund Bohun and Ius Gentium in the Revolution Debate, 1689–1693". *Historical Journal* 20, no. 3 (1977), pp. 569-86.

Golinski, Jan. *British Weather and the Climate of Enlightenment*. Chicago: University of Chicago Press, 2007.

Goodstein, David L., and Judith R. Goodstein. *Feynman's Lost Lecture: The Motion of Planets Around the Sun*. New York: W. W. Norton, 2000.

Green, Nick, ed. *The Bloody Register.* Volume 1. London: Routledge/Thoemmes Press, 1999.

Guerlac, Henry. *Newton on the Continent*. Ithaca, N.Y.: Cornell University Press, 1981.

Hall, A. Rupert. *Isaac Newton: Eighteenth-Century Perspectives*. Oxford: Oxford University Press, 1999.

——. *Newton: His Friends and His Foes*. Aldershot, Hampshire: Variorum, 1993.

Halliday, Stephen. *Newgate: London's Prototype of Hell*. Stroud, Gloucestershire: Sutton Publishing, 2006.

Harding, Christopher, et al. *Imprisonment in England and Wales*. London: Croom Helm, 1985.

Harman, P. M., and Alan E. Shapiro, eds. *The Investigation of Difficult Things*. Cambridge: Cambridge University Press, 1992.

Harrison, John. *The Library of Isaac Newton*. Cambridge: Cambridge University Press, 1978.

Hayward, Arthur L., ed. *Lives of the Most Remarkable Criminals*. New York: Dodd, Mead, 1927.

Heal, Felicity, and Clive Holmes. *The Gentry in England and Wales, 1500–1700*. London: MacMillan, 1994.

Herivel, John. *The Background to Newton's* Principia. Oxford: Clarendon Press, 1965.

Herrup, Cynthia B. *The Common Peace*. Cambridge: Cambridge University Press, 1987.

Heyd, Michael. *"Be Sober and Reasonable": The Critique of Enthusiasm in the Seventeenth and Eighteenth Centuries*. Leyden, Netherlands: Brill, 1995.

Hopkins, Paul, and Stuart Handley. "Chaloner, William". Entry in the *Oxford Dictionary of National Biography*, edited by H. C. G. Matthew and Brian Harrison. Oxford: Oxford University Press, 2004.

Horsefield, J. Keith. "Inflation and Deflation in 1694–1696". *Economica* 23, no. 91, new series (August 1956), pp. 229-43.

Horton, S. Dana. *The Silver Pound*. London: MacMillan, 1887.

Houghton, Thomas. *Proposals for a Fund of A Hundred and Fifty Thousand Pounds per Annum*. London, 1694.

Hunter, Michael, ed. *Robert Boyle Reconsidered*. Cambridge: Cambridge University Press, 1994.

Hurl-Eamon, Jennine. "The Westminster Impostors: Impersonating Law Enforcement in Early-Eighteenth-Century London". *Eighteenth Century Studies* 38, no. 3 (2006), pp. 461-83.

Inwood, Stephen. *A History of London*. London: MacMillan, 1998.

Jardine, David. *A reading on the use of torture in the criminal law of England before the Commonwealth*. London: Baldwin and Craddock, 1837.

Jones, D. W. *War and Economy in the Age of William III and Marlborough*. Oxford: Basil Blackwell, 1988.

Jones, J. R. *The Revolution of 1688 in England*. London: Weidenfeld and Nicolson, 1972.

Jonson, Ben. *The Alchemist*. http://www.gutenberg.org, 10th edition, May 2003.

King-Hele, D. G., and A. R. Hall, eds. *Newton's Principia and Its Legacy*. London: The Royal Society, 1988.

Koyré, Alexandre. *Newtonian Studies*. Cambridge, Mass.: Harvard University Press, 1965.

Lander, J. "Burial Seasonality and Causes of Death in London, 1670–1819". *Population Studies* 42, no. 1 (March 1988), pp. 59-83.

——. "Mortality and Metropolis: The Case of London, 1675–1825". *Population*

Studies 41, no. 1 (March 1987), pp. 59-76.

Langbein, John H. *Torture and the Law of Proof.* Chicago: University of Chicago Press, 1977.

Laundau, Norma, ed. *Law, Crime and English Society, 1660–1830.* Cambridge: Cambridge University Press, 2002.

Li, Ming-hsun. *The Great Recoinage of 1696 to 1699.* London: Weidenfeld and Nicolson, 1963.

Library of the House of Commons. "Inflation: The Value of the Pound, 1750–2002." Research Paper 02/82, 11 November 2003.

Linebaugh, Peter. *The London Hanged: Crime and Civil Society in the Eighteenth Century.* London: Verso, 2003.

Liss, David. *A Conspiracy of Paper.* New York: Random House, 2000.

Locke, John. *The Works of John Locke.* Ten volumes. Darmstadt, Germany: Scientia Verlag, 1963.

Lodge, Sir Richard. *The Political History of England.* London: Longmans Green, 1923.

Luttrell, Narcissus. *A Brief History of State Affairs.* Six volumes. Oxford: Oxford University Press, 1857.

Macaulay, Lord. *The History of England.* Six volumes. Edited by Charles Harding Firth. New York: AMS Press, 1968.

Macfarlane, Alan. *Justice and the Mare's Ale.* Cambridge: Cambridge University Press, 1981.

Mackay, Charles. *Extraordinary Popular Delusions and the Madness of Crowds.* Petersfield, Hampshire: Harriman House, 2003.

Mackenzie, A. D. *The Bank of England Note.* Cambridge: Cambridge University Press, 1953.

Mayhew, Nicholas. *Sterling: The History of a Currency.* New York: John Wiley, 1999.

McGuire, J. E., and P. M. Rattansi. "Newton and the Pipes of Pan". *Notes and Records of the Royal Society of London* 21 (1966), pp. 108-48.

McGuire, J. E., and Martin Tamny. *Certain Philosophical Questions: Newton's Trinity Notebook.* Cambridge: Cambridge University Press, 1983.

McKay, Derek, and H. M. Scott. *The Rise of the Great Powers, 1648–1714.* London: Longman Group, 1983.

McKie, D., and G. R. de Beer. "Newton's Apple". *Notes and Records of the Royal Society of London* 9, no. 1 (October 1951), pp. 46–54, and no. 2 (May 1952), pp. 333–35.

McLynn, Frank. *Crime and Punishment in Eighteenth-Century England*. London: Routledge, 1989.

McMullan, John L. *The Canting Crew: London's Criminal Underworld, 1550–1700*. New Brunswick, N.J.: Rutgers University Press, 1984.

More, Louis Trenchard. *The Life and Works of the Honorable Robert Boyle*. Oxford: Oxford University Press, 1944.

Murphy, Anne L. "Lotteries in the 1690s: Investment or Gamble?" *Financial History Review* 12, no. 2 (2006), pp. 227-46.

Murphy, Theresa. *The Old Bailey*. Edinburgh: Mainstream Publishing, 1999.

Neale, Thomas. *A Profitable Adventure to the Fortunate*. London: F. Collins in the Old-Bailey, 1694.

——. "Fourteen Hundred Thousand Pound, made into One Hundred and Forty Thousand Bills of Ten Pounds apiece, to be given out for so much as Occasion requires, and to be paid as Chance shall Determine in course, out of 1515000 l. being left to be only made use of to pay Interest, Premium and Charge". 1697. Location: British Library.

Nelson, Sarah Jones. Unpublished essay on Newton, Locke, and the axiomatic foundations of natural rights. Private communication, 2004.

Newman, William R. *Atoms and Alchemy*. Chicago: University of Chicago Press, 2006.

——, and Lawrence Principe. Alchemy Tried in the Fire. Chicago: University of Chicago Press, 2002.

Newton, Humphrey. Keynes Ms. 135 (two letters from Humphrey Newton to John Conduitt, 17 January 1727/8 and 14 February 1727/8). Cambridge: King's College, Cambridge University.

Palter, Robert, ed. *The* Annus Mirabilis *of Sir Isaac Newton, 1666–1696*. Cambridge, Mass.: MIT Press, 1970.

Parkhurst, Tho[mas]. *The True Way of Taxing shewing What is the Legal Rack-Rent for Taxing first of Laymen, secondly of Churchmens Real Estates Equally*. London, 1693.

Parry, L. A. *The History of Torture in England*. Montclair, N.J.: Patterson Smith,

1975.

Pepys, Samuel. *The Shorter Pepys: Selected and Edited by Robert Latham*. Berkeley: University of California Press, 1985.

Phelps Brown, E. H., and Sheila V. Hopkins. "Seven Centuries of the Prices of Consumables Compared with Builders' Wage-Rates". *Economica* 23, no. 92, new series (November 1956), pp. 296-314.

Porter, Roy. *English Society in the Eighteenth Century*. London: Penguin Books, 1990.

——. *London: A Social History*. Cambridge, Mass.: Harvard University Press, 1995.

Richardson, John. *The Annals of London*. London: Cassell, 2000.

——. *London and Its People*. London: Barrie & Jenkins, 1995.

Ruding, Rogers. *Annals of the Coinage of Britain and its Dependencies*, 3rd edition. Three volumes. London: John Hearne, 1840.

Saw, Reginald. *The Bank of England, 1694–1944*. London: George G. Harrap, 1944.

Schaffer, Simon. "Golden Means: Assay Instruments and the Geography of Precision in the Guinea Trade". In *Instruments, Travel, and Science: Itineraries of Precision from the Seventeenth to the Twentieth Century*. Edited by Marie-Noëlle Bourguet, Christian Licoppe, and H. Otto Sibum. London: Routledge, 2002.

——. "Newton on the Beach: The Information Order of Principia Mathematica". Lecture delivered in several locations, text, private communication with the author, 2007.

——. "Newtonian Angels". Draft book chapter, private communication with the author, 2008.

Scheurer, P. B., and G. Debrock, eds. *Newton's Scientific and Philosophical Legacy*. Dordrecht, Netherlands: Kluwer Academic Publishers, 1988.

Schubert, H. R. *History of the British Iron and Steel Industry from c. 450 B.C. to A.D. 1775*. London: Routledge and Kegan Paul, 1957.

Schwoerer, Lois G., ed. *The Revolution of 1688–1689*. Cambridge: Cambridge University Press, 1992.

Shapin, Steven. *A Social History of Truth*. Chicago: University of Chicago Press, 1994.

——, and Simon Schaffer. *Leviathan and the Air-Pump*. Princeton, N.J.: Princeton University Press, 1985.

Shirras, G. Findlay, and J. H. (Sir John) Craig. "Sir Isaac Newton and the Currency". *Economic Journal* 55, no. 218/219 (June-September 1945), pp. 217-41.

Shoemaker, Robert B. *Prosecution and Punishment*. Cambridge: Cambridge University Press, 1991.

Spence, Joseph. *Anecdotes, Observations, and Characters, of Books and Men*. Edited by Samuel S. Singer. London, 1820.

Sprat, Thomas. *History of the Royal Society*. Edited with critical apparatus by Jackson I. Cope and Harold Whitmore Jones. St. Louis: Washington University Studies, 1958.

Stone, Lawrence, ed. *An Imperial State at War*. London: Routledge, 1994.

Sullivan, Robert E. *John Toland and the Deist Controversy*. Cambridge, Mass.: Harvard University Press, 1982.

Thayer, H. S., ed. *Newton's Philosophy of Nature*. New York: Hafner Publishing, 1953.

Tobias, J. J. *Crime and Police in England, 1700–1900*. Dublin: Gill and MacMillan, 1979.

Wales, Tim. "Lovell, Sir Salathiel", in the *Oxford Dictionary of National Biography*. Oxford: Oxford University Press, 2004.

Waller, Maureen. *1700: Scenes from London Life*. London: Hodder and Stoughton, 2000.

Wennerlind, Carl. "The Death Penalty as Monetary Policy: The Practice and Punishment of Monetary Crime, 1690–1830". *History of Political Economy* 36 no. 1 (2004), pp. 131-61.

——. "Isaac Newton's Index Chemicus". Ambix 22 (1975), pp. 174-85.

——. "Newton's Marvelous Years of Discovery and Their Aftermath: Myth versus Manuscript". *Isis* 71, no. 1 (March 1980), pp. 109-21.

Whiteside, D. T. "The Prehistory of the Principia". *Notes and Records of the Royal Society of London* 45, no. 1 (January 1991), pp. 11-61.

Whitfield, Peter. *London: A Life in Maps*. London: British Library, 2006.

Woolf, Harry, ed. *The Analytic Spirit*. Ithaca, N.Y.: Cornell University Press, 1981.

致　谢

　　本书的出版有赖于许多人的恩惠和多方面的支持。其中特别要提到的有三位：本书的编辑者，来自霍顿·米夫林·哈考特教育出版公司（Houghton Mifflin Harcourt）的丽贝卡·萨尔坦（Rebecca Saletan）和来自费伯费伯出版公司（Faber and Faber）的尼尔·贝尔顿（Neil Belton），以及我的经理人特雷莎·帕克（Theresa Park）。丽贝卡和尼尔的自始至终的关注和批评是我所能得到的最重要的帮助。特雷莎在早期就参与了本书的筹划，她温和而严格的指导对于整个计划有着无可估量的价值。我还要感谢迪安娜·乌尔梅（Deanne Urmy）指导本书完成了最后的出版筹划。

　　我必须感谢我的前一本书《爱因斯坦在柏林》（*Einstein in Berlin*）的编辑者、班坦图书公司（Bantam Books）的安·哈里斯（Ann Harris），哈里斯把她在那本书中为我提供的写作艺术方面的有益指教又用于本书的构思。每位写作者都应当有这样一位不吝赐教的咨询人。

　　艾蒂安·本森（Etienne Benson）——现已是本森博士，那时是麻省理工学院的一名研究生——是一名难得的研究助手，机敏，迅捷，富有眼光。同样要感谢霍顿·米夫林·哈考特出版公司的拉里·库珀（Larry Cooper），他对手稿的编辑既严谨又人性化，本书的读者可能不知道他们需要对库珀表示感谢，但这是应当的。丽贝卡的助理编辑托马斯·博曼（Thomas Bouman）为本书的编辑提供了得力的帮助，只有那些亲自做过这项工作的人才能体会到，在把本书的脚注变为可出版资料的工作中他给了我多么大的帮助。

我也从牛顿学术研究共同体那里得到了很大的帮助，他们有很高学术水平而且——就我的经验来看——会对刚出道者慷慨地施以援手。剑桥大学的西蒙·谢弗（Simon Schaffer）先生有一个遍布全球的同事和学生网络，他们都得惠于他对牛顿及其时代的广博见识，而我只是需要对他表示谢意的一个后来者，感谢他对本书手稿的几个修改版本的早期评论和建议。

美国新罕布什尔大学的扬·戈林斯基（Jan Golinski）和剑桥大学的马克·戈尔迪（Mark Goldie）也为我做了同样的工作——数次会见，对手稿的评论、建议和鼓励。科学史和经济学界的许多人也给我提供过非常有价值的帮助。哈佛大学的彼得·加里森（Peter Galison）早期向我提出过建议，并审阅了晚期的手稿。科学著述人、杰出的公共知识分子戴维·博达尼斯（David Bodanis）细心地阅读了手稿并提出了睿智的批评。我在麻省理工学院的同事彼得·特明（Peter Temin）和安·麦坎茨（Ann McCants）以及隔河相望的朋友，波士顿大学的兹维·博迪（Zvi Bodie）审阅了本书的经济史部分，对其中的论证做了很多的修改。

物理学家肖恩·卡罗尔（Sean Carroll）和莉萨·兰德尔（Lisa Randall）尽力改正我对牛顿物理学解释中的一些不确切之处。马修·斯特拉斯勒（Matthew Strassler）倾听了我在理解牛顿的科学根源方面的种种努力。希拉里·帕特南（Hilary Putnam）倾听了我对牛顿的阐释，他的广博学识与一丝不苟的态度使我受益良多。毋庸赘述，但我还是要说，书中若有对于事实或阐释方面的错误，责任都在我身上。

我还要感谢伦敦塔管理人员萨莉·狄克逊-史密斯（Sallie Dixon-Smith），她带领我参观了伦敦塔皇家造币厂的旧址。感谢剑桥大学国王学院图书馆的彼得·琼斯（Peter Jones），他向我提供了有关牛顿某些手稿的早期线索。感谢牛顿的远房亲戚戴维·牛顿（David Newton），他在时间很紧的情况下找到了伦敦档案馆里有关查洛纳审判的资料。

在这一工作的早期，罗布·艾利夫（Rob Iliffe）（如今在英国萨塞克斯大学）、剑桥大学的斯科特·曼德尔布罗特（Scott Mandelbrote）、加州理工学院的莫迪凯·法因戈尔德（Mordechai Feingold）和耶德·布赫瓦尔德（Jed Buchwald），以及哈佛大学的欧文·金里奇（Owen Gingrich），都给我提供过帮助和指导。安妮·哈林顿（Anne Harrington）及她在哈佛大学科学史系的同事在关键时刻为我提供了研究场所。

我特别要感谢哈佛大学怀德纳图书馆的工作人员，本书很大一部分写作是在那里完成的。我还要感谢英国国家档案馆的工作人员，在那里我得以阅览牛顿在皇家造币厂的有关文件。在牛顿的出生地伍尔斯索普庄园，我进行了一次淡季旅游。我还在英国图书馆珍本和音乐阅览室里查找资料。历史是一种具有合作性的爱好，没有那些与我有同样兴趣的人的慨允，我就无缘尽情地对过去进行探索。

除了上述列举的人外，还有一些我无缘相见，但他们的著作对我的计划有很大影响的人。如果没有弗兰克·曼纽尔（Frank Manuel）在他的著作《艾萨克·牛顿其人》（*Portrait of Isaac*

Newton）中对牛顿感情生活的探索，我将不知道如何开始我的写作。罗伯特·韦斯特福尔（Robert Westfall）开拓了一片学术园地，使得后来的每位有关牛顿的写作者可以在其中探藏觅宝，我也是其中之一。他的著作《永不止息》（Never at Rest）无疑仍是一本最全面的传记，至少在英文读者圈内。伯纳德·科恩（Bernard Cohen）我倒是见过——三十年前我甚至和他参加过同一个研究生讨论班，如果我那时就像现在一样知道他探索牛顿思想的深度，我就可为我从他的著作中所学到的一切向他表示恰当的感谢。最后我要特别提到贝蒂·乔·蒂特·多布斯（Betty Jo Teeter Dobbs），她为了给牛顿的炼金术正名费了不少心力，意在使之成为构成牛顿思想、科学、信念、动机的整体的组成部分，她为此遭到学术界一些人的反对，但她以自己坚持不懈的、充满智慧的理性探索终于使人信服，此后有不少人开始了对牛顿从事炼金活动的研究，而她是先驱者之一，我则是一个受惠者。

我要感谢我在麻省理工学院的同事和学生，麻省理工学院科学写作研究生课程的马西娅·巴图夏克（Marcia Bartusiak）、罗伯特·卡尼格尔（Robert Kanigel）、阿兰·莱特曼（Alan Lightman）、博伊斯·伦斯伯格（Boyce Rensberger）给我提供了热情的帮助、及时的建议和有用的知识，这使本书终于得以动笔，尽管当时有大量试卷需要批阅。写作与人文研究班的同事们也同样给予了支持，特别是在本书的不同写作阶段与詹姆斯·帕拉迪斯（James Paradis）、肯尼思·曼宁（Kenneth Manning）、朱诺特·迪亚兹（Junot Díaz）以及访问学者拉尔夫·隆布雷利亚（Ralph Lombreglia）等人的谈话，对我有很大助益。人文艺术及社会科学研究院院长菲利普·库利（Philip Khoury）和德博拉·菲茨杰拉德（Deborah Fitzgerald）提供了慷慨的咨询帮助，科学研究院院长马克·卡斯特纳（Marc

Kastner）则予以热心鼓励。我还要感谢麻省理工学院科学技术与社会研究班的罗莎琳德·威廉斯（Rosalind Williams）及麻省理工学院院长约翰·杜兰特（John Durant）。科学作家加里·陶布斯（Gary Taubes）为作家提供没有思路时的突破口，珍妮弗·欧莱特（Jennifer Ouellette）也在写作计划的后期给予了令人感激的意见和建议。

　　家庭和朋友提供了一个安全保护网，没有它我就不可能去从事写书这样一个高空走钢丝的冒险活动。这些人包括：希拉里（Hilary）和露丝·安娜·帕特南（Ruth Anna Putnam）；罗伯特（Robert）、托尼（Toni）和马修·斯特拉斯勒（Matthew Strassler）；西奥·泰奥哈里斯（Theo Theoharis）；迈克尔（Michael）、伊莎贝尔（Isabel）和托马斯·平托-佛朗哥（Thomas Pinto-Franco）；埃莉诺·鲍尔斯（Eleanor Powers）；露辛达·蒙蒂菲奥里（Lucinda Montefiore）和罗伯特·戴伊（Robert Dye）；西蒙·塞巴格-蒙蒂菲奥里（Simon Sebag-Montefiore）；杰弗里·格斯特特纳（Geoffrey Gestetner）；戴维（David）和朱丽叶·塞巴格-蒙蒂菲奥里（Juliet Sebag-Montefiore）；以及艾伦（Alan）和卡罗琳·拉斐尔（Caroline Rafael）。他们都倾听了我的讲述，有时还为我提供了住宿，他们如此不厌其烦地听我讲述，以至"艾萨克·牛顿"一词在他们耳边无数次地重复。他们出现在我的生命中让我感到十分幸运。就在我写这篇致谢之时，我的伯父丹（Dan）辞世了，他和我的伯母海伦（Helen）在我四本书的写作过程中为我保驾护航，而他未能助我至本书的完成，我深以为憾。我的兄弟姊妹，理查德（Richard）、艾琳（Irene）和利奥（Leo），以及他们的配偶和孩子，简（Jan）和丽贝卡（Rebecca）、乔（Joe）和马克斯（Max）、埃米莉（Emily）和伊娃（Eva）对我至为体谅：他们从不——好吧，是几乎不——

问我书写得怎样了，只是对我向他们讲述的每个新发现的故事露出欣喜的表情。

最后也是最重要的，我的妻子卡塔和儿子亨利是我生活中永远的欢乐。当我需要时，他们给我以支持、时间和鼓励，而对我这种说起来十分奇特的谋生方式，他们给予了恰如其分的支持、笑声和至关重要的理解。

没有他们，我的这本书就不会展现在这里，我深深地感谢他们，虽然我的谢意难表万一。

附录
英国硬币概况和本书日期说明

近代英国机制硬币分为：金制的几尼-英镑系统、银制的克朗-先令系统、铜制的便士-法新系统。几尼是1663年英国发行的一种金币，等于21先令，1813年停止流通。此外还有多种面值的纪念性金币。本书中经常出现的皮斯托尔是经常在英国流通的一种法国金币，价值约17先令。银币面额有一便士、两便士（也称半格罗特）、三便士、四便士（也称格罗特，groat）、六便士，一先令、两先令（也称弗罗林，florin）、四先令、两先令六便士（也称半克朗）、五先令（也称1克朗，crown）、一英镑。铜币有一法新（farthing）、半便士、一便士、三便士。自1947年以后，不再发行银质铸币而改为镍质。

英国货币的进制是4法新等于1便士，12便士等于1先令，2先令等于1弗罗林，5先令等于1克朗，20先令等于1英镑。1970年改革后，进制为100便士等于1英镑。

目前流通的英国硬币是自1985年开始发行的，有1便士、2便士、5便士、10便士、20便士、50便士和1英镑、2英镑。1英镑的设计图案经常更新，有多种图案，2英镑为流通纪念币。

本书中谈及货币价值则用阿拉伯数字，如"一先令实际值10便士、6便士或4便士都有可能"；谈及硬币面值则用汉字，如"10枚六便士"。

牛顿生活时代的英格兰采用儒略历，而在当时，欧洲大陆已经采用我们今天所使用的格里高利历。两种历法的日期差别很大。当格里高利历被采用时（大多数天主教国家于16世纪80年代采用），人们对儒略历进行了多达十天的日期校正。到牛顿诞生时，也就是1642年12月25日，两者的误差已经达到11天，按照新历，他应该生于1643年1月4日。牛顿时代的英国历法与今日历法还有一个不同，就是每年的开始日期。1月1日是新年的传统庆祝日，但在历法上，新年开始于3月25日。这种新年起始日期的差异，让人们经常把日期写成如下样式：1661/1662年1月25日。在本书中，作者使用的是牛顿所认为的日期，即按照儒略历。但有一个例外，作者把年份开始的日期视为1月1日，使用单一的数字标记时间的逝去。

（编按：本书的所有作者注、参考文献、致谢和附录部分，均为浙江大学王天仪翻译，徐国强审定）

新知文库

01 《证据：历史上最具争议的法医学案例》［美］科林·埃文斯 著　毕小青 译
02 《香料传奇：一部由诱惑衍生的历史》［澳］杰克·特纳 著　周子平 译
03 《查理曼大帝的桌布：一部开胃的宴会史》［英］尼科拉·弗莱彻 著　李响 译
04 《改变西方世界的26个字母》［英］约翰·曼 著　江正文 译
05 《破解古埃及：一场激烈的智力竞争》［英］莱斯利·罗伊·亚京斯 著　黄中宪 译
06 《狗智慧：它们在想什么》［加］斯坦利·科伦 著　江天帆、马云霏 译
07 《狗故事：人类历史上狗的爪印》［加］斯坦利·科伦 著　江天帆 译
08 《血液的故事》［美］比尔·海斯 著　郎可华 译　张铁梅 校
09 《君主制的历史》［美］布伦达·拉尔夫·刘易斯 著　荣予、方力维 译
10 《人类基因的历史地图》［美］史蒂夫·奥尔森 著　霍达文 译
11 《隐疾：名人与人格障碍》［德］博尔温·班德洛 著　麦湛雄 译
12 《逼近的瘟疫》［美］劳里·加勒特 著　杨岐鸣、杨宁 译
13 《颜色的故事》［英］维多利亚·芬利 著　姚芸竹 译
14 《我不是杀人犯》［法］弗雷德里克·肖索依 著　孟晖 译
15 《说谎：揭穿商业、政治与婚姻中的骗局》［美］保罗·埃克曼 著　邓伯宸 译　徐国强 校
16 《蛛丝马迹：犯罪现场专家讲述的故事》［美］康妮·弗莱彻 著　毕小青 译
17 《战争的果实：军事冲突如何加速科技创新》［美］迈克尔·怀特 著　卢欣渝 译
18 《口述：最早发现北美洲的中国移民》［加］保罗·夏亚松 著　暴永宁 译
19 《私密的神话：梦之解析》［英］安东尼·史蒂文斯 著　薛绚 译
20 《生物武器：从国家赞助的研制计划到当代生物恐怖活动》［美］珍妮·吉耶曼 著　周子平 译
21 《疯狂实验史》［瑞士］雷托·U.施奈德 著　许阳 译
22 《智商测试：一段闪光的历史，一个失色的点子》［美］斯蒂芬·默多克 著　卢欣渝 译
23 《第三帝国的艺术博物馆：希特勒与"林茨特别任务"》［德］哈恩斯-克里斯蒂安·罗尔 著　孙书柱、刘英兰 译
24 《茶：嗜好、开拓与帝国》［英］罗伊·莫克塞姆 著　毕小青 译
25 《路西法效应：好人是如何变成恶魔的》［美］菲利普·津巴多 著　孙佩妏、陈雅馨 译
26 《阿司匹林传奇》［英］迪尔米德·杰弗里斯 著　暴永宁、王惠 译

27	《美味欺诈：食品造假与打假的历史》[英]比·威尔逊 著　周继岚 译
28	《英国人的言行潜规则》[英]凯特·福克斯 著　姚芸竹 译
29	《战争的文化》[以]马丁·范克勒韦尔德 著　李阳 译
30	《大背叛：科学中的欺诈》[美]霍勒斯·弗里兰·贾德森 著　张铁梅、徐国强 译
31	《多重宇宙：一个世界太少了？》[德]托比阿斯·胡阿特、马克斯·劳讷 著　车云 译
32	《现代医学的偶然发现》[美]默顿·迈耶斯 著　周子平 译
33	《咖啡机中的间谍：个人隐私的终结》[英]吉隆·奥哈拉、奈杰尔·沙德博尔特 著　毕小青 译
34	《洞穴奇案》[美]彼得·萨伯 著　陈福勇、张世泰 译
35	《权力的餐桌：从古希腊宴会到爱丽舍宫》[法]让－马克·阿尔贝 著　刘可有、刘惠杰 译
36	《致命元素：毒药的历史》[英]约翰·埃姆斯利 著　毕小青 译
37	《神祇、陵墓与学者：考古学传奇》[德]C. W. 策拉姆 著　张芸、孟薇 译
38	《谋杀手段：用刑侦科学破解致命罪案》[德]马克·贝内克 著　李响 译
39	《为什么不杀光？种族大屠杀的反思》[美]丹尼尔·希罗、克拉克·麦考利 著　薛绚 译
40	《伊索尔德的魔汤：春药的文化史》[德]克劳迪娅·米勒－埃贝林、克里斯蒂安·拉奇 著　王泰智、沈惠珠 译
41	《错引耶稣：〈圣经〉传抄、更改的内幕》[美]巴特·埃尔曼 著　黄恩邻 译
42	《百变小红帽：一则童话中的性、道德及演变》[美]凯瑟琳·奥兰丝汀 著　杨淑智 译
43	《穆斯林发现欧洲：天下大国的视野转换》[英]伯纳德·刘易斯 著　李中文 译
44	《烟火撩人：香烟的历史》[法]迪迪埃·努里松 著　陈睿、李欣 译
45	《菜单中的秘密：爱丽舍宫的飨宴》[日]西川惠 著　尤可欣 译
46	《气候创造历史》[瑞士]许靖华 著　甘锡安 译
47	《特权：哈佛与统治阶层的教育》[美]罗斯·格雷戈里·多塞特 著　珍栎 译
48	《死亡晚餐派对：真实医学探案故事集》[美]乔纳森·埃德罗 著　江孟蓉 译
49	《重返人类演化现场》[美]奇普·沃尔特 著　蔡承志 译
50	《破窗效应：失序世界的关键影响力》[美]乔治·凯林、凯瑟琳·科尔斯 著　陈智文 译
51	《违童之愿：冷战时期美国儿童医学实验秘史》[美]艾伦·M. 霍恩布鲁姆、朱迪斯·L. 纽曼、格雷戈里·J. 多贝尔 著　丁立松 译
52	《活着有多久：关于死亡的科学和哲学》[加]理查德·贝利沃、丹尼斯·金格拉斯 著　白紫阳 译
53	《疯狂实验史Ⅱ》[瑞士]雷托·U. 施奈德 著　郭鑫、姚敏多 译
54	《猿形毕露：从猩猩看人类的权力、暴力、爱与性》[美]弗朗斯·德瓦尔 著　陈信宏 译
55	《正常的另一面：美貌、信任与养育的生物学》[美]乔丹·斯莫勒 著　郑嬿 译

56	《奇妙的尘埃》[美] 汉娜·霍姆斯 著　陈芝仪 译
57	《卡路里与束身衣：跨越两千年的节食史》[英] 路易丝·福克斯克罗夫特 著　王以勤 译
58	《哈希的故事：世界上最具暴利的毒品业内幕》[英] 温斯利·克拉克森 著　珍栎 译
59	《黑色盛宴：嗜血动物的奇异生活》[美] 比尔·舒特 著　帕特里曼·J.温 绘图　赵越 译
60	《城市的故事》[美] 约翰·里德 著　郝笑丛 译
61	《树荫的温柔：亘古人类激情之源》[法] 阿兰·科尔班 著　苜蓿 译
62	《水果猎人：关于自然、冒险、商业与痴迷的故事》[加] 亚当·李斯·格尔纳 著　于是 译
63	《囚徒、情人与间谍：古今隐形墨水的故事》[美] 克里斯蒂·马克拉斯 著　张哲、师小涵 译
64	《欧洲王室另类史》[美] 迈克尔·法夸尔 著　康怡 译
65	《致命药瘾：让人沉迷的食品和药物》[美] 辛西娅·库恩等 著　林慧珍、关莹 译
66	《拉丁文帝国》[法] 弗朗索瓦·瓦克 著　陈绮文 译
67	《欲望之石：权力、谎言与爱情交织的钻石梦》[美] 汤姆·佐尔纳 著　麦慧芬 译
68	《女人的起源》[英] 伊莲·摩根 著　刘筠 译
69	《蒙娜丽莎传奇：新发现破解终极谜团》[美] 让–皮埃尔·伊斯鲍茨、克里斯托弗·希斯·布朗 著　陈薇薇 译
70	《无人读过的书：哥白尼〈天体运行论〉追寻记》[美] 欧文·金格里奇 著　王今、徐国强 译
71	《人类时代：被我们改变的世界》[美] 黛安娜·阿克曼 著　伍秋玉、澄影、王丹 译
72	《大气：万物的起源》[英] 加布里埃尔·沃克 著　蔡承志 译
73	《碳时代：文明与毁灭》[美] 埃里克·罗斯顿 著　吴妍仪 译
74	《一念之差：关于风险的故事与数字》[英] 迈克尔·布拉斯兰德、戴维·施皮格哈尔特 著　威治 译
75	《脂肪：文化与物质性》[美] 克里斯托弗·E.福思、艾莉森·利奇 编著　李黎、丁立松 译
76	《笑的科学：解开笑与幽默感背后的大脑谜团》[美] 斯科特·威姆斯 著　刘书维 译
77	《黑丝路：从里海到伦敦的石油溯源之旅》[英] 詹姆斯·马里奥特、米卡·米尼奥–帕卢埃洛 著　黄煜文 译
78	《通向世界尽头：跨西伯利亚大铁路的故事》[英] 克里斯蒂安·沃尔玛 著　李阳 译
79	《生命的关键决定：从医生做主到患者赋权》[美] 彼得·于贝尔 著　张琼懿 译
80	《艺术侦探：找寻失踪艺术瑰宝的故事》[英] 菲利普·莫尔德 著　李欣 译
81	《共病时代：动物疾病与人类健康的惊人联系》[美] 芭芭拉·纳特森–霍洛威茨、凯瑟琳·鲍尔斯 著　陈筱婉 译
82	《巴黎浪漫吗？——关于法国人的传闻与真相》[英] 皮乌·玛丽·伊特韦尔 著　李阳 译

83	《时尚与恋物主义：紧身褡、束腰术及其他体形塑造法》[美]戴维·孔兹 著　珍栎 译
84	《上穷碧落：热气球的故事》[英]理查德·霍姆斯 著　暴永宁 译
85	《贵族：历史与传承》[法]埃里克·芒雄–里高 著　彭禄娴 译
86	《纸影寻踪：旷世发明的传奇之旅》[英]亚历山大·门罗 著　史先涛 译
87	《吃的大冒险：烹饪猎人笔记》[美]罗布·沃乐什 著　薛绚 译
88	《南极洲：一片神秘的大陆》[英]加布里埃尔·沃克 著　蒋功艳、岳玉庆 译
89	《民间传说与日本人的心灵》[日]河合隼雄 著　范作申 译
90	《象牙维京人：刘易斯棋中的北欧历史与神话》[美]南希·玛丽·布朗 著　赵越 译
91	《食物的心机：过敏的历史》[英]马修·史密斯 著　伊玉岩 译
92	《当世界又老又穷：全球老龄化大冲击》[美]泰德·菲什曼 著　黄煜文 译
93	《神话与日本人的心灵》[日]河合隼雄 著　王华 译
94	《度量世界：探索绝对度量衡体系的历史》[美]罗伯特·P.克里斯 著　卢欣渝 译
95	《绿色宝藏：英国皇家植物园史话》[英]凯茜·威利斯、卡罗琳·弗里 著　珍栎 译
96	《牛顿与伪币制造者：科学巨匠鲜为人知的侦探生涯》[美]托马斯·利文森 著　周子平 译
97	《音乐如何可能？》[法]弗朗西斯·沃尔夫 著　白紫阳 译
98	《改变世界的七种花》[英]詹妮弗·波特 著　赵丽洁、刘佳 译
99	《伦敦的崛起：五个人重塑一座城》[英]利奥·霍利斯 著　宋美莹 译
100	《来自中国的礼物：大熊猫与人类相遇的一百年》[英]亨利·尼科尔斯 著　黄建强 译